中國學術思想 研究輯刊

十四編

林慶彰 主編

第19冊

程明道思想與道家思想之交涉

葛世萱 著

劉基「天人思想」之研究

林麗容 著

劉基的聖人意識與詮釋

林麗容 著

花木蘭文化出版社

國家圖書館出版品預行編目資料

程明道思想與道家思想之交涉　葛世萱 著／劉基「天人思想」
之研究　林麗容 著／劉基的聖人意識與詮釋／林麗容 著 ──
初版 ── 新北市：花木蘭文化出版社，2012〔民101〕
目 2+114 面／序 2+ 目 2+42 面／序 2+ 目 2+78 面：19×26 公
分
（中國學術思想研究輯刊 十四編：第 19 冊）
ISBN：978-986-322-029-9（精裝）
1.（宋）程顥　2.學術思想　3.中國哲學　4.（明）劉基
5. 明代哲學
030.8　　　　　　　　　　　　　　　　　　101015385

中國學術思想研究輯刊
十四編　第十九冊　　　　　　　ISBN：978-986-322-029-9

程明道思想與道家思想之交涉
劉基「天人思想」之研究
劉基的聖人意識與詮釋

作　　　者　葛世萱／林麗容／林麗容
主　　　編　林慶彰
總 編 輯　杜潔祥
出　　　版　花木蘭文化出版社
發 行 所　花木蘭文化出版社
發 行 人　高小娟
聯 絡 地 址　新北市永和區中正路五九五號七樓
　　　　　　電話：02-2923-1455／傳眞：02-2923-1452
網　　　址　http://www.huamulan.tw 信箱 sut81518@gmail.com
印　　　刷　普羅文化出版廣告事業
封 面 設 計　劉開工作室
初　　　版　2012 年 9 月
定　　　價　十四編 34 冊（精裝）新台幣 56,000 元

程明道思想與道家思想之交涉

葛世萱　著

作者簡介

葛世萱，1976 年生於台北。台大中文系碩士畢，現為台大中文系博士候選人。曾先後任教於中國技術學院（今改制為中國科技大學）及世新大學，為兼任講師；目前則專志撰寫博士論文。自進入中文研究所後，即深感於宋明理學家之大儒風範，故矢志研究宋明理學。首先將重點放在北宋二程，特別是程顥，並以之為碩士論文之研究重心，本書即為碩士論文之再修出版。往後亦將以此為起點，期許自己能通貫上下、對宋明理學有更深入之探究。

提　要

　　理學為宋代融合佛、道思想而鎔鑄出之新儒學，於吸收他家學說、建立其道德本位之形上學後，終得以與佛、道思想抗衡，而取回儒家思想在中國學術史上的主導地位。程顥身為北宋理學重要奠基者之一，其思想亦呈顯出融合儒、道之特色，於其主要文本〈識仁篇〉、〈定性書〉中即可見之。然而，目前學界對明道理學與佛家交涉之研究，明顯多於討論與道家關係者；故筆者於此將專以道家思想為主，以明道思想與道家思想間之互涉關係為考論重心。

　　本文先以北宋學術發展及「反佛老」思想之演進為背景論述，其中顯見明道對道家思想之排拒，並不如對佛家般強烈。再進入中心思想之論述時，即由兩方面入手，一是「理」概念之定位，由先秦至魏晉道家「道」、「理」觀之演進，可見「理」地位之逐漸提升乃為一重要趨勢；故明道能夠以「理」代「道」，將儒家「誠」、「敬」、「中」、「仁」等道德觀注入虛位以待之「理」中，完成儒家之道德形上學，實與道家本身之思想發展亦相關。其次，就「性」論與工夫論來看，明道對「生命情性」之坦然面對，及其主張「去私」、「復初」等修養工夫，亦可見與道家學說之關聯。因此，由明道對道家、玄學思想之吸收與轉化，實可見理學思想在形成時之內在軌跡與脈絡。

目 次

第一章　緒　論

第一節　理學與佛老思想交涉略論

　　理學興起之前，儒家思想已歷經了長期的衰落。西漢佛教傳入，經由帝王的支持，佛學開始持續發展。至魏晉時期，正值社會紛亂、政治動盪的局面，而新時代產生新課題，傳統儒家倫理思想亦受到挑戰，已無法成為人心價值之依歸。人心轉向的結果，佛家、道家思想大興，玄學成為時代潮流，清談蔚為風尚，並以《易》、《老》、《莊》思想為中心，提出嶄新的詮釋。同時，佛教經典不斷引入，理論愈趨精微，又以「格義」的方式拉近與中國原有思想的距離，於是佛、道思想成為主流，彼此互相激盪、愈益精進，且大思想家輩出。儒家則相形沈寂，限於經學桎梏，理論發展流於停滯，在哲學思想之高度上實無法與佛、道兩家抗衡。這種情勢一直持續到隋唐，而唐朝皇室特別崇奉道教，甚至將《老子》納入明經科中〔註1〕，成為考試舉士的標準之一。唐時佛、道二教盛行，其中又以佛教為甚，直至中唐韓愈出，提出〈原道〉篇振臂疾呼，痛斥佛、道二教對政治社會帶來的負面影響，要求恢復儒學正統，此為儒家反省思動的先聲。然而韓愈的儒學復興運動並未成功，排斥佛道二教、重振儒家思想的艱鉅任務，要到宋代理學興起後才真正達成。

〔註 1〕 見宋・王溥：《唐會要》（台北：台灣商務印書館，影印文淵閣四庫全書第607
冊，史部政書類，1983年初版），卷七十五，「貢舉上・明經」：「上元元年十
二月二十七日，天后上表曰：『伏以聖緒出自玄元五千之文，實惟聖教，望請
三公以下內外百官皆習《道德經》。……』」，頁607之149。

　　宋代儒家再起，除了政治上統一政權的政策需要、外患緊張情勢所喚醒的民族自覺影響之外，內在理論上的反省與革新更是重要因素。學者們極力排斥佛老，主張恢復儒學傳統，並勇於打破注疏，疑傳疑經，一改僵化學風，爲儒學注入一股生命力。同時，爲因應新時代重視心性問題的趨勢，以《易傳》、《中庸》等儒家傳統經典爲根據，發展自孟子以後長期埋沒的儒家心性學。爲處理這個對儒家來說相當生疏的哲學範疇，向其他學派吸取方法、理論的作法可說相當自然。而許多宋初學者們在反佛老的同時，往往已出入佛老多年，此亦是不爭的事實。於是理學與佛家、老、莊，甚至道教的關係，一直是個非常重要卻又相當複雜難解的問題。

　　而學者們亦相當重視對此問題之探討，即在宋代，「近禪」就是程朱學派普遍使用的學術批判名詞，用以表示一種偏離儒家正統的學說。而南宋學者葉適，已提出「程、張攻斥佛老至深，然盡用其學」〔註2〕的批評。明代學者黃綰、劉蕺山等人亦提及理學「近禪」的問題，至清代學者如顏元、戴震等對明末心學空疏的流弊感受深刻，因而對「宋學」的批判也更爲痛切。直至近代學者的諸多學術著作，已累積了極豐富的研究資料。綜而觀之，主旨雖或有偏重，但無論偏佛或偏道，論述的中心就是：宋儒如何建構一套自圓其說的形上理論，並將之與傳統道德觀結合，爲道德倫理建立堅實的理論基礎，並以此與佛老思想抗衡，取回儒家的正統地位。由此議題往外延伸，如社會背景、學術風氣等；往內延伸，如哲學術語、思想架構等，都在討論的範圍之內。由於佛教的發展、普遍程度勝於道教，特別是禪宗大盛，一般咸認佛家對理學產生的外在助力較道家爲多，如修行生活的平民化、書院的產生、不立文字對經學的影響、「道統」的形成及語錄、學案體的流行等，都與佛教理論、制度相關〔註3〕。而這些由不同角度切入所提出關於外緣方面的討論，正可相互補充，逐漸貼近、還原理學發展過程的複雜情形。

　　至於哲學理論方面，各家說法之歧異性便增加許多。雖則理學發展過程

〔註2〕　宋・葉適：《習學記言》（台北：商務出版有限公司，四庫全書珍本三集，1972年初版），卷五十，頁11。

〔註3〕　說參錢穆《中國文化史導論》；韓鍾文《中國儒學史・宋元卷》，頁60～90；杜松柏〈宋代理學與禪宗之關係〉、南懷瑾〈宋明理學與禪宗〉，見《宋明理學研究論集》。至於宋人疑經風氣之產生，還有另一種說法提出了魏晉玄學的影響，說參方東美《新儒家哲學十八講》，頁50、徐洪興《思想的轉型——理學發生過程研究》，頁30～32。

中「總攬百家」的特質已成爲學界共識，如胡適主張理學是混合禪宗、道家、道教、儒教的產物：「其中有先天太極等等，是道教的分子；又談心說性，是佛教留下的問題；也信災異感應，是漢朝儒教的遺跡。但其中的主要觀念卻是古來道家的自然哲學裡的天道觀念，又叫做『天理』觀念，故名爲道學，又名爲理學。」〔註4〕錢穆亦以爲「理學家長處在能入虎穴得虎子，兼采道釋有關宇宙人生原則方面，還本儒學，加以吸收或揚棄，遂使孔子思想嶄然以一新體貌新精神，超然卓出於道釋兩家之上，而又獲一新綜合。」〔註5〕但進入更細的探討之後，便出現了不同的主張，如陳寅恪認爲程朱之學與佛學關係密切：「采佛理之精粹以之註解四書五經，名爲闡明古學，實則吸收異教。聲言尊孔辟佛，實則佛之義理，已浸漬濡染。與儒教之宗傳，合而爲一。」〔註6〕南懷瑾〈宋明理學與禪宗〉一文，主張「理學」就是宋代新興的「儒家之禪學」，認爲「在中國文化思想的領域裡，正式以『理』字作爲入道之門的，首先應從梁武帝時期，禪宗初祖達摩大師所提出的『理入』、『行入』開始。」〔註7〕並分別指出周敦頤遊心禪道、邵康節與曹洞宗、張載「大心」、二程「靜坐、用敬、致知」三部功夫與佛家思想之聯繫。郭朋《宋元佛教》中論宋代禪宗與程朱理學，則認爲最早將「理」視爲最高哲學範疇者，應是華嚴宗之法界說。而程朱學派關於「理」、「格物致知」、「心性」等學說，都受到禪宗相當大的影響〔註8〕。熊琬《宋代理學與佛學》主要討論朱子之學與佛學的關係，亦認同華嚴「理事無礙法界觀」對理學「理」概念之影響〔註9〕。

　　另一方面，陳少峰《宋明理學與道家哲學》則主張「理學中表現形容本體之主要概念道體、天理（理）、無極太極、自然等等，與道家哲學的基本表述一致」〔註10〕，並分別指出北宋五子、朱熹、陸九淵、陳獻章、王陽明、

〔註4〕見胡適：〈幾個反理學的思想家〉，《胡適文存》第三集（台北市：遠東出版社，1990年出版），卷二，頁54。

〔註5〕見錢穆：《孔子與論語》（台北：聯經出版社，1965年初版），頁176。

〔註6〕吳學昭：《吳宓與陳寅恪》（北京：清華大學出版社，1992年初版），頁10～11。

〔註7〕見馮炳奎等著：《宋明理學研究論集》（台北：黎明文化，1983年2月初版），頁279。

〔註8〕見郭朋《宋元佛教》（福州：福州人民出社，1981年8月初版），頁74～81。

〔註9〕見熊琬《宋代理學與佛學》（台北：文津，1985年年4月初版），頁162～168。

〔註10〕陳少峰《宋明理學與道家哲學》（上海：上海文化出版社，2001年1月初版），頁14。

王龍溪之學術與道家思想的關係。而吳重慶〈論理學的道家化〉〔註11〕一文則指出在對人與萬物的關係、人性之看法、禮義人倫之自然無為化及內聖外王的體系上，都表現出理學道家化的痕跡。還有主張宋明理學亦受到道教理論影響者，如張廣保〈論道教心性之學〉〔註12〕認為理學的心性之學在多方面都是「步道教之後塵」，李大華〈宋明理學與唐代道教〉〔註13〕亦主張宋儒「博雜」、「遍求」的學術風格、合理與氣的本體論建構及性命觀與道教相關。盧國龍《中國重玄學》在敘述道教思想發展同時，亦指出「初期道教的道性論，對宋儒性理學的影響是非常大的」〔註14〕，並將王玄覽、司馬承禎等道教大師之思想與程顥、周敦頤等理學家互相比較，進一步指出理論類似之處。

　　以上僅是略舉幾家說法，雖無法涵蓋所有，但已能看出議論範圍遍於宇宙論、心性論與工夫論，而特別集中於形上學的部分，如「理」、「心性」等概念上。這部分的歧見也最多。然如蔣義斌於《宋代儒釋調和論及排佛論之演進——王安石之融通儒釋及程朱學派之排佛反王》一書中，也承認了程朱學派用以批評佛學的利器，即所謂「氣化」之「實理」，是受道教的啓發而來〔註15〕；張永儁《二程學管見》中收錄〈淺述宋代理學宇宙論中之莊子成分——理學思想之一源〉一文，雖以莊子思想為討論軸心，但亦於結論中特別指出理學淵源之複雜，「歸儒」、「融道」、「融佛」三部分缺一不可。〔註16〕由此可知，因論述主題之限制與區別，作者往往並未能對某概念或理論作出全面的剖析與整理。同時，也相對反證了此類問題在處理上之複雜程度。

〔註11〕 吳重慶〈論理學的道家化〉，見陳鼓應主編：《道家文化研究》第二輯（上海：上海古籍出版社，1992 年 8 月），頁 248～258。

〔註12〕 張廣保〈論道教心性之學〉，見陳鼓應主編：《道家文化研究》（上海：上海古籍出版社，1995 年 6 月）第七輯，頁 1～17。

〔註13〕 李大華〈宋明理學與唐代道教〉，見陳鼓應主編：《道家文化研究》第八輯（上海：上海古籍出版社，1995 年 11 月），頁 310～321。

〔註14〕 見盧國龍：《中國重玄學——理想與現實的殊途與同歸》（北京：中國人民出版社，1993 年初版），頁 317。

〔註15〕 見蔣義斌：《宋代儒釋調和論及排佛論之演進——王安石之融通儒釋及程朱學派之排佛反王》（台北：台灣商務印書館，1988 年 8 月初版），頁 201。

〔註16〕 見張永儁：〈淺述宋代理學宇宙論中之莊子成分——理學思想之一源〉，《二程學管見》（臺北：東大圖書股份有限公司，1988 年 1 月初版），頁 336 至 337。

第二節　動機與方法

　　筆者在研讀明道思想及相關學術資料之際，發現幾乎每位學者都會提及佛、老思想的影響，然而眾說紛紜，各有立場，尚未見一系統性的整合論述出現。對於相同主題中出現的各種不同論述，該如何取捨判斷，是否能整合出一種結論或僅能並列以觀，一直是筆者思考許久的問題。一位哲學家獨特之創見，其後總有豐厚的前人思想、個人的思考傾向、交遊師友、成長環境及時代風氣等複雜因子爲背景，而這些因子或顯或隱。閱其著作、理論自是瞭解一位哲學家思想的直接方式，但觀其曾受哪些理論影響、如何反思批判，再進一步形成自己的理論，亦即聚焦於其價值觀的取捨，或許更能深入一位哲學家的思想，知其好惡及立論的基礎、用意何在。

　　嚴格來說，若能將明道思想與佛家、道家、道教理論間之關係進行整合討論，當能更全面地掌握明道思想中所表現儒家與他家學說交流、融會之特色。然而這樣的討論便必須建立起一套相當龐大之架構，作者本身亦須對此四家之思想具備相當通徹的瞭解基礎，才能進行全面而客觀之觀察，使討論結果能公正而不失偏頗。故筆者於此選擇專注於研究道家與明道思想之關係，一方面是由於在北宋當時佛家思想雖明顯盛於道家，然明道文本如〈定性書〉、〈識仁篇〉中清楚使用的道家語彙，及其強烈排佛卻少批老、莊的言論，可見其與道家思想之關係相當引人深思；另一方面，目前討論明道與佛家思想交涉的學術資料，亦相對豐於討論與道家思想關係者。故本文將略人所詳，專以道家思想爲主軸，期能由小而大，先徹底思考明道與道家思想間之關係，將此一端之問題釐清，往後再與佛、道教互看，進一步作全面之比較與整合。

　　因此，本文將「道家」之範圍限制於先秦老莊至魏晉玄學間之發展脈絡，亦即以學術性質之道家爲討論對象。如此取捨並不表示道教思想中完全沒有學術性質之成分，道家老子之思想原本即是道教理論的重要來源之一，且於玄學思潮之後，隋唐道教「重玄學」之發展亦具備相當的學術意義，然因其最後仍以宗教性質爲重，而道教學者亦往往從信仰之角度來詮釋老子思想，便與老莊、玄學家之哲學取向產生相當大之差異。另外，道教龐雜之宗教派別與經教體系整理起來更是相當複雜。雖然因此造成了時代之隔斷，無法解釋魏晉以後至宋初之間的道教興盛情形，但由於不易綜合討論，且其理論立場與道家、明道之主張亦相當不同，故此處仍暫將道教排除於討論範圍之外，

而集中於對道家思想之思考，並以此來反思明道理論架構之形成，期能從儒道融合的角度對明道思想作更進一步的分析與釐清。

於是，本文將先由明道本身之學術傾向與時代背景來看，探討明道對佛老態度之差異情形，並嘗試說明其受道家影響之時代因素。在討論過當時社會、學術發展的背景之後，則進一步由明道本身之思想來考索其與道家間之關係。這部分筆者將以前人之研究為基礎，而分別就明道「道體」、「心性」與「修養工夫」上所顯露之道家意涵來進行更深入的討論，希望能由「道家」與「儒家」兩端入手，探討明道究竟如何借用道家思想來輔助儒家思想，並以此建立一套儒家之道德形上體系。一方面將討論明道是站在何種角度來吸收道家學說，思考這些說法本身是否具備某些與儒家思想相近或互補之特質；另一方面欲探討明道如何將這些道家概念融入其儒學體系中，考索這些觀點融合在其理論各個層面中之具體表現，並試著推論明道採取這些方法之原因。筆者以思想之構成理路為脈絡來探討明道與道家思想關係之交涉，希冀能由此觀察理學發展初期儒道會通之特質，並能更進一步釐清明道思想形成之內在路徑。

第二章　明道「反佛老」思想之背景與態度

　　宋朝開國以來，政府對佛、道二教皆採正面扶持之態度。太祖甫即位，即解除後周世宗毀佛之令，其後的太宗、眞宗，亦以積極的行動來表示對佛老二教之支持。宋初這三位君王在位期間，除了多次下詔普度僧眾〔註1〕，亦喜大興華麗雕琢之寺廟、宮觀，不僅廣開佛、道之門，耗費鉅資，也很重視二家經典之保存與流傳。太祖乾德四年（西元966），曾派遣僧人赴西域求法〔註2〕；開寶四年（西元971）更敕高品、張從信往益州開雕大藏經〔註3〕，此舉對佛教之發展影響尤大。太宗於太平興國五年（西元980）詔建譯經院，對佛經翻譯之工作相當熱中，亦注重道教典籍之蒐集，計得七千餘卷，並命員校正。眞宗亦相當重視譯經工作，天禧五年（西元1021），更命宰相丁謂爲釋經潤文官。尤其大中祥符二年（西元1009），下令諸路州府軍縣開擇官地修建道觀或葺修舊觀，史載：「先是，道教之行，時習罕尚，惟江西、劍南人素崇重。

〔註1〕　宋・釋智磐撰：《佛祖統記》（台南縣：莊嚴文化，1995年初版）卷四十三，頁394～396，記載太祖於解除佛禁時便設宴相國寺，普渡童行八千人；太宗太平興國元年（西元976），下詔普度天下童子十七萬人。《續資治通鑑長編》卷二十七，雍熙三年（西元986）十一月末附註中載太宗曾兩次普渡僧眾，頁314之399。

〔註2〕　宋・李燾撰：《續資治通鑑長編》（台北：台灣商務印書館，影印文淵閣四庫全書第314冊，史部編年類，1978年初版），卷七：「僧行勤等一百五十人，請遊西域。詔許之，仍賜錢三萬遣行。」，頁314之135。

〔註3〕　同註1，《佛祖統記》卷四十三，總頁396。

及是，天下始遍有道像矣。」〔註4〕此舉對道教之傳播發揮了重要的作用。於是在政府的鼓勵之下，眞宗天禧五年，僧、道人數皆達最高峰，計僧三十九萬七千六百一十五人、尼六萬一千二百三十九人，道士一萬九千零六十六人、女冠七百三十一人，而佛教更大勝於道教，爲有宋以來人數最多之時期〔註5〕。

宋初政府支持佛道二教之原因，在認定其爲穩固政治之手段。太祖多次探訪道士，對「無爲無欲」、「愛民寡欲」等進言深表欣賞〔註6〕。太宗「素崇尙釋教」〔註7〕，相信「浮屠之教有裨政治」〔註8〕，也頻頻召見道士，陳摶便曾以「協心同德，興化致治」向上進言，頗得歡心〔註9〕。眞宗亦認爲「道釋二門，有助世教」〔註10〕，曾撰〈釋氏論〉以主張釋氏與儒家周、孔之道「跡異道同」〔註11〕。然隨著社會狀況的變化，政府之態度亦有所改變，起初太祖雖鼓勵佛老，實則採取保護兼限制的措施〔註12〕，下令出家須試「經業」，限制諸州度僧名額，也嚴禁道教私度弟子，要求「素正道流」〔註13〕，可見其有鑑於前代之謹愼態度。之後，佛道人數劇增，逐漸產生許多社會、經濟方面的負擔與問題，而官方之因應方式是提高試業門檻，並對僧道之剃度年限、身份加強限制。如太宗雍熙二年（西元 985），詔令僧尼須讀經及三百紙，方可試精業；及至道元年（西元 997），驚於泉州僧籍之多，更詔加試唸誦〔註14〕。眞宗咸平二年（西元 999），詔「尼年十五、僧年十八，方許剃度受戒，道士、女冠即依舊例，十八許受戒」〔註15〕；大中祥符六年（西元

〔註 4〕 同註2，《續資治通鑑長編》卷七十二，頁 315 之 168。

〔註 5〕 清·徐松輯：《宋會要輯稿》（台北：新文豐出版社，1964 年 6 月初版），〈道釋〉一之十三，頁 7875。

〔註 6〕 《續資治通鑑長編》卷十，開寶二年（969）五月送太祖與道士蘇澄事，頁 314 之 171；卷十一，開寶三年三月與處士王昭素的對話，頁 314 之 180～181。

〔註 7〕 《續資治通鑑長編》卷二十三，總頁 314～263。

〔註 8〕 《續資治通鑑長編》卷二十四，總頁 314～355。

〔註 9〕 元·脫脫等撰：《宋史》（北京：中華書局，1985 年 6 月初版），卷四五七，列傳第二百一十六，「隱逸上」，陳摶傳，頁 13420～13421。

〔註 10〕 《續資治通鑑長編》卷六十三，頁 315 之 40。

〔註 11〕 《續資治通鑑長編》卷四十五，總頁 314～594。。

〔註 12〕 劉復生：《北宋中期儒學復興運動》（文津出版社，1991 年 7 月初版），第二章，頁 30～31。

〔註 13〕 宋·李攸撰：《宋朝事實》（台北：文海出版社，1967 年 1 月初版），卷七〈道釋〉，頁 281。

〔註 14〕 同註5，〈道釋〉一之十五，總頁 7876。

〔註 15〕 同前註，〈道釋〉一之十七，總頁 7877。

1013），鑑於「歲放童行皆游墮不呈之民，靡習經戒，至有爲寇盜犯刑者，甚眾」[註16]，要求主首僧保明行止；天禧二年（西元 1019）三月，更明令「祖父母、父母在，別無子息侍養，及刑責姦細惡黨、山林亡命賊徒、負罪潛竄，及曾在軍帶瑕痕者，並不得出家」，否則連帶處分容受寺觀及其親屬[註17]。由此可見，至眞宗時佛道二教內部已漸非昔日之清靜，隱含之社會問題亦相當嚴重。

　　北宋初期學者強烈的反佛老運動即應運而生，他們向上繼承唐代韓愈反佛老之批判精神，形成一股巨大的力量，激烈地批判佛老盛行爲社會帶來的種種負面效應，同時積極地肯定儒家思想對社會的安定力量。與韓愈之排佛運動不同者，北宋學者在批判佛老對社會經濟、倫理等方面之影響外，亦開始更深入地由理論著手，從思想基礎來動搖佛老思想之地位，而明道即是以此角度來批判佛老思想之代表性人物。能從思想角度來闢佛，使排佛老由社會經濟等社會現象之層次進入精神層面，理論之深化是北宋排佛運動能夠跳脫韓愈失敗之前例而成功的重要關鍵之一；另一方面，儒學的跨時代進步亦是重要因素，理學的產生使儒學能與佛老精微之形上、心性理論抗衡，重新取得當代思潮之領導地位。然而明道能就思想理論之層次來闢佛老，姑不論其對佛老之理解是否精確，即代表明道其實亦已經過一番沈潛與比較，並且不僅明道，許多學者亦如此。這種現象反映了怎樣的時代學術風氣？而明道如何就思想層面來批判佛老？其思考之角度爲何？因此本章將討論北宋初期闢佛老之說的演進，並討論當時的學術風氣對明道思想之影響，從而更進一步討論明道對佛老的批判角度與具體主張，以顯其理論特出之處。

第一節　北宋初期之學術風氣

　　社會上佛道二教盛行，對社會風氣、經濟造成極大的影響。而外交上，遭受外族威脅；內政上，種種政治弊端、社會問題亦一一浮現。各種衝擊之下，知識份子之自覺意識覺醒，希望在現實及精神層面上革新，不僅要重整吏治、解決政治外交上的困境，也要清整人心動亂之社會風氣。這種努力求變、希冀力挽狂瀾的積極態度不僅向外表現在對佛老的強烈反抗上，向內也

〔註16〕　同前註，〈道釋〉一之二一，總頁 7879。
〔註17〕　同前註，〈道釋〉一之二二，總頁 7879。

引起一波儒學革新之思潮。這兩股力量相輔相成、雙管齊下之結果，才眞正打開了儒家的新視野，使儒學重新取得思想主流之地位。明道思想之展現，正是此學術風氣發展成熟之成果，因此本節將先討論宋初排佛老思想及儒學變革之發展情形，藉以釐清明道思想之時代及學術背景，說明其面對佛老態度之歷史因素。

一、排佛老思想之發展

在北宋對佛老採排拒態度之學者當中，第一位重要人物爲孫復，其〈儒辱篇〉曰：

> 噫！儒者之辱，始於戰國，楊朱、墨翟亂之於前，申不害、韓非雜之於後，漢魏而下，則又甚焉。佛老之徒，橫乎中國，彼以死生禍福虛無報應爲事，千萬其端，給我生民。絕滅仁義，以塞天下之耳；屏棄禮樂，以塗天下之目。天下之人，愚眾賢寡，懼其死生禍福報應人之若彼也，莫不爭舉而競趨之。觀其相與爲群，紛紛擾擾，周乎天下，於是，其教與儒齊驅並駕，峙而爲三，吁可怪也。〔註18〕

他清楚指出當時儒學地位之困境。以「滅絕仁義禮樂」的情形爲「儒辱」，大聲疾呼佛老之徒僅以「死生禍福虛無報應」迷惑群眾，並站在重視政治教化的立場，認爲這種以畏懼心理形成的信仰並不足恃，言下之意，眞正的價值標準應是超乎生死的，而非要求福報而已。佛老信仰徒使人爭相追求外在的崇奉，紛擾天下，不僅不能帶給群眾心靈的平靜，更造成社會經濟的亂象。孫復標舉儒家，並提出了一系列的典範，在〈答張洞書〉中指出：

> 夫文者，道之用也；道者，教之本也。故文之作也，必得之於心而成之於言。……自西漢至李唐，其間鴻生碩儒摩肩而起，以文章垂世者眾矣，然多楊墨佛老、虛無報應之事，沈謝徐庾、妖艷邪侈之言，雜乎其中……至於始終仁義、不叛不雜者，惟董仲舒、揚雄、王通、韓愈而已。〔註19〕

此言作文標準，於內容上排斥佛老虛無報應之事，於形式上反對華美虛浮之詞，而主張載道之文。其所載之道，必須是學者已得之於心之道，爲個人內

〔註18〕 孫復：《孫明復小集》（台北：台灣商務印書館，影印文淵閣四庫全書第1090冊，集部別集類，1978年初版）頁37，總頁176。
〔註19〕 同前註，頁31～32，總頁173～174。

在心靈的眞實體驗。於此，孫復指出自孔孟以下，符合標準的只有董仲舒、揚雄、王通及韓愈，隱然帶出所謂「正統」的傳承。

石介爲孫復弟子，主張大致相同，而排斥佛老更甚其師，不僅抨擊佛老不遺餘力，言辭亦相當激烈，如〈怪說上〉謂「彼其滅君臣之道，絕父子之親，棄道德，悖禮樂，裂五常，遷四民之常居，毀中國之衣冠，去祖宗而祀遠裔。汙漫不經之教行，妖誕幻惑之說滿，則反不知其爲怪，既不能禳除之，又崇奉焉」〔註20〕，歷數佛老之危害。石介特別重視華夷之別，以此民族自覺爲理論依據排斥佛老，其〈中國論〉曰：

> 夫天處乎上，地處乎下，居天地之中者，曰中國：居天地之偏者，曰四夷。四夷外也，中國内也；天地爲之平，内外所以限也……其俗皆自安也，相易則亂。〔註21〕

主張佛「自西來入我中國」，而聘「自胡來入我中國」，欲以其俗易本土之俗，信則爲亂。由於文化本位意識濃厚，相對的，石介亦相當重視「正統」觀念。因此「道統」之名雖晚至朱子時才確立，但概念之成型卻已於石介時完成。石介再三強調「正統」觀念，並繼承其師，提出一系列典範，他提出：

> 夫自伏羲、神農、黃帝、堯、舜、禹、湯、文、武、周公、孔子至於今，天下一君也，中國一教也，無他道也。今謂吾聖人與佛爲三教，謂佛與老、伏羲、神農、黃帝、堯、舜俱爲聖人，斯不亦駭矣乎！〔註22〕

> 堯、舜、禹、湯、文王、武王、周公之道，萬世常行，不可易之道也。佛、老以妖妄怪誕之教壞亂之，楊億以淫巧浮僞之言破碎之。
> 〔註23〕

〈尊韓〉篇更以伏羲氏、神農氏、皇帝氏、少昊氏、顓頊氏、高辛氏、唐堯氏、虞舜氏、禹、湯、文、武、周公、孔子爲「聖人之統」，以孟軻氏、荀況氏、揚雄氏、王通氏、韓愈氏爲「賢人之統」，特別標舉孔子「聖人之至」與韓愈「賢人之卓」之地位，並隱然以孫復承其後，自己更以接續正統自居。

孫復、石介歷舉佛老之害，積極推尊傳統之儒家價值依歸，石介尤其激

〔註20〕 石介：《徂徠集》（台北：台灣商務印書館，影印文淵閣四庫全書第1090冊，集部別集類，1978年初版）卷五，頁2，總頁216。
〔註21〕 同前註，卷十，頁7，總頁249。
〔註22〕 同前註，卷十三，〈上劉工部書〉，頁15，總頁274。
〔註23〕 同前註，卷五，〈怪說下〉，頁4，總頁217。

烈。但言論多批判佛老對社會、人心所造成的傷害，於如何回歸儒家之徑路尚無深刻思考，此因二人爲反佛老思潮初興時之健將，正需大刀闊斧破除社會對佛老思想之執，使民眾開始省思。而覺醒之後，則需要更進一步的理論來肯定儒家思想，以繼續支持反佛老主張，歐陽修即爲此時期之重要人物。與前期學者比較，歐陽修顯得相當冷靜，於〈本論〉一文中，他分析佛教興盛的緣由，認爲佛教乃是趁虛而來，他說：

> 及三代衰，王政闕，禮義廢，後二百餘年而佛至乎中國。由是言之，佛所以爲吾患者，乘其闕廢之時而來，此其受患之本也。補其闕，修其廢，使王政明而禮義充，則雖有佛，無所施於吾民矣。此亦自然之勢也。〔註24〕

所以只要恢復固有文化，就能使其無隙可入。因而提出「修其本以勝之」的主張，呼籲真正的士應使心有所守，以「禮義」爲文化之根本：

> 然則將奈何？曰：莫若修其本以勝之。昔戰國之時，楊墨交亂，孟子患之而專言仁義。故仁義之說勝，則楊墨之學廢。漢之時，百家並興，董生患之而退修孔氏，故孔氏之道明而百家息。此所謂修其本以勝之之教也……然則禮義者，勝佛之本也。〔註25〕

歐陽修深知佛教對傳統倫常及社會經濟的禍害，但也相當坦然地面對這個社會現實，並提出了切合實際的作法，他以爲：

> 甚矣人之性善也！彼爲佛者，棄其父子，絕其夫婦，於人之性甚戾，又有蠶食蟲蠹之弊，然而民皆相率而歸焉者，以佛有爲善之說故也。嗚呼！誠使吾民曉然知禮義之爲善，則安知不相率而從哉？奈何教之、諭之之不至也！佛之說熟于人耳，入乎其心久矣，至于禮義之事則未嘗見聞。……及禹之治水也，導之，則其患息。蓋患深勢盛，則難與敵，莫若馴致而去之易也。今堯、舜、三代之政，其說尚傳，其具皆在，誠能講而修之，行之以勤而浸之以漸，使民皆樂而趣焉，則充行乎天下，而佛無所施矣。《傳》曰：「物莫能兩大，自然之勢也。」奚必曰「火其書而廬其居哉」！〔註26〕

〔註24〕 宋歐陽修：《歐陽修全集》（台北：世界書局，1963 年 4 月初板），《居士集》卷十七，〈本論上〉，頁 122。

〔註25〕 同前註，頁 123。

〔註26〕 同前註，〈本論下〉，頁 122。

他清楚認知到欲改變這個現況，激進的行為言語其實是不必要的，只要能夠循序漸進地引導人們，使其理解「禮義」——即認同傳統文化的價值，則佛教思想自然而然會因逐漸不被需要而失勢。

　　李覯亦極力主張排佛，文集中相關言論比比皆是，由於他是一位重實用的學者，因此能對佛老為社會帶來的實際危害做出直接而詳盡的批判。李覯反對佛老滅棄人倫禮教，也大加排斥禍福死生之說，深信只要能夠復興儒家思想，佛老即可不攻自破。在〈孝原〉一文中，可見他也採取了歐陽修的說法，認為釋老起於儒之衰，寺觀之盛是因儒微禮失、宗廟不興，人民不得已才以寺觀代之。而「祭祀」的行為不只是求神問卜、祈福避禍，更是社會禮教的縮影，其中蘊含的人倫規範，才是真正的「禮之本」，他說：

> 禮職於儒，儒微而禮不宗，故釋老奪之。孝子念親必歸於寺觀，而宗廟不跡矣。夫祭祀，豈徒自盡其心以交神明而已。蓋有君臣、父子、夫婦、親疏、長幼、貴賤、上下、爵賞、政事之義，是謂教之本也。彼寺觀何義哉？嗚呼！釋老不存，則寺觀不屋，非宗廟何適？儒之彊則禮可復，雖釋老其若我何？〔註27〕

在種種闢佛老言論中，李覯特別對佛老在社會上的特權、寺院經濟對國計民生的傷害提出了嚴厲的批評。他相當審慎地思考國家強盛的方法，認為「治國之實，必本於財用」〔註28〕，國家的政治、外交、軍事、文化、社會等所有重要政策，都必須在財用富足的狀況下才容易推行。「重利」是李覯的重要思想，但他所重之「利」非個人私利的追求，而是國家大利，畢竟空言道德不足以治國，必須能夠面對各種現實的情況。因此，對佛老之徒不事生產、徒耗國力的行為，李覯特別深惡痛絕。〈富國策〉列舉了佛老「十害」，其中八項都是對社會經濟的殘害，說見如下：

> 男不知耕而農夫食之，女不知蠶而織婦衣之，其害一也。男則曠，女則怨，上感陰陽，下長淫濫，其害二也。幼不為黃，長不為丁，坐逃縣役，弗給公上，其害三也。俗不患貧而患不施，不患惡而患不齋，民財以殫，國用以耗，其害四也。誘人子弟，以披以削，親老莫養，家貧莫救，其害五也。不易之田，樹藝之圃，大山澤藪，

〔註27〕　李覯：《李覯集》（樹林：漢京文化事業有限公司，1983 年 10 月初版），卷第二十二，〈慶曆民言〉三十篇，〈孝原〉，頁 246。
〔註28〕　同前註，卷第十六，〈富國策第一〉，頁 133。

> 跨據略盡，其害六也。營繕之功，歲月弗已，驅我貧民，奪我農時，
> 其害七也。材木瓦石，兼收並采，市價騰踊，民無室廬，其害八也。
> 門堂之飭，器用之華，刻畫丹漆，末作以熾，其害九也。惰農之子，
> 避吏之猾，以傭以役，所至如歸，其害十也。〔註29〕

這種實用方面的批判，是李覯排佛老思想的一大特色，也是其與前人不同之處。

更特別的是他在批評之餘，也已經注意到佛教在學理上的長處，夏長樸師於〈李覯與北宋前期學者的排佛老思想〉一文中，即認為李覯是「處於由前期轉向後期的樞紐地位」、「開後期理學家就學理方面闢佛之先聲」〔註30〕，能夠正視二者間之差異，這是深刻反省過儒家衰微原因的結果。李覯在〈建昌軍景德寺重修大殿并造彌陀閣記〉中指出：

> 無思無為之義晦而心法勝，積善積惡之誠泯而因緣作。空假中則道器
> 之云，戒定慧則明誠之別。至於虞祔練祥，春秋祭祀之儀不競，則七
> 日三年、地獄劫化之辯，亦隨而進，蕃衍光大，繫此之由。〔註31〕

可知其對佛理實有相當認知，並已將佛理與儒家《易‧繫辭》、《樂記》、《中庸》互相參較，在理解佛家於「見性」〔註32〕、「獨見性情之本」〔註33〕的長處同時，亦指出儒家於先秦以後心性學之長期沒落。由是闢佛老思想之發展已漸趨成熟，逐漸由外往內，於歐陽修提出「修其本」的主張後，李覯更進一步觀察出二者學理之異同，至張載、二程等理學家出，便直搗理論中心，從道德性命的角度來做最根本的批判，強調儒家的倫理思想與入世抱負，為佛老思想帶來相當大的打擊。

二、經學之革新

除了對佛老思想全面、深刻之批判，北宋學者亦破亦立，回頭檢視儒學傳統，批判僵化儒學之章句訓詁，而主張回歸原典，使儒家思想出現了嶄新

〔註29〕 同前註，〈富國策第五〉，頁141。
〔註30〕 夏長樸：《李覯與王安石》（台北：大安出版社，1989年5月初版），頁118。
〔註31〕 同註29，卷第二十四，頁261。
〔註32〕 同前註，卷第二十，〈廣潛書六〉：「爾之道以慈悲普濟，率民講報應以戒之，使不敢放於惡。其大者則曰見性也。吁！亦是矣。」頁223。
〔註33〕 同前註，卷第二十四，〈修梓山寺殿記〉：「噫！佛以大智慧，獨見性情之本，將敺羣迷，納之正覺，其道深至，固非悠悠者可了。」頁267。

的活力與發展性。理學之產生即以此爲背景，理學家把握先秦孟子之心性學而更加擴充，並與佛、道、玄學思想融合激盪，形成了儒家之道德形上學，他們主張以《孟子》、《中庸》的心性學來代替佛老心性學，以恢復儒家在哲學思想上的地位。因此儒家形上、心性學的成熟，是佛老思想衰落之重要關鍵，亦反映當代學者對儒家學術之反思。這種反省即表現在經學風氣之重大改變上，如皮錫瑞《經學歷史》以宋爲「經學變古時代」，謂：

> 案宋儒撥棄傳注，遂不難於議經。排《繫辭》謂歐陽修，毀《周禮》謂修與蘇軾、蘇轍，疑《孟子》謂李覯、司馬光，譏《書》謂蘇軾，黜《詩序》謂晁說之。此皆慶曆及慶曆稍後人，可見其風氣實然，亦不獨咎劉敞、王安石矣。〔註34〕

> 宋人不信注疏，馴至疑經；疑經不已，遂至改經、刪經、移易經文以就己說，此不可爲訓者也。〔註35〕

他指出宋慶曆之後學風丕變，自劉敞《七經小傳》及王安石《三經新義》後，各家論經往往各憑己意，立說標新，不再嚴守前人之章句訓詁。皮錫瑞站在肯定漢學之立場，對宋人隨意刪改、解釋之作法相當不以爲然。然而這樣的學術現象正代表了宋人欲打破經學僵局，意圖創造一套符合當代需求之儒學思想，宋代學者的懷疑精神，使發展停滯僵化之經學重新活化，重新爲儒學注入旺盛的活力。

　　這種對經典的懷疑精神，並非宋朝獨有，而可上溯至唐朝。經學於漢代大盛，當時學者重視章句訓詁之學，要求對經文內容、解釋之精確掌握，於是漢代經學即在經書之文字中作學問，因此問學之師承相當重要，亦需謹守家法。在各家學派發展到一定程度後，面對一經多解之無所適從，便逐漸出現尋求統一標準的聲音，因而形成各家經說競爭正統之局面。在官方正式明定學術正統之後，雖然統一了對各經的解釋，方便學生學習經書與應試入仕，但固定的標準內容也使儒生流於記誦而疏於思考，經學之發展便開始僵化。唐太宗時命孔穎達制訂《五經正義》，並使其成爲經書之標準解釋與科舉考試之確實內容後，自此《五經正義》不僅是教科書，亦成爲科舉考試時之唯一標準答案，此學術大一統之局面，也帶來學者安於此而不再思考經書之深刻內容、經學發展停滯的負面結果。由於《五經正義》限制了對經書之解釋，

〔註34〕 見皮錫瑞：《經學歷史》（台北：藝文印書館，1996年8月初版），頁238。
〔註35〕 同前註，頁287。

而其中有些內容亦存在許多問題，引起部分學者之不滿，如武后時王元感著《尚書糾繆》、《禮記繩愆》及《春秋振滯》，劉知幾《史通》中〈疑古〉、〈惑經〉、〈申左〉三篇，亦已提出其對官方經學解釋之不滿與疑惑。中唐開元以後，陸淳本啖助、趙匡之說著《春秋集傳纂例》、《春秋微旨》、《春秋集傳辨疑》三書，及皮日休《皮子文藪》中之〈春秋決疑〉，皆捨去傳統《春秋》研究中對《左傳》的獨尊態度，而以批判的角度來取捨三傳，欲使《左傳》、《公羊》、《穀梁》三者能得到同等的重視，並以兼採三家解釋以成己說之方式，期能對《春秋》有更深入、正確的理解。於此，可知唐代學者已出現對經學一元之反動，他們不滿官方經學對深入經義之箝制，不僅綜合比較三傳之說以各取所長，更在不足之處加上自己的意見，對傳統經傳不再墨守一家之說，而形成一套新的詮釋。

唐時學者已開始質疑僵化之經學體制與內容，然而他們只是疑傳，對經典本身並不懷疑，他們的懷疑精神並未形成普遍的學風，經學仍籠罩於一元之體制下。宋朝學者則不僅疑傳，更進一步對經典本身提出質疑，並且掀起一股強大的經學懷疑風潮，不取傳統章句訓詁、字句錙銖必較之態度，而多出於自身對經典義理之思索。於是歐陽修《易童子問》以為〈繫辭〉、〈文言〉、〈說卦〉以下皆非聖人之作；歐陽修〈問進士策〉、蘇軾策論〈天子六軍之制〉、蘇轍〈歷代論〉亦以為《周禮》非周公所作，否定了此二部傳統經籍之經典地位。除了懷疑經典出處，亦對「聖人制作」之內容提出許多意見，如李覯《常語》、司馬光《疑孟》中即提出許多批評《孟子》語意、思想之言論，蘇軾《書傳》亦就〈胤征〉、〈康王之誥〉兩篇之內容質疑孔子之去取，晁說之則於〈詩序論〉四篇中指出《詩序》內容之疑義。凡此種種，皆可見宋人對傳統經典之質疑與思索更勝唐代，亦更勇於提出自己的意見與主張。然而他們並非要完全否認經書之傳，宋人亦主張「復古」，只是要跳過漢儒章句之學的部分，脫離對經傳注疏之字句窮索而向上尋求先秦原典之真義。

歐陽修〈問進士策〉第三首中即明白指出漢人經學之弊，他說：

> 自秦之焚書，六經盡矣。至漢而出者，皆其殘脫顛倒，或傳之老師昏耄之說，或取之冢墓屋壁之間，是以學者不明，異說紛起。〔註36〕

王安石亦提出類似的意見，指出：

> 然孔氏以羈臣而興未喪之文，孟子以游士而承既沒之聖，異端雖作，

〔註36〕 同註24，《居士集》卷四十八，〈問進士策三首〉，頁326。

精義尚存。逮更煨燼之災，遂失源流之正。章句之文勝質，傳注之
博溺心。此淫辭詖行之所由昌，而妙道至言之所爲隱。〔註37〕

他們都以秦朝焚書之事爲重要的轉折點，認爲先秦典籍在經過秦火之後便已
失其「源流之正」，雖漢人努力蒐羅重建，然由宿儒口耳傳授之內容難免人爲
記憶之遺漏及傳抄的錯誤，即使發掘出前人藏於墓塚屋壁間的古本，往往亦
出現古文難辨之困難，並且版本之眞僞、好壞也不無問題。因此經書的復原
工作往往造成字句、篇章之不同，而這些差異便引起當時學者們各執一詞以
成說，形成一經擁有許多不同解釋的情形。經書原文實已卷帙殘脫、文字顚
倒而難以恢復原貌了，而王安石以爲漢代學者過於專注字句解釋的結果，就
是使「章句之文勝質，傳注之博溺心」，僅考索各經之不同說解便已焦頭爛額，
更無暇顧及經文內涵之深意。但此「深意」，也就是藏在文字背後的「妙道至
言」，實爲經書中最重要的部分。他抨擊漢代學者僅重考索而不進一步思索的
態度，不僅使學風偏頗，亦無法掌握經書所欲傳達的眞義。

　　宋代學者主張的經學態度與漢儒正相反，孫復於〈寄范天章書第二〉一
文中說得非常清楚：

噫！孔子既沒，七十子之徒繼往，六經之旨鬱而不章也久矣。加以
秦火之後，破碎殘缺，多所亡散。漢魏而下，諸儒紛然四出，爭爲
註解，俾我六經之旨益亂，而學者莫得其門而入。觀夫聞見不同，
是非各異，駢詞贅語，數千百家不可悉數……噫！專主王弼、韓康
伯之說而求於大《易》，吾未見其能盡於大《易》者也；專守左氏、
公羊、穀梁、杜預、何休、范甯之說而求於《春秋》，吾未見其能盡
於《春秋》者也；專守毛萇、鄭康成之說而求於《詩》，吾未見其能
盡於《詩》者也；專守孔安國之說而求於《書》，吾未見其能盡於《書》
者也。……又後之作疏者，無所發明，但委屈蹔於舊之註說而已。
〔註38〕

他認爲「爭爲注解」的結果，不但無法復求經書之原意，反而淆亂六經之旨，
違背了原本求經之「眞」的動機，徒使後學者不得其門而入，更妨礙了經學
的進步與發展。孫復對章句訓詁之學提出了相當嚴正的質疑，明顯地反對《五

〔註37〕王安石：《王臨川全集》（台北：世界書局，1966年3月2版），第五十七卷「表
　　　　二」，〈除左僕射謝表〉，頁361。
〔註38〕同註18，〈寄范天章書第二〉，頁26，總頁171。

經正義》自唐以來的權威地位，認爲對經書的學習不該專守注疏之說，也不應該制訂所謂的標準答案。他以爲透過各家說解來學習經典，即使能完全掌握所有注文之說明，恐怕也無法盡得經書之意，更何況後人作注一向秉持「疏不破注」的態度，如此則層層相套，視野只會更狹隘而已。於是，注疏不再成爲學習經學的唯一方法，學者也不可被各家注疏限制了自己的思考，除明白經書文句之解釋外，更重要的是對經書眞義之掌握，也就是「義理」之追求。

　　換句話說，宋代學者相信對經書「義理」之追求是不須要依賴注疏的，對注疏的熟悉並無法幫助人們理解經典之眞正意涵。因爲經典的內容並非文字之表面意義，而是背後所隱藏的「聖人之心」，石介以爲：

　　　　日抱《春秋》、《周易》讀誦，探伏義、文王、周公、孔子之心。〔註39〕

能夠從對經典的學習來掌握聖人之道，把握「義理」，才是讀經的最重要目的。因此他們主張拋棄注疏而回歸原典本身，擺脫後代注疏的影響，憑藉個人對原典的直接閱讀、思考與探索來把握經典背後的「聖人之心」。這種擺脫舊注、回歸原典的主張，使學者重新以自己的眼光來詮釋經典，因此出現了許多迥異前人的說法，爲傳統經學詮釋帶來極大的變革與創新。風氣之盛，亦出現流弊，司馬光〈論風俗箚子〉曰：

　　　　新進後生，未知臧否，口傳耳剽，翕然成風。至有讀《易》未識卦
　　　　爻，已謂《十翼》非孔子之言；讀《禮》未知篇數，已謂《周官》
　　　　爲戰國之書；讀《詩》未盡《周南》、《召南》，已謂毛、鄭爲章句之
　　　　學；讀《春秋》未知十二公，已謂三《傳》可束之高閣。〔註40〕

這段文字固是對後生妄進而不知學的批評與諷刺，也感嘆新風氣爲後學帶來的負面影響，然實亦未否定歐陽修、蘇軾等人對經學的新釋，而更指出經學「懷疑精神」的重點：「懷疑」必須立於確實閱讀與反省之基礎上，必須是有憑有據的懷疑，而非信口空談，更忌不加思索地盡信他人說法，即使是當時著名學者之主張，也要經過自身之思考才行。

　　因此，從宋代學者對經學的懷疑精神中，亦表現出所謂「子學精神」的復興。錢穆於〈朱子學提綱〉一文裡指出：

〔註39〕同註20，卷十五，〈與祖擇之書〉，頁10，總頁291。

〔註40〕司馬光：《傳家集》（台北：台灣商務印書館，影印文淵閣四庫全書第1094冊，集部別集類，1983年初版），卷四十二，頁390，總頁1094。

漢儒乃經學之儒，而宋儒則轉回到子學之儒，故宋儒不僅有疑子，

亦復有疑經。〔註41〕

韓鍾文先生於《中國儒學史·宋元卷》中，亦謂：

宋代文化復興，就其精神與理想而言，又是相對於秦漢、隋唐而言的，

它要恢復或復活先秦諸子、特別是儒學創始人孔子、孟子、荀子的原

創精神與先秦儒學的自由講學風氣及復活其形上智慧。〔註42〕

所謂的「子學精神」，即指宋人對先秦諸子精神的復興，也就是回復諸子百家
思想自由、勇於創新、敢於懷疑與批判之學術風氣。由於宋代學者勇於衝破
章句之學長久以來的限制，主張思想自由，要求回歸原典以上求聖人之道，
故能為陷於停滯之經學思想帶來新的生機。而另一方面，子學精神對思想自
由、活潑之堅持，亦帶來了兼容並蓄、廣泛吸收的學習態度，在經學上呈現
出不主一家、融會貫通以成己說的經典詮釋，在思想上亦展現出對儒、釋、
道三家思想兼采的情形。因此宋代許多學者如蘇軾、王安石等人雖闢佛老，
思想及生活上卻往往表現出與佛、道思想交融的一面，尤其理學思想的成熟，
更是融會佛、道思想之結果。

　　在開放、自由的學風之下，理學家們一方面闢佛老，一方面也吸收了佛、
道思想之理論與方法來建立儒家之心性與形上學，他們能夠轉變當時儒家地
位之劣勢，就是因為能從理論之根本來打擊佛老思想。而明道如何批判佛老
思想？其具體主張為何？下節將續論之。

第二節　明道對佛老思想之評判角度

　　北宋初期學者對佛老之批判愈趨精微，前期孫復、石介站在華夷之防、
破壞倫理的角度，後起之歐陽修、李覯則不僅擴大到對國計民生的批評，也
提出「修其本」的主張，開始向內反省儒家之理論體系，至理學家出，則終
能由思想之內容為主，將批判理論深入中心。從明道對佛老思想之評判言論
中，即可清楚地觀察到此一面向，他不再汲汲於斥責佛老思想盛行為社會、
經濟帶來的負面效應，而將言論轉向對人心信仰的討論，指出佛老思想不切

〔註41〕　錢穆：《朱子新學案》（台北：聯經出版社，《錢賓四先生全集》第 11 冊，1998
　　　　　年 5 月初版），頁 14。
〔註42〕　韓鍾文：《中國儒學史·宋元卷》（廣州：廣東教育出版社，1998 年 6 月初版），
　　　　　頁 63。

實際、虛假之處。明道曾將先秦與北宋當時中國歷史上發生的兩次儒家危機
進行比較,謂:

> 楊、墨之害,甚於申、韓;佛、老(一無老字。)之害,甚於楊、
> 墨。楊氏爲我,疑于仁。墨氏兼愛,疑于義。申、韓則淺陋易見。
> 故孟子只闢楊、墨,爲其惑世之甚也。佛老(一作氏字。)其言近
> 理,又非楊、墨之比,此所以害尤甚。楊、墨之害,亦經孟子闢之,
> 所以廓如也。〔註43〕

他認爲先秦申韓法家之說淺陋易見,偏向外在,並不足以動搖儒家基礎。然
楊朱爲我、墨家兼愛的學說,卻真實地與儒家思想之中心主張「仁」與「義」
發生衝突,相信「爲我」之自私說法則傷害儒家欲推擴天下的仁愛之心,相
信「兼愛」之無別則使儒家上下倫常、有分有別之倫理關係無法安定,因此
孟子力闢楊、墨,而楊、墨學說在其秉持仁義精神大力批判後,人人亦得以
清楚認知其偏弊。及至近世佛、老之說大興,不僅使儒家思想之推廣受到影
響,由於「其言近理」,對心性、形上學等之討論都比儒家高明許多,因此人
心淆亂,其思想的影響層面不僅是「仁」、「義」等道德準則之放棄,更是價
值標準的全面移易,這種傷害可說是至大至深、前所未見。明道注意到此基
本問題後,一方面仍堅守儒家立場,效法孟子「闢異端」的精神,另一方面
亦不再僅以華夷、社會、經濟之角度來排佛老,而從「道」、「理」的角度出
發,深入地指出佛老信仰的缺失。

首先,明道堅持儒家積極入世的立場,反對佛家「無倫類」、「逃世網」
的態度,他指出:

> 有問:「若使天下盡爲佛,可乎?」其徒言:「爲其道則可,其迹則
> 不可。」伯淳言:「若盡爲佛,則是無倫類,天下卻都沒人去理;然
> 自亦以天下國家爲不足治,要逃世網,其說至於不可窮處,佗又有
> 一箇鬼神爲說。」〔註44〕

> 昨日之會,大率談禪,使人情思不樂,歸而悵恨者久之。此說天下
> 已成風,其何能救!古亦有釋氏,盛時尚只是崇設像教,其害至小。
> 今日之風,便先言性命道德,先驅了知者,才愈高明,則陷溺愈

〔註43〕 宋・程顥、程頤撰:《二程集》(台北縣:漢京文化事業有限公司,1983 年 9
月初版),《河南程氏遺書卷第十三・明道先生語三》,頁 138。

〔註44〕 同前註,《河南程氏遺書卷第二上・二先生語二上》,頁 24〜25。

深。……其術大概且是絕倫類，世上不容有此理。又其言待要出世，
出那裡去？又其迹須要出家，然則家者，不過君臣、父子、夫婦、
兄弟，處此等事，皆以爲寄寓，故其爲忠孝仁義者，皆以爲不得已
爾。又要得脫世網，至愚迷者也。畢竟學之者，不過至似佛。佛者
一點胡爾，佗本是箇自私獨善，枯槁山林，自適而已。若只如此，
亦不過世上少這一箇人。又卻要周遍，謂既得本，則不患不周遍。
要之，決無此理。今日所患者，患在引取了中人以上者，其力有以
自立，故不可回。若只中人以下，自不至此，亦甚有執持？今彼言
世網者，只爲些秉彝又殄滅不得，故當忠孝仁義之際，皆處於不得
已，直欲和這些秉彝都消殺得盡，然後以爲至道也。然而畢竟消殺
不得。如人之有耳目口鼻，既有此氣，則須有此識；所見者色，所
聞者聲，所食者味。人之有喜怒哀樂者，亦其性之自然，今強曰必
盡絕，爲得天眞，是所謂喪天眞也。……佗有一箇覺之理，可以「敬
以直內」矣，然無「義以方外」。其直內者，要之其本亦不是。……
談禪者雖說得，蓋未之有得。其徒亦有肯道佛卒不可以治天下國家
者，然又須道得本則可以周遍。〔註45〕

尤其第二段之引文，更完整、清楚地表達出明道對佛家思想發展所造成的流
弊與理論缺失之意見。他認爲佛家之所以對中國社會產生如此劇烈的影響，
是因其重視「性命道德」之故，這些精微高深的理論吸引了才智高明者，使
中人以上之學者皆醉心於此而更鑽研立說，於是風尚爲之大變。崇設像教還
只是民間信仰之小事，然佛家心性之說卻影響深遠，改變了當時一流知識份
子的關注焦點，使學者不再思索儒家修身以治天下的第一要務，而徒空談心
性之論、不以天下爲意。明道非常反對佛家之厭世思想，以爲「出家」是「絕
倫類」、「逃世網」的表現，只是「自私獨善，枯槁山林」以求自適之消極行
爲，他主張人是無可逃於天地之間的，天下之治亂是爲「人」必須面對的基
本課題，眞正的知識份子不該只關心獨善其身，更須以兼善天下爲己任。而
佛家據以主張「出世」思想之理論，無非認現實世界爲空無虛幻、徒爲流轉
變化之虛妄存在，因此人必須超脫世間輪迴之假象，尋求成佛之涅槃眞義。

〔註45〕　同前註，頁23～24。原書未註明誰語，亦未收入《宋元學案》，牟宗三於《心
　　　　體與性體》一書中以爲應是明道語，張永儁《二程學管見》中〈二程先生「闢
　　　　佛說」合議〉一文亦然，今從之。

明道對此更大加批評，他以佛家完全否定人之自然天性爲「喪天眞」，對佛家「成道」必須捨棄人之自然天性、將忠孝仁義之「秉彝」削殺殆盡，更認爲絕無此理。他相信眞正的「至理」應能涵融萬有、無偏無私，佛家之至道則將人之本性與現實世界都排除在外，如何能爲眞正之「至道」？因此，明道以爲佛家之說勉強僅能以「敬以直內」稱之，不僅無法如儒家思想能兼顧「義以方外」，甚至嚴格說來其「本」亦不是。這種對佛家理論之「本」的否定，使明道對「絕倫類」、「逃世網」的注目重點更勝前人指其無尊無親、害於國計民生之表面現象，而進入以「理」相抗之層次，於此亦反映出明道心中已自有一套符合儒家價值之「理」的認知與理論。

因此他以爲就信仰方面來看，釋氏表面上看似要超脫死生，實則本是「怖死生」，甚至更以「生死恐動人」：

> 釋氏本怖死生，爲利豈是公道？唯務上達而無下學，然則其上達處，豈有是也？元不相連屬，但有間斷，非道也。孟子曰：「盡其心者，知其性也。」彼所謂「識心見性」是也。若「存心養性」一段事則無矣。彼固曰出家獨善，便於道體自不足。（一作已非矣。）或曰：「釋氏地獄之類，皆是爲下根之人設此，怖令爲善。」先生曰：「至誠貫天地，人尚有不化，豈有立僞教而人可化乎？」〔註46〕

> 佛學（一作氏。）只是以生死恐動人。可怪二千年來，無一人覺此，是被他恐動也。聖賢以生死爲本分事，無可懼，故不論死生。佛之學爲怕死生，故只管說不休。下俗之人固多懼，易以利動。至如禪學者，雖自曰異此，然要之只是此箇意見，皆利心也。籲曰：「此學，不知是本來以公心求之，後有此蔽，或本只以利心上得之？」曰：「本是利心上得來，故學者亦以利心信之。莊生云『不怛化』者，意亦如此也。如楊、墨之害，在今世則已無之。如道家之說，其害終小。惟佛學，今則人人談之，瀰漫滔天，其害無涯。舊嘗問學佛者，『《傳燈錄》幾人？』云『千七百人』。某曰：『敢道此千七百人無一人達者。果有一人見得聖人『朝聞道夕死可矣』與曾子易簀之理，臨死須尋一尺布帛裹頭而死，必不肯削髮胡服而終。是誠無一人達者。』禪者曰：『此迹也，何不論其心？』曰：『心迹一也，豈有迹非而心

〔註46〕同前註，《河南程氏遺書卷第十三·明道先生語三》，頁139。

是者也？正如兩腳方行，指其心曰：『我本不欲行，他兩腳自行。』
豈有此理？蓋上下、本末、內外，都是一理也，方是道。莊子曰『遊
方之內』、『遊方之外』者，方何嘗有內外？如此，則是道有隔斷，
內面是一處，外面又別是一處，豈有此理？』學禪者曰：『草木鳥獸
之生，亦皆是幻。』曰：『子以爲生息於春夏，及至秋冬便卻變壞，
便以爲幻，故亦以人生爲幻，何不付與他。物生死成壞，自有此理，
何者爲幻？』」〔註47〕

明道認爲佛家是利用一般人怕死、懼鬼神的態度，以地獄輪迴、冤業果報之
說來動搖大眾之心志，使民眾抱持畏懼死後世界的心理而信拜之。同時，對
極樂世界、福報之肯定，亦使百姓在信守戒律時難免懷有「免惡果、得善報」
之心態，於是信仰不再是對「至道」的追求，而成爲得到福報、解脫不幸此
世的途徑了。因此明道指出佛家思想中「心」、「跡」的不一致，也指出當時
佛學理論與佛教信仰間的落差，若將地獄之類視作佛爲下根人所立之權宜設
教，則何以要設此出於利心之僞教？若將這些權宜設教視爲外在之「跡」，以
「跡」爲不必要者而更論其「心」，則該如何解釋「心」、「跡」之分立？明道
以爲「跡」實是「心」之表現，如將「心」、「跡」分爲兩端，則可見其「心」
亦有包容不到之處，且其「跡」中隱含的求利之心又從何而來？因此，明道
主張佛家之理根本就是不周遍的，對許多問題無法合理解釋，眞正的「理」
應是徹上徹下的，天地萬物皆涵容其中，即所謂「上下、本末、內外，都是
一理也，方是道」。此「理」雖抽象精微，爲天地間之普遍原則，卻又親切眞
實地存在於天地之間，如物之生死成壞，亦皆爲「理」之體現，而非虛幻的
現象流轉。他抱持著完全肯定現象存在之態度，並且相信「理」不在彼岸，
就在現世之內、此紛然並陳的現象萬殊之中。於是對「道」的把握並不需要
否定現象，「道」、「物」是圓融無間的，「物」本身就是「道」的具體呈現。

　　於是明道反對佛家以「幻」、「妄」來理解物性的態度，認爲佛家之所以
毀棄物性正是由於不知「理」，他說：

　　釋氏無實。〔註48〕

　　所以謂萬物一體者，皆有此理，只爲從那裡來。「生生之謂易」，生

〔註47〕同前註，《河南程氏遺書卷第一・二先生語一》，頁3～4。原書未註明誰語，
　　　　牟宗三於《心體與性體》一書中以爲應是明道語，今從之。
〔註48〕同前註，《河南程氏遺書卷第十三・明道先生語三》，頁138。

則一時生，皆完此理。人則能推，物則氣昏，推不得，不可道他物不與有也。人只為自私，將自家軀殼上頭起意，故看得道理小了佗底。放這身來，都在萬物中一例看，大小大快活。釋氏以不知此，去佗身上起意思，奈何那身不得，故卻厭惡；要得去盡根塵，為心源不定，故要得如枯木死灰。然沒此理，要有此理，除是死也。釋氏其實是愛身，放不得，故說許多。譬如負販之蟲，已載不起，猶自更取物在身。又如抱石沈河，以其重愈沈，終不道放下石頭，惟嫌重也。〔註49〕

所謂「釋氏無實」，即指其無法真正地體會此天地間實存之「理」，不能瞭解萬物的存在就是「天理」之真實體現，而徒以「空虛」、「幻妄」來說物之性的結果，便使「道」之追求脫離現實而無所憑依，即前文所說「唯務上達而無下學」之意。明道以為佛家對人身七情六欲之離棄是源於「奈何那身不得」，由於不知如何面對自然生命質性所帶來的情欲波動，故乾脆棄而不談；因為將「心」不定之原因歸向外在根塵，即肉體生命所帶來的種種限制，故要枯木死灰，完全棄絕與外界之接觸。然而他指出若向內探索釋氏極力貶抑肉體情欲之原因，卻正好顯示其心志容易為此動搖、誘惑之程度，由於無法處理這部分的問題，故心心念念以禁之，反而更表現其對此問題在意、執著之深度，「釋氏其實是愛身，放不得」一語，便是以此角度來說。明道相信，就是由於佛家將「佛性」與「軀殼」分立兩端，以二者為截然不同之概念，才會無法看清「人」個體存在之真實、積極意義，而主張以消極、避世的方法來立「心」。但規避外誘、隔絕塵網並不代表「心」已獲得真正之平靜，只是遠離是非而已，明道更質疑最究極的離世境界莫過於「死」，如此則該如何確立人人皆有「佛性」之價值？

　　是故他以為佛家並沒有正視人性之問題，而只是一味忽視。明道批評「佛性」說，在論「生之謂性」時，認為「如釋氏說蠢動含靈，皆有佛性，如此則不可」〔註50〕，而事實上，「蠢動皆有佛性」之理論與其「道即性」說有相

〔註49〕 同前註，《河南程氏遺書卷第二上‧二先生語二上》，頁33～34。原書未註明誰語，亦未收入《宋元學案》，牟宗三於《心體與性體》一書中以為應是明道語，今從之。

〔註50〕 同前註，《河南程氏遺書卷第二上‧二先生語二上》，頁29～30。原書未註明誰語，亦未收入《宋元學案》，然就理論內容與性質來看應是明道語。牟宗三亦以此為明道語，見《心體與性體》，頁156。

合之處，都肯定萬物皆具「成道」之可能。然明道並非站在這個角度思考，一方面他並不贊成「佛性」之內容，另一方面亦主張不可以「普遍性」排拒「特殊性」，而佛家則是完全漠視萬物「生之謂性」的一面。因此，明道批評佛氏之說「惟見一偏」，而強調儒家思想之全面：

> 釋氏說道，譬之以管窺天，只務直上去，惟見一偏，不見四旁，故皆不能處事。聖人之道，則如在平野之中，四方莫不見也。〔註51〕
>
> 佛氏不識陰陽晝夜死生古今，安得謂形而上者與聖人同乎？〔註52〕
>
> 佛言前後際斷，純亦不已是也，彼安知此哉？子在川上，曰：「逝者如斯夫！不舍晝夜。」自漢以來儒者，皆不識此義，此見聖人之心純亦不已也。《詩》曰：「維天之命，於穆不已。」蓋曰天之所以為天也。「於乎不顯，文王之德之純」，蓋曰文王之所以為文也。純亦不已，此乃天德也。有天德便可語王道，其要只在慎獨。〔註53〕

他認為佛氏之道「只務直上去」，不能處事，也不識陰陽、晝夜、死生、古今之道理，其「形而上」之說僅務個人對現世之超脫及「佛性」之追求，無法認同個體存在之價值，亦無法對宇宙全體之存在提出解釋，於是遠不如儒家聖人之說能普遍含容、擴及各個層面。而明道雖批判佛家之形上學，但對其「前後際斷」的說法，即斷煩惱障、所知障的修養工夫仍相當認同，由「漸斷」而「頓斷」，此永恆相續、永無休止之佛法修為與儒家「純亦不已」之健動精神實相當類似。然而佛家所追求的是「涅槃」之宗教至境，與儒家生生不已、積極創造之道德進境完全不同，故明道感嘆雖修行之工夫類似，然而「彼安知此哉」？佛家不知此「於穆不已」之天德即為「純亦不已」之人道，因此完全否定現世、個體之真實存在，主張唯有捨棄肉體才能成佛，但明道指出天、人之道實是通而為一的，為求「天」而否定「人」是「不知本」的表現。於是在儒家之理論體系下，修養工夫不再是無止境的「消去」工夫，而只要「慎獨」，亦即充分表現人之所以為人之「道」，彰顯「天」所賦予「我」之內容。「我」之現實生命與道德意識皆為「天」所賦予，因此「慎獨」工夫不僅指向無間斷的道德修養工夫，亦使「我」之個體存在得到充分之肯定，反映了儒家之「道」徹上徹下、流行於天地之間的特性。

〔註51〕同前註，《河南程氏遺書卷第十三・明道先生語三》，頁138。

〔註52〕同前註，《河南程氏遺書卷第十四・明道先生語四》，頁141。

〔註53〕同前註，頁141。

　　以上所列出的，都是明道對佛家之批評。雖然他主張「闢佛老」，但表現上對「老」之實際批評卻比佛家少很多。在批佛時明道從內而外，言論涉及其形上理論與修養工夫、處世態度；在闢老時，則往往指向其以「無」為「道」之主張及其對陰、陽概念之詮釋。如以下三條所言：

　　言有無，則多有字；言無無，則多無字。有無與動靜同。〔註54〕

　　「形而上者謂之道，形而下者謂之器。」若如或者以清虛一大為天道，則（一作此）乃以器言而非道也。〔註55〕

　　老子之言，竊弄闔闢者也。〔註56〕

明道反對以「有」、「無」之相對概念來說「道」，認為如此易使人對「道」之性質產生混淆。「道」實是不可以任何分別概念限制的，它超越於動靜、有無之外，這點道家與明道皆認同，但明道認為道家專注於以「無」、「虛靜」來說「道」，雖可以表現其抽象、高遠之一面，卻也使「道」成為一高高在上、與世界隔離之本體，而無法呈顯其流行於天地間之能動性。此外，以「清虛一大」來形容「道」，即以「氣」之角度來說「道」，亦已使「道」之境界降低至「物」的討論層次了。而明道對老子闡釋陰陽之說法亦感到不滿，他認同《易傳》中以陰陽來解釋宇宙運行之觀點，然而明道相信陰陽之運作應是和諧均衡的，不可偏於一端，而老子對陰陽、剛柔之申論已偏向重陰、重柔，而更強調以陰勝陽之意，故明道批評老子之言為「竊弄闔闢」，其意即在於此。至於對莊子之說，批評的言論則更少了，能確定為明道之言者，大抵就是反對莊子「遊方之內」、「遊方之外」之分別的部分而已。其實綜觀二程意見，還有一些肯定莊子之言論，可見相較於佛家，他們對道家的反對態度明顯緩和得多。

　　試推論其原因，則一方面當時佛教的盛行程度遠勝於道教，不僅在國計民生、社會風氣方面造成的傷害更大，其精微之心性理論吸引許多中國知識份子去鑽研，入人之深且大大改變了中國傳統之價值觀。另一方面，與外來之佛教心性學相較，則中國道家也有許多關於心性方面的討論，這卻是傳統的本土思想。李覯即曾以此角度比較佛道二家，謂：

　　欲聞性命之趣，不知吾儒自有至要，反從釋氏而求之……噫！釋之

〔註54〕同前註，《河南程氏遺書卷第十一・明道先生語一》，頁121。
〔註55〕同前註，頁118。
〔註56〕同前註，頁121。

行固久，始吾聞之疑，及味其言，有可愛者，蓋不出吾《易·繫辭》、
《樂記》、《中庸》數句間。苟不得已，猶有老子、莊周書在，何遽
冕弁蠻蜀于戎人前邪？〔註57〕

就北宋初期極強調之「華夷之防」心態來看，理學家若欲借鏡、吸收其他學
派之說法來協助重建、發展儒家之心性、形上學，對本土道家思想就不會太
過排斥。並且，道家思想之基調與佛家比較起來仍是隱含入世義蘊，特別是
莊子「道通為一」之齊物觀點與「逍遙」境界之說，不僅指明「道」遍在於
「物」的看法，亦認為人只要打破各種經驗價值觀之限制就是「道」的境界，
他所否定的是人類文化積累之價值，而非人或世界的存在本身。這種看法到
魏晉玄學家更加以發揚，王弼確立了以「體用」來說「道」、「器」關係的理
論，於是「物」的地位更得到相當的肯定。同時，道家也講「無為而無不為」，
他們也有自己的一套治世思想，而非如佛家對現實世界採完全否棄之態度。
因此雖然儒道二家之理論表現非常不同，但入世的態度卻非無可溝通。儒家
學者最痛恨佛家的出世思想，但其心性論之精微又為當時學說之冠，於是理
學形成時對佛、道二家說法的採用與取捨便成為相當復雜的課題，至少以明
道思想來說，他對佛學之種種批評都反映在其形上理論之基本架構上，而在
人性、修養工夫理論裡則露出明顯的道家思想痕跡，這是無庸置疑的。

　　於是理學家一方面反佛老，一方面也吸收了佛老之理論以立說，雖然他
們未必對佛家學說都有非常精確之理解。明道亦曾出入佛老多年，在一番沈
潛思索後，才能清楚掌握佛老思想之弱點以抨擊之，也才能建立一套可與佛
老相抗衡的道德形上體系。因此，即使他們極力主張儒學之正統地位，亦仍
免不了整個時代風潮對他們潛移默化之影響，明道在申其理學思想時，也偶
舉禪語以為解，如下一條：

　　　侯世與云：「某年十五六時，明道先生與某講《孟子》，至『勿正心，
　　　勿忘勿助長』處，云：『二哥以必有事焉而勿正為一句，心勿忘勿助
　　　長為一句，亦得。』因舉禪語為況云：『事則不無，擬心則差。』某
　　　當時言下有省。」〔註58〕

這種以禪語印證其說的表現，不僅表示在思想上有著某種程度之等同，也表
現出當時禪學之流行程度。另外，明道其實亦非常欣賞、理解心靈超越之美

〔註57〕　同註27，《李覯集》卷二十三，〈郡武軍學置莊田記〉，頁252。
〔註58〕　同註54，《河南程氏遺書卷第一·二先生語一》拾遺，頁12。

感，他的許多詩作中都表現出塵俗與心靈的相對關係，希望能擺脫塵俗干擾而能追求更深刻之心靈平靜。然而我們可以說明道是以道家之超越心境處身，以儒家之積極態度應世，在一番心靈悠遊後，他仍然回到儒家立場，堅持其入世主張。茲錄明道幾首詩作，以明其內在心境之表現：

> 身勞無補公家事，心冗空令學業衰。世路嶮巇功業遠，未能歸去不男兒。〔註59〕

> 參差臺殿綠雲中，四面簨簴一徑通。曾讀華陽真誥上，神仙居在碧琳宮。〔註60〕

> 車倦人煩渴思長，巖中冰片玉成方。老仙笑我塵勞久，乞與雲膏洗俗腸。〔註61〕

> 襟裾三日絕塵埃，欲上藍輿首重迴。不是吾儒本經濟，等閑爭肯出山來？〔註62〕

> 聖賢事業本經綸，肯為巢、由繼後塵？三幣未回伊尹志，萬鍾難換子輿貧。且因經世藏千古，已占西軒度十春。時止時行皆有命，先生不是打乖人。〔註63〕

因此，雖然明道在感到世路險巇、功業難成，慨嘆俗務纏身而使學業荒廢之時，曾表現出非常羨慕並認同道家對俗務之解脫態度，也曾興起「不如歸去」之念頭，但他對「不是吾儒本經濟」、「聖賢事業本經綸」之堅持，則是使其於當時佛老充斥之時代風氣中能夠昂然挺立，自成一家之重要因素。能夠出入佛老而更勝佛老，就在於其對儒家思想之堅持與創發。明道能由理論中心切入來批判佛老，又能自立學說以抗衡之，故一破一立之下，終為儒家思想重建長久以來的衰落地位，使其再度蓬勃發展，發展出代表性之時代新思潮。

小　結

　　本章擬由對北宋初期學術背景及時代風氣之討論，來瞭解明道反佛老之

〔註59〕同前註，《河南程氏文集卷第三・明道先生文三》，〈馬上偶成〉，頁474。
〔註60〕同前註，〈草堂——寺在竹林之心，其竹蓋將十頃〉，頁474～475。
〔註61〕同前註，〈長嘯巖中得冰，以石敲餐甚佳〉，頁475。
〔註62〕同前註，〈下山偶成〉，頁476。
〔註63〕同前註，〈和邵堯夫打乖吟二首〉之二，頁481。

態度，以明其對佛、老二家態度之差異情形。因此於第一節中，先討論在明道之前北宋「闢佛老」思想的發展狀況，並以懷疑精神與子學精神來說明儒學本身產生的變化，儒家思想終於一反長久以來之停滯僵局，開始有了吸收包容、反省創造的新活力。第二節則專注於對明道「闢佛老」言論之分析，探討明道如何從理論中心來破佛家之說，亦由其言論少見對於道家思想之批判，進一步分析明道對佛、道兩家態度差異之原因。於是從心境與學術角度來看，與佛家相較，明道似乎是相當能夠接受道家思想的。

　　在這種背景之下，明道究竟如何吸收道家學說？在哪些方面表現出道家思想的痕跡？又如何將其與儒家思想結合？筆者將由本體、性論與修養工夫三方面來進行討論，以明其學說與道家思想的交涉。下一章將先由「道」、「理」之理論探討開始。

第三章 明道「理」概念之意義與定位

　　「理」爲明道哲學體系中之最高概念，其意涵亦相當豐富，既是天地萬物之基礎，亦是道德意識之依歸。從天地萬物運行之法則，到人的道德精神，無一不在「理」的體系內。明道謂：「吾學雖有所受，天理二字卻是自家體貼出來」〔註1〕，然「天理」二字並非明道首創，對宇宙本體的探索，先秦道家就做了相當豐富的討論。而明道將道德概念加進宇宙本體概念中，使道德人倫有了形上學之理論根據，卻是原始道家思想之所無。對本體之討論原不是儒家思想之擅場，宋代儒學受到佛老刺激，學者亟欲補強儒學理論不足之處，在重新詮釋宇宙本體的同時，亦吸收了其他學派之思想。整理明道對「理」本體意義之表述，許多語彙及思考模式都來自道家之老莊及魏晉玄學，即可明顯地看出道家思想之痕跡。張立文於其主編之《理》一書中，便認爲「在對天理屬性的規定上，二程繼承了老子天道自然無爲的思想，以爲天理是自然而然的，沒有人爲安排之意。」〔註2〕另外，陳少峰於《宋明理學與道家哲學》中，亦認爲明道天理觀有「自然之理」與「道德之理」兩種內涵，其中「就自然之理言，顯然來源於《莊子》和玄學。」〔註3〕張永儁在〈淺述宋代理學宇宙論中之莊子成分〉一文中，也指出：「從天地萬物的普遍秩序及宇宙

〔註1〕　宋・程顥、程頤撰：《二程集》（台北縣：漢京文化事業有限公司，1983 年 9月初版），《河南程氏外書》，卷十二，頁 424。
〔註2〕　張立文主編：《理》（北京：中國人民大學出版社，1996 年 1 月初版），頁 126。
〔註3〕　陳少峰：《宋明理學與道家哲學》（上海：上海文化出版社，2001 年 1 月初版），頁 86。

開展的客觀法則上說『理』的應首推道家。道家中首推莊子。」〔註4〕並指出宋代理學家之「理」概念與莊子思想相同之處。

　　此一論題，前輩學者雖已有不少討論，但筆者所更欲探討的是：明道在架構其「理」概念之宇宙論時，是否有意識地挑選道家思想爲基礎？對道家理論的部分採用，所據以取捨的角度爲何？而明道如何將道德仁義與道家之本體概念結合？其「自家體貼」的特色，即將道德仁義提升至主體地位的意圖何在？爲了釐清這些問題，本章將先簡論道家思想「道」、「理」概念之定義與發展，再與明道之理論比較、互看，試圖找出明道「天理」概念對道家思想之吸收、轉化，及其如何結合儒家思想，與融合後所展現的特出之處。

第一節　道家「道」、「理」概念之演進

　　在中國思想傳統中，首先開始系統性地討論宇宙、萬物根源者，即是道家之老子。《老子》一書標舉「道」爲世界之本原概念，並以其爲中心思想開展了一套包括宇宙論及人生論的思想體系，解釋了宇宙萬物之發生，並主張人應依照此萬物本原——即「道」之「德」，爲一切道德、行爲之最高標準。在老子宇宙論體系中，最高概念爲「道」。而「理」之一詞，雖在先秦典籍《詩經》、《左傳》、《國語》中數見，意義卻僅指向「治理」、「整理」、「官職」，表示具體的名稱或人的行爲，並無哲理性的意義出現。要到莊子，始大量、哲理性地談「理」。然漢代經學大盛，道家思想相對消退，至魏晉時才又重新復甦，並且更進一步，王弼特別標舉「理」之意涵，並隱隱有「以理代道」的傾向。這裡似乎可以觀察出一種趨勢，即先秦時道家普遍使用的「道」觀念，經過了時代推移，逐漸向「理」概念轉化。這種轉化是如何發生的？在道家哲學內部發生了怎樣的質變？本節將討論先秦道家、魏晉時期之主要思想，以見「理」概念之演進痕跡。

一、先秦道家

（一）老　子

　　老子以「道」來解釋宇宙間存在著一種神秘和諧的終極秩序，並以其爲

〔註4〕　張永儁：〈淺述宋代理學宇宙論中之莊子成分〉，《二程學管見》（臺北：東大圖書股份有限公司，1988年1月初版），頁329。

天地萬物之起源。此「道」先於天地而存在，是唯一、獨立、不受時空影響
而完全自在的。在《老子》第一章，便已開宗明義指出：

> 道可道，非常道；名可名，非常名。無名天地之始，有名萬物之母。
> 故常無欲以觀其妙；常有欲以觀其徼。此兩者同出而異名，同謂之
> 玄，玄之又玄，眾妙之門。〔註5〕

老子認為「道可道，非常道」，「道」是無法用言語充分表述的。「道」之內容
為何？他並未繼續說明，反又提出「有」、「無」二詞，以之為天地、萬物之
始。在一段簡要玄妙的陳述後，竟又指其「同出而異名」，同謂之「玄」。於
是，「道」、「有」、「無」、「玄」，便被聯繫一處，所謂的天地之始、萬物之母、
不可道之道，原來只是一物。因此，老子雖未明言「道」為何物，卻在轉折
的文字中，暗示了「道」就是天地萬物之根本，點出了「道」的超越地位。

　　然何以言「道可道，非常道」？「道」之具體內容為何？《老子》第二
十五章相當簡潔而完整地表達了「道」在其思想體系中之意涵：

> 有物混成，先天地生。寂兮寥兮，獨立不改，周行而不殆，可以為
> 天下母。吾不知其名，字之曰道，強為之名曰大。大曰逝，逝曰遠，
> 遠曰反。

首先，「有物混成，先天地生」、「獨立」，指出「道」是超越經驗世界的唯一
存在。這個超越存在是實有的，而非一虛空、虛無之抽象概念，故仍用「物」
來指稱。但此「物」並非經驗世界中之「物」，它超越其上，天地萬物由其而
生，具有創生義。雖說「獨立不改」，卻又「周行而不殆」，因此「道」並非
絕對靜態的存在，不但具有不息之能動性，運作時更有固定規律。於是，既
然「道」是超越經驗的存在，在經驗世界中就沒有任何字詞能夠充分表述它
的意義。然而為了方便指稱，只好暫用「道」一名來代表，這就是其不可道
卻又必須以言語指稱的不得已處。

　　老子更嘗試說明「道」的狀態，一方面表現「道」之幽微玄妙、難以掌
握，一方面也點出「道」確是真實存在的，只是超乎人類感官知覺之外：

> 道之為物，惟恍惟惚。惚兮恍兮，其中有象；恍兮惚兮，其中有物。
> 窈兮冥兮，其中有精：其精甚真，其中有信。自古及今，其名不去，

〔註5〕　宋・東萊先生重校：《音注河上公老子道德經》（台北：廣文書局有限公司，
　　　　1990 年 9 月 4 版，百宋叢書影印宋麻沙本），頁 1。以下《老子》引文皆引自
　　　　此，不再另注。

以閱眾甫。吾何以知眾甫之狀哉？以此。（第二十一章）

道沖而用之或不盈。淵兮似萬物之宗。挫其銳，解其紛，和其光，同其塵。湛兮似或存，吾不知誰之子，象帝之先。（第四章）

視之不見名曰夷，聽之不聞名曰希，搏之不得名曰微，此三者不可致詰，故混而爲一。其上不皦，其下不昧，繩繩不可名，復歸於無物，是謂無狀之狀，無物之象。是謂惚恍。迎之不見其首，隨之不見其後。執古之道，以御今之有。能知古始，是謂道紀。（第十四章）

其所用以描述「道」的詞彙，包括「恍惚」、「窈冥」、「淵兮」、「湛兮」、「無狀之狀」、「無象之象」，就是「道」之樣態。雖然極盡形容，也只是些隱晦模糊的說明，沒有具體的形象。即使無法清楚掌握「道」之形貌，老子卻一再強調「其中有象」、「其中有物」、「其精甚眞」、「其中有信」，明確指出「道」是眞實存在，只是無法以人之視、聽、搏等等感官經驗感知而已。

另外，對「道」的創生性，即道生萬物的過程，老子也做了推論：

道生一，一生二，二生三，三生萬物。萬物負陰而抱陽，沖氣以爲和。（第四十二章）

天下萬物生於有，有生於無。（第四十章）

道生之，德畜之，物形之，勢成之。是以萬物莫不尊道而貴德。道之尊，德之貴，夫莫之命而常自然。故道生之，德畜之：長之、育之、亭之、毒之、養之、覆之。生而不有，爲而不恃，長而不宰。是謂玄德。（第五十一章）

老子認爲天下萬有生於「無」，推想經驗世界中一切生命、事物，其實原都是從無中生有，不知所從來。世界的起源該推向何處？這個時間、空間的原初起點，就是「無」。但「無」並非虛無、空無，這一切存在的起點，就是「道」。由上列引文可知，老子認爲「道」生物有一定程序，必須循序漸進。「道」先生一，再產生二、三、萬物，表現的是整個世界形成的過程；而「道生之，德畜之，物形之，勢成之」，則指出道生物時，亦內化於物，所謂「德」，即是內化於物中之「道」。個別事物需要相當條件配合才能產生，也因此形成個別事物的特殊性。而「道」雖生長萬物，老子卻又特別強調其不爲主、不有不恃之性質，由是可見老子之「道」已非一有意識之創物主宰，已經開始跳

脫原始鬼神觀的角度，進入哲學意義上之思考了。

（二）莊　子

先秦道家的另一代表人物莊子，則明顯地不重視老子「道生萬物」之創生論述。老子對「道」反覆申說，「道」成為高高在上之超越本體，並為創生萬物之起源，而《莊子》書中雖然不乏關於「道」超越性質、生物本源之言論，卻大部分出現在外、雜篇，已為學界普遍認定並非莊子本人親作。至於出現在《莊子》內七篇中唯一一條，即見〈大宗師〉：

> 夫道，有情有信，無為無形；可傳而不可受，可得而不可見；自本自根，未有天地，自古以固存；神鬼神帝，生天生地；在太極之先而不為高，在六極之下而不為深，先天地生而不為久，長於上古而不為老。〔註6〕

此條之可疑已被許多學者提出，如錢穆於《莊老通辨》、顏世安於《莊子評傳》中，都已提出此節恐為後人偽竄之說法，認為這段話在此顯得相當突兀，與內篇之思想體系並不相符。

雖然這些內容與《莊子》內篇之中心思想不合，但仍可從中看出老子宇宙論對後人之深切影響，如〈天地〉及〈知北游〉中的兩段文字，就表現出其對老子思想之繼承與發展：

> 泰初有無，無有無名：一之所起，有一而未形。物得以生，謂之德；未形者有分，且然無間，謂之命；留動而生物，物成生理，謂之形；形體保神，各有儀則，謂之性。（〈天地〉）

> 夫昭昭生於冥冥，有倫生於無形，精神生於道，形本生於精，而萬物以形相生，故九竅者胎生，八竅者卵生。……天不得不高，地不得不廣，日月不得不行，萬物不得不昌，此其道歟！（〈知北游〉）

這些段落比《老子》更具體化了萬物化生的過程。由「無」生「有」、「一」生「萬物」的大原則雖未變，但「有」如何發展至「萬物」，中間便提出「德」、「精」、「形」、「性」、「命」等名詞之界定、討論，指出「物」形成時所需之各項條件。這些細節之定義，《老子》本無。而《莊子·知北遊》中謂「通天下一氣」、〈至樂〉篇中以氣之聚散解釋生命運行，這些以「氣」與「陰陽」

〔註6〕見清·郭慶藩《莊子集釋》（北京：中華書局，1961年7月初版），頁246～247。以下《莊子》內文皆引此，茲不另注。

之概念來說明事物精粗、天地變化之理論，亦成爲後人討論宇宙自然知識時之基本概念了。

　　莊子「道」論與老子的不同之處，即其以「自然」說「道」。莊子雖與老子一樣，相信天地間有一種複雜又完善的秩序，有一種神妙而又難以掌握之運作，但他並不企圖找出原因，亦不欲以一高高在上的生化本源來解釋，而認爲「道」就是「自然」本身。說見〈齊物論〉：

> 有始也者，有未始有始也者，有未始有夫未始有始也者。有有也者，有無也者，有未始有無也者，有未始有夫未始有無也者。俄而有無矣，而未知有無之果孰有孰無也。

由此可見莊子正是要否定對天地本原之追尋，他認爲這樣的推究都是沒有終止的，永遠沒有最後的答案。莊子認爲時空是無限的，萬物之演化亦無始無終，其所謂「道」就是「自然」，也就是宇宙間表現出的無限變化，這種看法便與老子之宇宙本原觀大異其趣了。而莊子「道」論的另一個特點，就是「道」在「物」中，則可見於〈齊物論〉中另兩段文字：

> 道惡乎隱而有眞僞？言惡乎隱而有是非？道惡乎往而不存？言惡乎存而不可？道隱於小成，言隱於榮華。

> 物固有所然，物固有所可。無物不然，無物不可。故爲是舉莛與楹，厲與西施，恢恑憰怪，道通爲一。其分也，成也；其成也，毀也。凡物無成與毀，復通爲一。

莊子極爲強調「道遍在於物」之概念，甚至以「道在屎溺」來指出不論物之大小、貴賤，其中都有「道」在。可見莊子之「道」即存在於萬物之中，是內在於萬物之自然法則，這個觀點也與老子高高在上的道體概念不同。然而，所謂「道」內在於「物」並不是指「道」之層次已落入物質層面，只是取消其因始物意義而高高在上的地位，回到自然之中。如此，一方面「道」仍爲自然界之深奧法則，不是客觀經驗中之有限法則；另一方面，也跳出老子對「道」的玄理性思考，肯定了從經驗世界中思考「道」之可能性。

　　因此，莊子之「道」並不指向宇宙的起源，而直接指向萬物自身所具備之宇宙完美秩序，這是天下萬物的同一性，即「道通爲一」。莊子之目的，在指出由人之意識價值觀所形成的世界之侷限及不完善，要人摒除一切私意限制，回歸自然之「道」的境界，於是對世界根源的追求不再重要，重要的是該如何理解此「自然之道」對人的意義。如同顏世安所說，老子之貢獻在

提出「一種把自然視作存在典範（非知識能企及），以啓示人改善生存品質的思想方式」〔註 7〕，而莊子則以此爲基礎，將老子思想中不可言之道與探究本原之自然知識分開，解除「道」因具備始物性質所帶來的知識性意義〔註 8〕與其自然神祕性之矛盾，終使「道」與人之關係得到更進一步的發展。

　　莊子學說另一特點，就是對「理」之說明。《莊子》書中，「天理」二字首見於〈養生主〉：

　　　　方今之時，臣以神遇而不以目視，官知止而神欲行。依乎天理，批

　　　　大郤，導大窾，因其固然，枝經肯綮之未嘗，而況大軱乎！

依照文意，此處「天理」意指牛體本身之生理結構。每頭牛間雖有個體差異，但於庖丁無數經驗累積下，體認出牠們都具有相同的生理架構，這個共同原則就是牛之理。然若擴大觀察面向，則天下之物無不如此，於是「天理」更深一層之意涵，即指每一事物皆自有其自然結構，此即爲天生物之自然規律。因此，「天理」實具備雙重意義，對個別事物來說，所謂「物成生理」（〈天地篇〉）、「萬物殊理」（〈則陽篇〉），是現象界發展之客觀法則；對天地萬物來說，物物皆有理，皆順理自然運行，則爲萬物之普遍秩序。因而對「理」之討論，是從「物理」之觀點出發，意識到經驗界之事物雖千羅萬象，但皆自有其生成原則。由此引申至人事，人之行爲表現也自有準則，如〈漁父〉：

　　　　其用於人理也，事親則慈孝，事君則忠貞，飲酒則歡樂，處喪則悲

　　　　哀。……事親以適，不論所以矣；飲酒以樂，不選其具矣；處喪以

　　　　哀，無問其禮矣。

莊子之「人理」是要人順應本性，無論處在何種狀態下，都依照內心自然情感來因應，而不受人爲禮制、儀節所束縛。因此〈在宥〉篇謂「說義耶？是悖於理也」、〈盜跖〉篇謂「名利之實，不順於理，不監於道」，就是批評儒家過於強調仁義禮樂，反而是陷於名利，失去對眞正「道德」的認知及掌握，即不合於「理」。他相信人所有自然情感，都是「道」的表現，因此「人理」也應是符合自然無爲之人倫關係，而非強加以禮樂儀節之約制。

　　在莊子之理論體系中雖已提到「理」之概念，以其爲個別事物所具備之

〔註 7〕　見顏世安：《莊子評傳》（南京：南京大學出版社，1999 年 12 月初版），頁 206。

〔註 8〕　同前註，頁 207，顏先生指出：「把道說成天地本原、自然規則，甚至說成萬物中最根本最精細的物質，後面諸種說法都在有意無意之間暗示道的問題可以歸結爲一種更高級精緻的知識問題。」而這是與其尋求神祕經驗的意識相矛盾的。

自然性質與變化規律，並置於「道」概念之下，認爲「理」仍服從於「道」。但就「理」具備客觀規律、秩序之性質來看，實隱然具有類似於「道」之意涵。〈漁父〉篇謂：

> 且道者，萬物之所由也，庶物失之者死，得之者生，爲事逆之則敗，順之則成。

〈秋水〉篇謂：

> 道無終始，物有死生，不恃其成；一虛一滿，不位乎其形。年不可舉，時不可止；消息盈虛，終則有始。是所以語大義之方，論萬物之理也。物之生也，若驟若馳，無動而不變，無時而不移。何爲乎？何不爲乎？夫固將自化。

此處以「道」爲萬物運行之最高原則，然而莊子又主張萬物「自化」，即萬物依自身自然之理運行，於是自化之理與「道」之概念便重疊了。見以下二段：

> 吾觀之本，其往無窮；吾求之末，其來無止。無窮無止，言之無也，與物同理；或使莫爲，言之本也，與物終始。（〈則陽〉）

> 天地有大美而不言，四時有明法而不議，萬物有成理而不說（〈知北遊〉）

其中所謂「與物同理」、「成理」，皆指「道」而言。由此可證，莊子理論體系中之「理」不僅具有分殊義，也具備普遍義，只是對道、理間之關係尚未做更進一步的釐清，便成爲其學說中之模糊地帶。

二、魏晉時期

先秦諸子時代，儒、墨、法、雜家等學者，都自有其對「道」的理解與詮釋，而道家建構了「道」在其思想體系中之宇宙論、本體論地位，他們對「道」的重視與討論影響了其後的中國哲學，這些學說亦成爲中國「道」思想範疇之基本理論。漢初雖實行黃老，但目的在休養生息，政治企圖大於學術性，至武帝獨尊儒術後，經學成爲主流，學術注重實用，而非對玄理的思考，道家思想因此隱而不顯。即使如此，在漢代大儒如董仲舒、王充等人的思想中，對「道」的重視與討論，仍可看出道家對儒學之影響。道家思想的另一高峰出現於魏晉時期，不僅發展出新的理論、方法，對「理」的探討，也要到魏晉時期才有更進一步的發展。錢穆於〈王弼郭象注易老莊用理字條錄〉一文中，謂：

惟特別重視此「理」字，一再提出，以解說天地間一切自然之變化，而成爲思想上重要之一觀念，則其事當始於魏晉間之王弼與郭象。……此一「理」的觀念之鄭重提出，若謂於中國思想史上有大功績，則王、郭兩家當爲其元勳；亦不得謂宋儒絕不受王、郭之影響。〔註9〕

下文將對王弼、郭象關於「道」、「理」之學說作一概念性之爬梳，以見其對先秦道家學說之繼承與發展。

（一）王　弼

王弼著有《老子道德經注》、《周易注》及《論語釋疑》，所注經典雖包括儒道兩家，卻以道家思想來解釋《周易》與《論語》。這種詮釋雖不合於儒家本意，卻也顯示出王弼連貫、一致的理論體系。其學說中「道」之宇宙論性質承繼老子，「道」是超越現象的客觀存在，也是一切現象的根源。「道」無形無名，不受任何特殊性質限制，無法以感官經驗覺察，這些界定，都與老子相類，在〈老子指略〉中有清楚說明：

> 夫物之所以生，功之所以成，必生乎無形，由乎無名。無形無名者，萬物之宗也。不溫不涼，不宮不商。聽之不可得而聞，視之不可得而彰，體之不可得而知，味之不可得而嘗。故其爲物也則混成，爲象也則無形，爲音也則希聲，爲味也則無呈。故能爲品物之宗主，苞通天地，靡使不經也。〔註10〕

他明確指出「道」爲「無」，但也同時強調「道」是具無限性之實有；道是「常」，不僅是萬物根源，亦是「物之所由」〔註11〕，爲萬物之運行規律。這種對「道」的「道家式」理解，亦見於《論語》「志於道」一條注中：

> 道者，無之稱也，無不通也，無不由也。況之曰道，寂然無體，不可爲象。是道不可體，故但志慕而已。〔註12〕

而王弼對老學的發展及其思想的獨創性，表現在其「崇本息末」理論上。在中國思想史中，他是首位以「本末」、「體用」觀念系統性地解釋《老子》之

〔註 9〕錢穆：〈王弼郭象注易老莊用理字條錄〉，《莊老通辨》（台北：聯經出版事業公司，1998 年 5 月初版，《錢賓四先生全集》第 7 冊），頁 463。
〔註 10〕王弼著，樓宇烈校釋：《王弼集校釋》（台北，華正書局有限公司，1992 年 12月初版），頁 195。
〔註 11〕同前註，《老子第五十一章》注，頁 137。
〔註 12〕同前註，《論語釋疑・述而》「子曰：『志於道』」注，頁 624。

思想家。於〈老子指略〉中，王弼指出老子思想可以「崇本息末」四字一言以蔽之，即將「道／物」關係，轉換成「本／末」、「體／用」的關係來理解。他認爲「有」生於「無」，然「有」與「無」不能單獨存在，「無」之大義必須透過「有」才能彰顯，「有」之作用必須藉「無」才能成就：

> 凡有皆始於無，故未形無名之時，則爲萬物之始。及其有形有名之時，則長之、育之、亭之、毒之，爲其母也。言道以無形無名始成萬物，萬物以始以成而不知其所以然，玄之又玄也。〔註13〕

> 然則，四象不形，則大象無以暢；五音不聲，則大音無以至。四象形而物無所主焉，則大象暢矣；五音聲而心無所適焉，則大音至矣。〔註14〕

因此，相對於老子「道」生「一」、「二」至萬物的化生過程，王弼更重視道與物的相對、統合、本末關係。他承認「道」的先在性，及其爲萬物起源的地位，但避開了「無」如何生「有」的難解課題，而更重視「道」的規律性意義。以「物」的角度來看，「道」爲萬物之本，「無」生「有」後即內化於萬有中，形成萬物的特殊性及其運作的最終原則；以「道」的角度看，「物」雖爲一有限的現象，卻因涵藏了「道」於其中，而實爲將「道」之性質具體化的對象。換言之，萬有即爲「道」之具體表現，爲「道」之「用」，而「道」爲萬物之始，爲「體」。王弼著重於對一與多、本與末等相對關係之討論，因此「道生萬物」的神秘、權威意味漸被淡化，「現象」的地位得到正視與肯定；另一方面，以普遍規律與特殊規律之相互涵攝關係來切入討論，如此便進入抽象的形上學領域，而非老子宇宙論式的思考了。

同時，由於「名理」問題爲魏晉時期學者們談論的主要課題之一，王弼「理」概念也有了更進一步的發展。三部注作皆有其關於「理」之言論，當中以《周易注》最多也最詳細，可以視爲中心論述。然與《老子注》及《論語釋疑》參看，其理論仍相當一貫，並可發現王弼在許多地方是刻意使用「理」字來注解，往往增「理」字爲解，這種作法反映了王弼思想體系與原書之差異性，也表現出王弼對「理」概念的特殊意見。與先秦道家相較，「理」的基本性質仍以客觀物之「分」義出發，爲萬物各自運作之依據、規律，如：

> 物無妄然，必由其理。統之有宗，會之有元，故繁而不亂，眾而不

〔註13〕 同前註，《老子第一章》注，頁1。

〔註14〕 同前註，頁195。

惑。〔註15〕

夫能全用剛直，放遠善柔，非天下至治未之能也。故乾元用九，則天下治也。夫識物之動，則其所以然之理可知也。〔註16〕

若能反從本理，變前之命，安貞不犯，不失其道，爲仁由己，故吉從之。〔註17〕

明禍福之所生，故不苟說；辨必然之理，故不改其操。〔註18〕

錢穆謂王弼之「理」具有三種基本意涵：爲物之「所以然之理」、爲物之「本理」，更是「必然之理」〔註19〕，這些明確主張已遠超先秦道家之認知。而除了常以「事」、「理」對舉論述，王弼更提出了「情」、「理」之聯繫討論，如「文明以動，不失情理也」〔註20〕、「夫體無剛健，而能極物之情，通理者也」〔註21〕，此處「情」不僅指情感變化，亦爲物之情狀。於是，對「理」的討論愈趨精細，相當注意個別事物之「現象」與其「規律」間的關係。這類論述與王弼重視本末關係之態度一致，尤其極物之「情」能夠通「理」，更與其雖「崇本」卻不忽視「末」的立場互相呼應。

另外，在《莊子》書中模糊暗含的「理」之普遍義，在王弼這裡終於被清楚標示出來。王弼非常強調「至理」、「通理」的概念：

我之教人，非強使人從之也，而用夫自然。舉其至理，順之必吉，違之必凶。〔註22〕

夫事有歸，理有會。故得其歸，事雖殷大，可以一名舉；總其會，理雖博，可以至約窮也。譬猶以君御民，執一統眾之道也。〔註23〕

忠者，情之盡也；恕者，反情以同物者也。未有反諸其身而不得物之情，未有能全其恕而不盡理之極也。能盡理極，則無物不統。極

〔註15〕同前註，《周易略例・明象》，頁591。
〔註16〕同前註，〈乾卦・文言〉注，頁216。
〔註17〕同前註，〈訟卦・九四〉注，頁250。
〔註18〕同前註，〈豫卦・六二〉注，頁299。
〔註19〕同註9，頁465。此外，陳榮捷亦對錢穆之說法提出意見，可參其〈新儒學「理」之思想之演進〉一文，收入錢穆等著：《中國哲學思想論集・宋明篇》（台北：水牛圖書事業出版公司，1988年2月再版），頁57～91。
〔註20〕同前註，〈豐卦・象傳〉注，頁492。
〔註21〕同前註，〈坤卦・六五爻〉注，頁228。
〔註22〕同前註，《老子第42章》注，頁118。
〔註23〕同前註，《論語釋疑・里仁》注，頁622。

> 不可二，故謂之一也。推身統物，窮類適盡，一言而可終身行者，
> 其唯恕也。〔註24〕

這說明了在王弼的概念裡，「理」有兩個層次，一可以指特殊、個別之事理、物理，因此而「理博」。但所有的分理雖各自存在，卻非毫無關連，他認爲「理有會」，所有特殊之「理」能夠融會、約窮，這個極簡而又涵容一切的「理」即其所謂「至理」、「理極」，也就是「一」。雖然「至理」代表的是天地間一切事物運行的普遍原則，卻並不具備「始物」的性質，地位仍在「道」之下，但以「至理」爲「一」、爲「本」，可以執之而統眾，其性質便與「道」重疊了。由於王弼對現象世界規律性的重視，「至理」觀念的出現，使「理」概念之哲學意義在王弼的理論系統中得到相當大的提升。

（二）郭　象

郭象爲西晉時期之重要玄學家，繼承裴頠之崇有思想而更加以闡發，所著《莊子注》充分體現了他的思想內容，與何晏、王弼貴無一派之思想系統相對，表現出思索世界的另一種角度。郭象思想的最大特點，即打破了先秦道家中「道」創生「有」的基本預設，「道」失去了實存之意義，成爲絕對的「無」，根本就不存在。原本具有先在性、實在性、創生性的「無」，其意義完全被否定，他說：

> 無既無矣，則不能生有；有之未生，又不能爲生。然則生生者誰哉？
> 塊然而自生耳。自生耳，非我生也。我既不能生物，物亦不能生我，
> 則我自然矣。自己而然，則謂之天然。〔註25〕（〈齊物論〉注）

> 此所以明有之不能爲有而自有耳，非謂無能爲有也。若無能爲有，
> 何謂無乎！一無有則遂無矣，無者遂無，則有自欻生明矣。〔註26〕
> （〈庚桑楚〉注）

「無」既是完全的虛無，就不能解釋現象之「有」該如何由「無」而生。那麼萬物如何發生？郭象認爲天地萬物皆是「自生」，所有有形之物，皆是從「有」而生。即使回溯至萬物存在最原始之「一」，雖然「一」非常幽微、尚不具任何物理之形，也仍是「有」，而絕非由「無」所起：

〔註24〕同前註。

〔註25〕清・郭慶藩撰：《莊子集釋》（北京，中華書局，1961 年 7 月初版，1997 年 10 月 8 刷），頁 50。

〔註26〕同前註，頁 802。

> 一者，有之初，至妙者也，至妙，故未有物理之形耳。夫一之所起，
>
> 起於至一，非起於無也。〔註27〕（〈天地〉注）

因此，宇宙間萬事萬物的發生，都是自然而然的，並沒有一個所謂至高的「真宰」存在。於是，事物的存在及變化都是偶然的，都是自然現象而已。

既然郭象不再承認「道」的本體論、宇宙論地位，又該如何解釋先秦道家的「道」概念？下列引文中，我們可以明白郭象將原本的「道」內涵徹底改變了：

> 道，無能也。此言得之於道，乃所以明其自得耳。自得耳，道不能
>
> 使之得也；我之未得，又不能為得也。然則凡得之者，外不資於道，
>
> 內不由於己，掘然自得而獨化也。〔註28〕（〈大宗師〉注）

> 道之所容者雖無方，然總其大歸，莫過於自得，故一也。〔註29〕（〈徐
>
> 無鬼〉注）

> 今問道之所在，而每況之於下賤，則明道之不逃於物也必矣。〔註30〕
>
> （〈知北游〉注）

他認為其實「道」就是指「物之自得」，只是用以表示萬物皆能自生自化的運作狀態。「道」無法對「物」產生任何作用，因為「道」根本就不存在，所以物能「自化」並不是依據一實體性的「道」之作用。而所謂「自化」，也不代表物是依照自覺意識自主地變化，這個變化過程是不由自主的、不知原因也不知目標的「獨化」。既然「道」旨在說明物之「自得」，那麼「不逃於物」的關係就也相當自然，因「道」不能離開具體之物而單獨存在。

由於「道」的崇高地位在郭象的理論系統中消失了，「有」既不生於「無」，最後也不回歸「無」，於是宇宙萬物之本源與歸向便成為神秘的不可知，這些抽象的課題也無法再進行討論。因此，現實中之一切事物及現象便成為郭象的思考重心，在先秦道家中極少出現之「理」概念便被突顯出來，比重明顯地增加許多。郭象認為物物皆有「理」，此為「自然之理」，為物之所以為此物、生而自有之理，也就是物之「獨化之理」：

> 物物有理，事事有宜。〔註31〕（〈齊物論〉注）

〔註27〕 同前註，頁 425。

〔註28〕 同前註，頁 251。

〔註29〕 同前註，頁 853。

〔註30〕 同前註，頁 751。

〔註31〕 同前註，頁 84。

> 夫我之生也，非我之所生也。則一生之內，百年之中，其坐起行止，
> 動靜趣舍，情性知能，凡所有者，凡所無者，凡所爲者，凡所遇者，
> 皆非我也，理自爾耳。（〈德充符〉注）〔註32〕

> 夫物有自然，理有至極。循而直往，則冥然自合，非所言也。〔註33〕
> （〈齊物論〉注）

> 若責其所待而尋其所由，則尋責無極，卒至於無待，而獨化之理明
> 矣。〔註34〕（〈齊物論〉注）

「理」的內容，從我之生物動作（坐起行止）、思考選擇（動靜取舍）、天資才能（性情知能）到生命歷程的累積及流動過程（所無、所爲、所遇），全部包含其中。因此其所說之「理」，廣義來看即是關於此物之一切性質及現象，然而郭象更重視「理」之極致義，非常強調「至理」之概念。「至理」即「自然之理」、「獨化之理」，爲萬物自身之規定性。由於郭象主張天地萬物皆自然獨化，「至理」就取代傳統道家之「無」，成爲解釋現象世界的最高原則了。

關於「至理」的性質，郭象亦作了相當的描述：

> 故理至則迹滅矣。今順而不助，與至理爲一，故無功。〔註35〕（〈逍
> 遙遊〉注）

> 不得已者，理之必然者也，體至一之宅而會乎必然之符者也。〔註36〕
> （〈人間世〉注）

> 是非死生蕩而爲一，斯至理也。至理暢於無極，故寄之者不得有窮
> 也。〔註37〕（〈齊物論〉注）

它是超越「跡」的形上原則，是必然的，同時也不爲任何特殊性質限制，是含容一切之「一」，具有無限性。萬物依循自身之「理」而生化發展，一切都已被「理」決定。這個規定性使萬物皆各自發展，完成自己的生命循環，沒有是非對錯，也無可比較。既然「獨化」是世界運作的方式，萬有互不相干，唯一的相通之處就是「理」，也就是「獨化」本身，故郭象謂「理無不通」，

〔註32〕 同前注，頁 199～200。
〔註33〕 同前註，頁 99。
〔註34〕 同前註，頁 111。
〔註35〕 同前註，頁 22。
〔註36〕 同前註，頁 149。
〔註37〕 同前註，頁 110。

成為現象界中之唯一普遍原則。而「理」還有一特殊意義，即對萬物來說，自身所具之「理」都是「自足」的。其說見下列數條：

> 既稟之自然，其理已足。則雖沈思以免難，或明戒以避禍，物無妄然，皆天地之會，至理所趣。〔註38〕（〈德充符〉注）

> 未明生之自生，理之自足。〔註39〕（〈德充符〉注）

> 性分各自為者，皆在至理中來，故不可免也。是以善養生者，從而任之。〔註40〕（〈達生〉注）

既然如此，則對經驗事物之價值批判都是多餘而不明「理」的。萬物雖表現殊異，但都只是依其自身之「理」而行，以「理」之角度而言，萬物皆已自備其具足之理，萬有皆平等。郭象這種解釋世界的理論，說明萬物皆有自身之定分，一生成即已被「理」決定，只要固守本分就是對自身生命的圓滿達成，這種方式在某種程度上是相當消極而宿命的。

因此，郭象雖反對「無」而強調「理」之概念，但「理」卻不能離「物」來說。「理」雖為萬物自身之規定性，也是現象界的普遍原則，卻仍非萬物發生的原因，於是世界從何而來依然無法解釋，便被歸入偶然、神秘而不可知。郭象之「理」概念，雖然被加上「道」的某些性質，於哲學高度上還是無法與「道」相較。但是這種突破傳統、打破「道」至高無上地位的態度，卻是相當勇敢而創新的。

綜合以上從先秦老、莊至魏晉王弼、郭象對「道」、「理」性質的討論，可以發現幾個現象：其一，就「道」理論之建立來看，老、莊皆以「道」為中心思想，提出一套解釋宇宙自然間所表現的神秘秩序之學說，他們的主張成為開創性之基本理論，後人都站在他們的思想基礎上再加以發展、深化，在中國哲學史上影響深遠。其二，即使皆認同「道」之地位，老、莊本身之思想亦有差異。老子確實相當強調「道」生萬物之創生意義，「道」不僅是世界根本，也是宇宙、人生運作之原則。莊子則偏向人生之精神境界面，更重視人應物、自處於世的心靈層面。這正反映了兩種不同的態度：是要努力把握神秘不可知的宇宙根本，還是實際地將眼光轉回人之心靈？這是老、莊最大的不同之處，這種差異也反映在後人對道家思想的發展之上。其三，魏晉

〔註38〕同前註，頁219。
〔註39〕同前註，頁222。
〔註40〕同前註，頁631。

時期正是將老、莊差異及其思想內涵模糊之處表現得相當深刻的時期，特別是「有」、「無」問題的探討，成爲當時的中心課題。王弼、郭象則是兩派意見之代表性思想家，他們的詮釋雖未必盡合老莊本意，卻代表了道家思想更進一步的發展與深化。同時，他們對問題探討採取了開創性的角度，這新的理論方法也影響了後世。其四，在長期理論發展過程中，可以發現「道」、「理」理論的消長變化。筆者認爲，雖然對玄理方面的理論方法精進不已，但實則理論重心是逐漸向現實世界靠近的，由「理」在思想中愈形重要之趨勢可知。這轉向之表現在魏晉時期特別突顯，原因相信與當時儒道融合之背景有關，而當時玄學家特別重視《周易》，雖旨在標舉其天人玄理之學問，然《周易》以天地之理說人事之本質，相信也影響了玄學家對「道」與「理」之看法。「道」與「理」在道家思想體系中之哲學高度雖不同，然其內涵之同質性隨時代發展、理論進步而不斷突顯，彼此之分界已經相當模糊難辨了。

第二節　明道「道」、「理」概念對道家思想之吸收

「理」是明道理論系統之中心思想，但明道亦多論「道」。這兩個概念在明道本體論上的意義是相同的，其區別誠如牟宗三所說：「蓋〈天道篇〉多就《易傳》語而點掇之，而〈天理篇〉則唯是明道之自意語也。」〔註41〕牟先生雖將「天道」、「天理」分立兩篇來討論，但認爲二者沒有太大差別，都是明道對天道的體悟，只是在語言文字上的使用差異而已。筆者認爲，若將上節所述莊子、王弼、郭象與明道這種同時論「道」、「理」的理論陳述並列以觀，不僅可看出哲學史上「道」、「理」關係之變化，更能夠發現「理」在哲學地位上對「道」的突破要到明道才完成。就儒學之發展體系來看，宋代儒學之特色即是提出一可與佛老思想相抗衡之儒家宇宙論，以補儒學傳統中形上學部分之欠缺。學者們從傳統經典中尋找理論立足之依據，此即《中庸》及《易傳》，然《易傳》爲戰國末期之作品，正反映了漸趨混合、統一的時代趨勢，吸收了道家及陰陽家的觀念，已非全然純儒思想之著作。〔註42〕而宋代學者在批判佛老同時，亦往往出入佛老多年，由於儒家原本理論之欠缺，

〔註41〕 牟宗三：《心體與性體》（台北：正中書局，1993年2月初版），第2冊，頁53。
〔註42〕 《易傳》與道家思想的關係，陳鼓應論之甚詳，說見陳鼓應《易傳與道家思想》（北京：三聯書店，1997年9月初版）。

在發展形上學說時，難免吸收佛老之論述方法以成其說。明道對「理」概念形上性質之陳述，即清楚地反映此一學術情況，整理明道對「理」本體意義之表述，即可明顯地看出許多語彙及思考模式都來自道家之老莊及魏晉玄學。下文將嘗試分析明道對「道」、「理」概念之陳述所表現出的道家思想痕跡，試著討論明道思想之道家淵源。

一、論「道」

　　明道對「道」本體論之陳述，大部分是因《易・繫辭傳》之文字而發，在抒發己見之際，亦表現出受道家思想影響之痕跡。如《遺書》一條代表性文字：

> 「忠信所以進德」，「終日乾乾」，君子當終日對越在天也。蓋上天之載，無聲無臭，其體則謂之易，其理則謂之道，其用則謂之神，其命於人則謂之性，率性則謂之道，修道則謂之教。孟子去其中又發揮出浩然之氣，可謂盡矣。故說神「如在其上，如在其左右」，大小大事而只曰「誠之不可揜如此夫」。徹上徹下，不過如此。形而上為道，形而下為器，須著如此說。器亦道，道亦器；但得道在，不繫今與後，己與人。〔註43〕

文中所謂「易」、「道」、「神」，皆指「上天之載」而說，即為「無聲無臭」之「道」本身。這些不同的稱謂，在明道看來都是對「道體」的形容，只是因角度差異而有不同的名稱。這樣的表現方式一方面是為了強調「道」之難以言說，一方面也點出其超越所有、涵蓋一切的性質與作用。分析而言，明道認為「易」是就其「生生」、「寂然不動，感而遂通」之本體本身而言，「道」是就其天成秩序之規律性而言，「神」則特別指其生物不測的神妙作用，然其名雖殊，其實則一。再往下推，「性」即指「道」在人生命中之體現，因此人生命中之最高準則就是「率性」而行，也就是循「道」而行。至於所有讓人能夠率性而行之修養、學習過程，就是「教」。以上所有，若站在「道」之超越角度看，則不只是「道」的體現及作用，也就是「道」本身。因此，「器亦道，道亦器」的推論便自然成立了。

〔註43〕　宋・程顥、程頤撰：《二程集》（台北縣：漢京文化事業有限公司，1983 年 9 月初版），《河南程氏遺書卷第一・二先生語一》，頁 4。原書未註明誰語，《宋元學案》列入〈明道學案〉。

關於「道」、「器」問題，道家一直相當重視此類討論。二者之分別首見於《老子》，《老子》第十六章謂「樸散則爲器」，「樸」即爲「道」，「器」則通指萬物，於是「道」、「器」形而上、形而下的劃分便形成了。就先秦道家來看，由於老子之「道」具有世界本源之性質，其「道」便顯得高高在上，與「物」分屬不同層次；而莊子提出「道在屎溺」之概念，雖拉近了「道」與「物」之關係，但仍是以此強調「道」之「自然」性質，欲消解人對現象「物」之執著而反求萬物共通之「自然之道」。「道」對「物」的這種優勢地位，一直要到王弼時才得到關鍵性的提升，王弼提出「四象不形，則大象無以暢；五音不聲，則大音無以至」的言論，於是本體之「道」亦須經由「物」才能彰顯，「物」之主體性終於得到重視。不過王弼僅是初步地提升「器」之地位，他仍是「崇本」的，「器」仍附屬於「道」之下。然而於明道之理論體系裡，這樣的分別不僅是可以打破的，更圓融地合一了，他直指「器」就是「道」，認爲既然「器」本身即反映了「道」性，那麼離「器」言「道」的作法不僅是多此一舉，反而更突顯其對立、分別之心，更無法掌握「道」之全體了。

前段引文指出明道之「道」是無聲無臭、超越一切有限性的，「道」爲形而上之實有，並且即體即用、道器不離。除此之外，明道亦以「自然」界說「道」：

> 言天之自然者，謂之「天道」；言天之付與萬物者，謂之「天命」。
> 〔註44〕

> 「一陰一陽之謂道」，自然之道也。「繼之者善也」，出道則有用。「元者善之長」也。「成之者」卻只是性，「各正性命」者也。故曰：「仁者見之謂之仁，知者見之謂之知，百姓日用而不知，故君子之道鮮矣。」如此，則亦無始，亦無終，亦無因甚有，亦無因甚無，亦無有處有，亦無無處無。〔註45〕

以「自然」說「道」是道家之傳統詮釋，明道亦取其「自然而然」之意，特別是「亦無始，亦無終」以下一段，更清楚說明「道」自身之性質：「無始無終」說明「道」具有超越時空之永恆性；「無因甚有、無因甚無」指出「道」爲「無待」之獨立存在，它是自存自有的，不爲任何外物所滯，同時亦超越

〔註44〕 同前註，《河南程氏遺書卷第十一·明道先生語一》，頁125。
〔註45〕 同前註，《河南程氏遺書卷第十二·明道先生語二》，頁135。

有無，是在一切相對性之上的絕對性；「亦無有處有，亦無無處無」則表示「道」是無法以感官經驗覺察之存在，雖難以經驗感知，卻真實地遍在萬有。以此觀之，明道謂「道」具備超越性、獨立性、遍在性，這些對「道」本體性質之界定，都與道家老子對「道」之初始定義相類，也就是如上節所言，並沒有離開自先秦以來思想史中的傳統說法。

但明道並不採用道家以「無」為「道」之說法，他反對以「無」說「道」，也不喜將「有無」、「動靜」對立以觀的態度。明道認為這樣的說法容易使人偏於一端，反而不得「道」之真義。他說：

> 言有無，則多有字；言無無，則多無字。有無與動靜同。如冬至之前天地閉，可謂靜矣。而日月星辰亦自運行而不息，謂之無動可乎？但人不識有無動靜耳！〔註46〕

> 立清虛一大為萬物之源，恐未安，須兼清濁虛實乃可言神。道體物不遺，不應有方所。〔註47〕

所謂「有無與動靜同」並非指「有」對於「動」、「無」對於「靜」之類比關係，明道認為「動」、「靜」並非截然劃分、互相對立的概念，並以此主張「有」、「無」之關係亦然。他以為天地間一切看似「靜」的表象，其實內在亦涵有健動不息之生意，以此觀「道」，則天地萬有皆以「道」為本，皆為「道」之體現，「道」也就在物中。因此，「道」不只是一清虛、抽象之概念，亦活潑地存在於世間各種變化之內，如是對「道」作「有」、「無」等對立概念之討論，便明顯地偏離其圓融一體之本旨了。事實上，道家之「道」原本亦非一死寂之本體而具生化萬物之能動性，然也就是其「天地之始」、「萬物之母」之地位，「道」、「物」不可避免地產生疏離，於是「道」益高、「物」益卑。此處特別可見明道對先秦道家及魏晉玄學之取捨角度，即是反對離「物」以言「道」，認為這種陷溺於「無」之空玄思考反而限制了「道」之無限性。

另外，明道以「神」來指稱「道」變化天地之奇妙作用，這點也與道家思想相關。他說：

> 「窮神知化」，化之妙者神也。〔註48〕

〔註46〕同前註，《河南程氏遺書卷第十一‧明道先生語》，頁121。

〔註47〕同前註，《河南程氏遺書卷第二上‧二先生語二上》，頁21。原書未註明誰語，與《河南程氏遺書卷第十一‧明道先生語一》中一條對天道「清虛一大」之批評互參，似應是明道語，見頁118。

〔註48〕同註46。

天地只是設位，易行乎其中者神也。〔註49〕

「惟神也，故不疾而速，不行而至。」神無速，亦無至。須如此言者，不如是不足以形容故也。〔註50〕

陳鼓應在《易傳與道家思想》一書中將先秦儒、道兩家對「神」之討論作了比較，認爲孔子《論語》中之「神」皆爲天神、鬼神之人格義，到《莊子》及《孟子》時才擺脫其人格屬性，發展出用以形容宇宙變化之「神妙」意涵。然《孟子》中論及「神」者只有三處，於是對「神」作系統性之討論者仍須待道家《莊子》。〔註51〕其書已將《莊子》對《易·繫辭傳》的影響說得很清楚，茲不贅述，而明道這裡以「化之妙者」來形容「神」，相信亦是沿用《易傳》之說法，間接地接受了莊子之觀念。同時，以「不疾而速，不行而至」之「無速」、「無至」來解釋「神」之義，亦與《老子》所說「無爲而無不爲」之概念相類，非常貼切地表達出「道」在天地間的神妙作用。然而明道更將作用性之「神」視爲「道」之同體異名，謂「《中庸》言誠便是神」〔註52〕，於是「道」即體即用、圓融無間之特性又被再度突顯出來。

道家思想系統中「生有」爲「道」之重要特性之一，「道」爲萬有之起源，並有一套由「無」生「有」之創生理論，以明其創生萬物之意義。明道則以「生生之謂易」來講萬物之化生，說見下列二條：

「生生之謂易」，是天之所以爲道也。天只是以生爲道，繼此生理者，即是善也。善便有一箇元底意思。「元者善之長」，萬物皆有春意，便是「繼之者善也」。「成之者性也」，成卻待佗萬物自成其性須得。〔註53〕

「天地設位，而易行乎其中矣」；「乾坤毀，則無以見易」。「易不可見，則乾坤或幾乎息矣。」易是箇甚？易又不只是這一部書，是易之道也。不要將易又是一箇事，即事盡天理，便是易也。〔註54〕

本節之始已說明「易」與「道」實爲同旨，而此「生生」之「易」，即說明了

〔註49〕同前註。

〔註50〕同前註。

〔註51〕同註42，頁94～95。

〔註52〕同註44，頁119。

〔註53〕同前註，《河南程氏遺書卷第二上·二先生語二上》，頁29。原書未註明誰語，《宋元學案》列入〈明道學案〉。

〔註54〕同前註，頁31。原書未註明誰語，《宋元學案》列入〈明道學案〉。

「道」所具備之「生生」潛能。明道認為「道」之所以為「道」，就在此「生生」之義，就是宇宙間所蘊含之無限生機。此與道家大不相同，明道不把「道」視為「萬物之母」，不把「道」當作生化萬物的「不宰之宰」，他所重視的是這股生生不已之潛能，以「道」為萬物化生不息之原動力，因此並不試圖說明「道」如何生成有形萬殊之物。這股生機充塞於天地之間，此「易」、此「道」也就是「天理」。於是「道」開始脫離其為萬物發生之起點意義，轉而成為天地間「生生」之普遍原則，亦即「理」之普遍規律義。下節論「理」之部分將更申說之。

二、論「理」

對於萬物之發生，明道僅以「從那裡來」、「自這裡出去」來說明，而所謂「這裡」、「那裡」皆指「理」而言，也就是「道」。而「理」之意旨為何？明道說：

> 所以謂萬物一體者，皆有此理，只為從那裡來。「生生之謂易」，生則一時生，皆完此理。人則能推，物則氣昏，推不得，不可道他物不與有也。人只為自私，將自家軀殼上頭起意，故看得道理小了佗底。放這身來，都在萬物中一例看，大小大快活。……〔註55〕

> 「萬物皆備於我」，不獨人爾，物皆然。都自這裏出去，只是物不能推，人則能推之。雖能推之，幾時添得一分？不能推之，幾時減得一分？百理具在，平鋪放著，幾時道堯盡君道，添得些君道多；舜盡子道，添得些孝道多？元來依舊。〔註56〕

> 「《詩》曰：『天生蒸民，有物有則，民之秉彝，好是懿德。』故有物必有則，民之秉彝也，故好是懿德。」萬物皆有理，順之則易，逆之則難，各循其理，何勞於己力哉？〔註57〕

明道認為「萬物一體」及「萬物皆備於我」之基礎，就在於萬物皆有此「理」，因「理」為萬物之所從來。但此「理」之本源義是否為道家宇宙論式的化生本源？明道並沒有作更清楚的說明。就上述文字看來，「理」不僅具本源義，

〔註55〕同前註，頁33～34。原書未註明誰語，牟宗三於《心體與性體》中以為應是明道語，今從之。

〔註56〕同前註，頁34。原書未註明誰語，《宋元學案》列入〈明道學案〉。

〔註57〕同前註，《河南程氏遺書卷第十一・明道先生語一》，頁123。

也具遍在性，所謂「百理具在，平鋪放著」，即謂落實於現實界中看，萬千事物各有其理，自有一套運行法則。因此，「理」在使用上具有雙重之意指，一為本源之「理」，一為分殊之「理」，而在哲學意義上二者卻是同一的。明道之「理」可以解釋為萬物之起源，但與其對「道」之詮釋一樣，皆可觀察出其對宇宙論避而不談的忽視態度；另一個解釋角度，明道謂「理」為萬物運行之法則，「順之則易，逆之則難」，此則指向「理」之形上規律義，以「理」為世界運行之依據。此普遍規律統攝現象界中所有的特殊規律，亦內化於萬有之中。

在前一節中已知在道家思想的發展脈絡裡，相對於「道」的宇宙論性質，「理」則多被理解為規律性意義，特別是對內化於物中之「道」而發。因此「理」開始時是以「萬物分別之理」的角度被理解的，這個概念於《莊子》中首先出現。至王弼、郭象時更進一步，除了分殊之理外，亦提出普遍之「至理」觀念，將《莊子》中隱約之「天理」普遍義加以彰顯發展，於是他們對「理」的重視超乎已往，不僅大大提升其哲學意義，筆者以為他們對「理」所作的理解及詮釋，亦形成中國思想史中「理」說之理論傳統，成為後人討論「理」時的基本理論。

在道家系統中「至理」之意義雖與「道」重疊，但仍受制於「道」在道家思想中的絕對超越地位，至明道時終於打通了這樣的限制，明確地對「理」作本體論之形容：

> 「寂然不動，感而遂通」者，天理具備，元無欠少，不為堯存，不為桀亡。父子君臣，常理不易，何曾動來？因不動，故言「寂然」；雖不動，感便通，感非自外也。〔註58〕

明道強調「理」之公正無私，不受外在環境影響而永存天地之間，是完全自足的創生實體及普遍原則。同時，「理」是即靜即動的，就其永恆不易之形上本體角度來說，是「寂然不動」；但「理」亦是可感的，「生生」之後萬物雖各具其理，卻都是活潑潑之「理」之體現，而通貫於天地萬物之間。因此，「理」不僅具有「生生」之潛能，也重視其規律性意義，「理」之哲學地位終於得到完全的提昇。

除了重視「理」本體論之建構外，對現實世界呈現的萬殊現象，明道也加以討論，特別是物理具有「善」、「惡」相對性的問題。他說：

〔註58〕同前註，頁43。原書未註明誰語，《宋元學案》列入〈明道學案〉。

　　天地萬物之理，無獨必有對，皆自然而然，非有安排也。〔註59〕

　　質必有文，自然之理也，理必有對，生生之本也。有上則有下，有
　　此則有彼，有質則有文。一不獨立，二必爲文。非知道者，孰能識
　　之？〔註60〕

　　事有善有惡，皆天理也。天理中物，須有美惡，蓋物之不齊，物之
　　情也。但當察之，不可自入於惡，流於一物。〔註61〕

　　天下善惡皆天理，謂之惡者非本惡，但或過或不及便如此，如楊、
　　墨之類。〔註62〕

首先，明道說明萬物於經驗界中表現出各種各樣之性質、樣態，形成高下、
善惡、美醜等各種相對關係，這都是「自然而然，非有安排」，否定了一種有
意識的、至高無上的主宰之存在。他認爲「物之不齊，物之情也」，此爲現象
界中之「自然之理」，是自然而然的發展。所謂「事有善有惡，皆天理也」，
並非指「理」之本體本身存在善、惡兩種性質，而是指「生生」之後「理」
付於物中之表現。由於明道認爲萬物皆爲「道」之體現，「器」也就是「道」，
那麼既然「道」是至善，該如何解釋現象界中一切不圓滿之處？明道主張其
實並無所謂「惡」之本體存在，「惡」的產生只是因爲超過或不及於「天理」，
也就是無法正確地體現「道」之緣故，於是明道所謂的「善」、「惡」問題就
成爲能否順「理」而行的問題了。

　　郭象「自足之理」的觀念，也支持了明道的這項主張。《遺書》中有兩段
話：

　　天地生物，各無不足之理。常思天下，君臣、父子、兄弟、夫婦，
　　有多少不盡分處。〔註63〕

　　天地生一世人，自足了一世事。但恨人不能盡用天下之才，此其不
　　能大治。〔註64〕

此二條未註明誰語，亦未收入《宋元學案》，然與另兩條明道語參看，則可見

〔註59〕　同前註，《河南程氏遺書卷第十一·明道先生語一》，頁121。
〔註60〕　同前註，《河南程氏粹言卷第一·論道篇》，頁1171。原書未註明誰語，《宋元
　　　　　學案》列入〈明道學案〉。
〔註61〕　同前註，《河南程氏遺書卷第二上·二先生語二上》，頁17。原書註爲明道語。
〔註62〕　同前註，頁14。原書註爲明道語。
〔註63〕　同前註，《河南程氏遺書卷第一·二先生語一》，頁2。原書未註爲誰語。
〔註64〕　同前註。

相通之處：

> 人須知自慊之道。自慊者，無不足也。若有所不足，則張子厚所謂
> 「有外之心，不足以合天心」者也。〔註65〕

> 顏子短命之類，以一人言之，謂之不幸可也；以大目觀之，天地之
> 間無損益，無進退。……若孔子之至德，又處盛位，則是化工之全
> 爾。以孔、顏言之，於一人有所不足，以堯、舜、禹、湯、文、武、
> 周公群聖人言之，則天地之間亦富有餘（一作亦云富有。）也。（「惠
> 迪吉，從逆凶」，常行之理也。）〔註66〕

「天地生物，各無不足之理」一句，與郭象《莊子注》中「理之自足」觀相
類。郭象消解了「道」之無上地位，認為萬物皆由「理」而行，此「理」付
於萬物之中而使萬物皆備自足之「理」，於是物物皆為無所欠缺之完整個體。
但郭象認為萬物一切行為、命運都早已為「理」決定，因而現實界中之善惡
成敗不僅無法改變，也不需要改變，只要認分地接受即可。這種想法便成為
神秘、不可知、悲觀之宿命論了。而明道雖同樣主張萬物自足之概念，相信
對天下萬物來說相異之物當然具有不同之「理」，即使外在表現不同，卻都是
各自具足的，然明道之「具足」並不指向物之現實條件與際遇，而是指萬物
都是對「天道」、「天理」之完全體現，這便與其一貫之「道器合一」觀結合，
一掃郭象之消極宿命論，轉而成為對萬物積極而肯定的態度了。

　　另一方面，明道還指出「天地間有多少不盡分處」，可見萬物雖皆具足其
理，卻未必能使其完全顯現、作用於生命中，這就是對「理」之過與不及，
也就是「惡」了。雖然以「理」之角度看萬殊皆平等，萬物皆具自足之理，
然此潛在天理能否實現之決定權卻掌握在萬物手中。明道特別推舉人之清明
本性，認為只有人「氣清」而具備思考、推知此「理」之特質，其他萬物則
是「氣昏」而「不知」，但卻能自然地依「理」而行。而人雖能推，卻無法以
其「私意」改變「理」，它是客觀、公正而獨立的，人只是具有上通天理之潛
能。然具備此清明之本質並無法保證人在行為表現上「循理」之必然性，若
此清明本性為「私意」所蔽，便使悖「理」成為可能，於是明道比郭象更合
理地解釋了世間一切不完滿之由來。因此，人如何選擇便成為能否盡「理」
之關鍵，對自覺意識之重視就成為明道學說的關鍵，而與郭象大不相同了。

〔註65〕 同前註，《河南程氏遺書卷第十一‧明道先生語一》，頁130。
〔註66〕 同前註，頁131。

綜合上文對道家思想與明道「道」、「理」概念之討論，可由兩方面來看明道所受之道家影響及其原因：一是由儒家傳統經典《易傳》而來，一是與魏晉玄學的關係。在對「道」、「理」本體論之陳述方法上，明道多沿用道家傳統對「道」之定義，其所謂「道」具有超越性、獨立性及遍在性等等，都與老、莊對「道」之定義相同。而這些理論之應用，恐非明道直接由老莊思想探得，而是以先秦時代初步儒道思想融合時所產生之儒家作品《易傳》為基礎與媒介。明道也許在某種程度上感受到《易傳》與道家思想間的關係，而明道即是以其涉及形上理論故，選擇以闡發《易傳》思想來為儒家確立道德本體，並與佛老思想抗衡。因此明道選擇《易傳》為經典依據，純是出乎其振興儒學之自覺意識，但亦因此，其道德本體之基礎理論也自然地吸收了《易傳》混合儒道之學說，而表露出老莊思想之痕跡。

明道由《易傳》中得到的道家影響也許是無意識的，但對玄學理論之襲用與發展便表現出相當的自覺，特別是其對「理」之討論。明道將「理」概念提升至宇宙本體的哲學高度，此實為前所無，然對「理」哲學性質之討論一直都為道家所重視，由先秦莊子至魏晉之王弼、郭象，其理論重要性與日俱增，尤其王弼對「理」普遍義之重視及郭象對「道」的解構，清楚可見「道」、「理」概念之消長。此「以理代道」之趨勢在明道時成熟，而在道家已有一段相當長遠之發展過程。因此明道之所以將「理」視作儒家之道德性本體，筆者相信與「理」在道家思想系統中之發展有關，其所具之原則性意義及與「道」關係間之模糊性，正好具備一不具萬物起源義之本體概念的雛形，成為能夠結合道家「道」之性質與儒家道德意識之宇宙本體，進而形成能與佛老思想相頡頏的儒家形上學。

另外如王弼用以討論道物關係之「體用」觀及其「崇本」同時「舉末」的態度、郭象之「自足」論都在明道「道即器，器即道」之思想中露出痕跡。這些方法表現出對「現象」的重視，不僅拉近「道」與「物」之距離，同時也提供了以抽象哲學概念思考道物關係的角度。學者如錢穆、張永儁、陳少峰等皆已注意到玄學對明道思想的影響，而筆者相信原因就在於這些方法一方面可以幫助明道發展異於傳統道家宇宙論式的學說，成為說明道德性實體與現象間關係之重要理論；另一方面，由此表現出道家思想對「物」主體性之逐漸肯定，而這種對「物」定位之重新體認，使得道家思想亦開始與現實世界靠近，這種發展正與儒家一貫之現實傾向相符。因此當儒家學者在面對

佛老思想之衝擊時，較願意接受道家思想的原因，除了道家之本土性外，其重視「物」與開創性的「道」、「物」關係理論亦有相當程度之影響。因而筆者以爲明道對魏晉玄學如王弼及郭象《莊子注》思想之注意絕非偶然，確是明道在接觸過玄學思想後有意識之思索與應用。

第三節　明道天理觀之體貼與創發

　　循上節所述，已知在「道」、「理」本體論、宇宙論上，明道思想與道家思想之牽涉，而明道「天理」觀基礎之建立雖以道家爲一源，最後仍以儒家道德義爲中心實質內容，此即其儒家本位之顯現與創見。他將儒家傳統中向來最重視之倫理道德納入「理」之本體內容中，使其與宇宙本原結合，成爲牟宗三所謂「本體宇宙論的實體，同時亦即是道德創造（道德行爲之純亦不已）之創造實體(Creative reality)」〔註67〕。在討論過明道援用道家思想的可能原因之後，本節所要繼續探討的是明道如何將二者結合？這樣的結合反映出怎樣的思維模式？藉以觀察明道如何有意識地擷取道家思想並與儒家思想融合，發展出符合時代需求之儒學新義。

　　明道自家體貼之「天理」爲何？見下列一條：

> 萬物皆只是一箇天理，己何與焉？至如言「天討有罪，五刑五用哉！天命有德，五服五章哉！」此都只是天理自然當如此。人幾時與？與則便是私意。有善有惡。善則理當喜，如五服自有一箇次第以章顯之。惡則理當惡，彼自絕於理，故五刑五用，曷嘗容心喜怒於其間哉？舜舉十六相，堯豈不知？只以佗善未著，故不自舉。舜誅四凶，堯豈不察？只爲佗惡未著，那誅得佗？舉與誅，何嘗有毫髮廁於其間哉？只有一箇義理，義與之比。〔註68〕

明道再次強調「萬物只是一箇天理」，而此天理之作用是不受任何私意影響，一切都是「自然」、「當然」的。即使「天」表面上看來似乎有賞善罰惡之表現，亦並非指其爲一有意志之超然存在，只是天理之自然發展而已。因此順「理」則爲善，「自絕於理」則爲惡，凡事依其當然之理而行，自然能平易順

〔註67〕　同註41，頁 18～19。
〔註68〕　同註53，頁 30。原書未註爲誰語，牟宗三於《心體與性體》中以爲應是明道語，今從之。

遂；若悖其當然之理，自然會引來困阨之結果，這都是自然而然的發展過程，未嘗有賞善罰惡之喜怒情緒存在。言以至此，與道家之言其實沒有太大不同，明道也認為「天理」必定是當然而公正、普遍地行於天地之間，然而最後以儒家「義與之比」之「義理」來解釋此天地萬物行其所當然之理，此舉便與道家思想截然二分、大不相同了。

　　道家以「自然」釋「道」之原意，在指出相對於人類社會生活之自然界中，還有一套推動宇宙運行的神妙法則，這個自然法則是超乎人之理解範圍之外的，不僅與人類之經驗價值完全不同，同時道家也相信人應該以此法則為準，追求一更高的生命境界，即與「道」相容之生命境界。所以道家其實是認定人為之價值標準不如天地間之自然法則，並且對人類累積之文化成果抱持否定態度，相信這些積累只是對「我」、對經驗價值之執著，完全無助於個人對「道」境界之領會，因此必須不斷消解對「我」之固執、化除所有經驗價值，才能接近「自然之道」。這樣的工夫要求「損之又損」，相信對社會價值的消極態度正是積極進「道」的表現。然而明道以儒家傳統之「義」概念來詮釋道家的「自然」觀，使儒家孟子提出之「義理」觀念與道家「天理」觀結合了，明白地指出一種異於道家觀點的審視角度。明道對「天理」提出另一種解釋，認為此天地間的自然之理雖神秘而不可知，確實無法以人之認知能力理解，但觀其流行於天地萬物，無一例外，亦皆只是自然地行其所當行而已。於是這種當然原則自然就體現於萬物之中，表現在人身上的即是人之道德行為，即知當行當止之「義」，這就是人可以掌握的了。於是這個性質即成為「天理」之確切內容，人不需要去追求一高高在上之「道」，因為「道」就親切地體現在萬物之中，自然也包括了人類的社會生活。這種樂觀積極的態度，不僅肯定了人之現實生活，也肯定了人的道德自覺，因為人對自身當行當止之知覺與思索，就是對體現於人中之「天理」的自覺。

　　所以，一切人倫表現當然也都是「理」的一部份，明道說：

> 介甫只是說道，云我知有箇道，如此如此。只佗說道時，已與道離。佗不知道，只說道時，便不是道也。有道者亦自分明，只作尋常本分事說了。孟子言堯、舜性之，舜由仁義行，豈不是尋常說話？至於《易》，只道箇「立人之道曰仁與義」，則和性字由字，也不消道，自己分明。陰陽、剛柔、仁義，只是此一箇道理。〔註69〕

〔註69〕同註43，頁6。原書未註為誰語，以其圓融通貫之理論態度，似應為明道語。

> 道之外無物，物之外無道，是天地之間無適而非道也。即父子而父
> 子在所親，即君臣而君臣在所嚴（一作敬）；以至爲夫婦、爲長幼、
> 爲朋友，無所爲而非道，此道所以不可須臾離也。然則毀人倫、去
> 四大者，其分於道也遠矣。故「君子之於天下也，無適也，無莫也，
> 義與之比」。若有適有莫，則於道爲有間，非天地之全也。彼釋氏之
> 學，於「敬以直內」則有之矣，「義以方外」則未之有也，故滯固者
> 入於枯槁，疏通者歸於肆恣（一作放肆），此佛之教所以爲隘也。吾
> 道則不然，率性而已。斯理也，聖人於《易》備言之。〔註70〕

由於明道反對「道」、「器」之分離，他並不贊成對「道」作過多之言論，因
再多言語形容、發表再高明的意見，也只是離「道」愈遠。所有看來玄妙高
深的言論，徒使人感覺「道」之至高無上、深不可測，而不能瞭解「道」其
實就親切地流行於人世之中，而這才是「道」的眞實意義。因此，只要以「平
常說話」即可，把「道」當作「尋常本分事」，孟子所說之「仁義」看似簡易
平實，不像道家之「陰陽」、「剛柔」學說玄遠艱深，但同樣都是對「道」的
眞實理解。由是可以看出明道對道家式玄言的不滿，及其對《易》重視「立
人之道」、結合人事以說天理態度之肯定。

其次，「道之外無物，物之外無道」的觀點，也強而有力地支持了明道的
理論，相信「道」絕非一抽離、高遠而難以理解的抽象概念，「道」就在周遭
生活之中。既然如此，「道」不僅是高妙玄深之本體，更存在於「物」中，也
就是「物」之種種表現。於是人類因社會性所自然表現出的父子、君臣、長
幼、夫婦、朋友等種種倫理關係，這些爲道家強烈詬病的「仁義禮智」，在儒
家體系裡認爲都是人心「惻隱、羞惡、辭讓、是非」等自然感情之流露，也
就都是自然而然流露出的「天理」。因此所有毀棄道德人倫的理論便都無法完
整呈現「道」之全面，如此儒家道德體系便理所當然地納進「理」的概念中，
不再只是個人行爲須遵循的外在法則，而成爲「理」的實質內容了。

一、論「誠」、「敬」、「中」

明道「理」論之重點與特色即是其道德性陳述，這亦是牟宗三所說明道
之「自意語」，即其對「理」的更深入理解及創發。明道以「誠」、「敬」、「中」

〔註70〕同前註，《河南程氏遺書卷第四・二先生語四》，頁73～74。原書未註爲誰語，
　　　　牟宗三於《心體與性體》中以爲應是明道語，今從之。

等儒家道德性來說明「理」，可見其除了援引《易傳》以說「理」之外，更匯入《中庸》之內容以申說。如下列幾條：

> 「天地設位，而易行乎其中」，只是敬也。敬則無間斷。「體物而不可遺」者，誠敬而已矣，不誠則無物也。《詩》曰：「維天之命，於穆不已。於乎不顯，文王之德之純」，「純亦不已」，純則無間斷。〔註71〕
>
> 至誠可以贊天地之化育，則可以與天地參。贊者，參贊之義，「先天而天弗違，後天而奉天時」之謂也，非謂贊助。只有一箇誠，何助之有？〔註72〕
>
> 誠者天之道，敬者人事之本。（敬者用也）敬則誠。〔註73〕

其所謂「誠」、「敬」、「中」時或各自申說、或合併討論，而其實只是一事。明道以為「天地設位，易行乎其中」，此「易體」、「理」在天地間生生不息之運行，看似神秘崇高，但就其「無間斷」之意來看，其實就是「敬」的表現，「敬」就是「道」。而「誠」何所指？他提出「不誠則無物」，若將此與「道之外無物」一句合看，可知「不誠」就是「外於道」的表現了。明道認為「至誠可以贊天地之化育，則可以與天地參」，「天地化育」原本為「道」之流行及作用，但人若能「至誠」，以極至之誠心對待天地萬物，則便能體會出「道」化生天地時公正無私、應所當然的自然態度。此所謂「贊」，並非指人能以其意志改變「道」之流行，而是人能夠自覺卻自然地順應之，這就是「體道」的境界。可見明道亦是將「道」無私、本然如此之性質以「誠」來說明，「道」就是「誠」。再進一步，明道更清楚明確地指出「誠」、「敬」與「道」之間的關係，他說：「誠者天之道，敬者人事之本。（敬者用也）敬則誠」，而「天之道」就是「人事之本」，於是「敬」、「誠」、「道」便通貫一處了，因此人之道德行為與「道」、「理」其實是相通、合一的，人只要將自身本具之「誠」、「敬」發揮極致，就是「道」的境界，於是「道」就在於己，不需外求。

相對於「誠」、「敬」明確的道德意義，「中」亦被指稱為「道」之一名，但似乎較偏向樣態的說明，指向一種非「過與不及」的中庸狀態。意即不僅「道」本身是中正而無偏袒，其在世間之呈顯與發用亦都是「發而中節」的，萬物皆具備最適合自身的完足之「理」。見下文：

〔註71〕 同前註，《河南程氏遺書卷第十一・明道先生語一》，頁118。
〔註72〕 同前註，頁133。
〔註73〕 同前註，頁127。

「中者，天下之大本。」天地之間，亭亭當當，直上直下之正理，出則不是，唯敬而無失最盡。〔註74〕

且喚做中，若以四方之中爲中，則四邊無中乎？若以中外之中爲中，則外面無中乎？如「生生之謂易，天地設位而易行乎其中」，豈可只以今之《易》書爲易乎？中者，且謂之中，不可捉一箇中來爲中。〔註75〕

明道以「天地之間，亭亭當當，直上直下之正理」來說明「中」，可見「中」除了「不偏不倚」外，還有另一層意思，就是「直上直下」的貫通義，表現「道」是「徹上徹下」的，天地萬物、形上形下一切無非「道」。同時，明道又以「敬而無失」來說明「中」，他強調不可將「中」限制在客觀性質之「中間」義，「中」之義是相當圓活的，但若以四方之中爲中、以中外之中爲中，就都是死看了，陷於一端而不能得其全義。「中」只是一抽象的概念，不能指實以言。既然「中」亦爲「道」之一義，人又不能固執於一「中」以行，那該如何體現之？就是「敬而無失」了。如果能「敬」、能「誠」，能謙遜而無私地去觀察天地萬物，不受私意影響、不執於外在客觀環境，就能體會「中」之深刻含意。於是「中」與「誠」、「敬」之說明雖各偏向「道」之一端，又確實是貫通爲一的，都是「理」本身。

二、論「仁」

上述之「誠」、「敬」、「中」三概念或分或合，都具有某種程度上的分殊義，而明道以「仁」釋「理」，便真正是概括天地全德之顯現，成爲圓滿具足的普遍之「理」了。於是《論語》之「仁」統攝了《易傳》、《中庸》之概念，發展出不同的新意，明道代表性作品〈識仁篇〉開宗明義就說得清楚明白：

學者須先識仁。仁者，渾然與物同體。義、禮、知、信，皆仁也。

識得此理，以誠敬存之而已，不須防檢，不須窮索。〔註76〕

道家系統認爲「道」是先在於萬物、具有無限性的化生本體，明道則以道德性之「仁」來取代，於是「仁」便具有「渾然與物同體」之普遍義，並且是

〔註74〕 同前註，頁132。
〔註75〕 同前註，《河南程氏遺書卷第十二・明道先生語二》，頁135。
〔註76〕 同前註，《河南程氏遺書卷第二・二先生語二上》，頁16～17。原書註爲明道語。

一切道德之依歸，「義」、「禮」、「知」、「信」、「誠」、「敬」、「中」，無一不包含於全德之「仁體」內。如此一來，儒家之道德體系便成爲「道」之自然顯現，擺脫了道家對其「人爲」、「不合於道」之駁斥，同時人只要將其道德之心推至極致，就能體認「道」，就能與「道」合德，於是擾攘濁世中亦能成道，不再需要捨離一切。

　　將道家之「道」以尋常說話式的「仁」來取代，雖的確平易親切，但同樣難以確切掌握。儒家傳統多言「仁」，卻從未對其做出明確定義，孔子隨事言理的態度，使「仁」表現出各種不同的風貌，也隱約使「仁」暗含了「全德」之意義。而什麼是「仁」？如何「觀仁」？如何體「仁」？明道以極爲生動親切之語說之：

　　　　切脈最可體仁。〔註77〕

　　　　觀雞雛。（此可觀仁。）〔註78〕

　　　　醫書言「手足痿痺爲不仁」，此言最善名狀。仁者以天地萬物爲一體，莫非己也。認得爲己，何所不至！若不有諸己，自不與己相干，如手足不仁，氣已不貫，皆不屬己。故博施濟眾，乃聖之功用。仁至難言，故止曰「己欲立而立人，己欲達而達人，能近取譬，可謂仁之方也已」。欲令如是觀仁，可以得仁之體。〔註79〕

由「切脈」、「觀雞雛」中所感受到活潑、不止息的生命力，此萬物之「春意」，就是「仁」。於是，天地間之大道不再是惟恍惟惚、不可捉摸的存在，而直接親切眞實地表現在生命之中，不論善惡貴賤，都具備此規律之生命脈動，而「仁」不息之創生力量、公正無私、普現萬物的意義亦由此可見，就在萬物自身之中。明道更以醫書之言譬之，說明「仁者與萬物同體」便如同人看待其身體，手足皆爲「我」存在的一部份，若手足痿痺不再爲我之意識所驅動，即「我」之意識無法再貫通全身。換言之，身體各部位雖看似不同，但都是「我」之展現，屬於「我」之全體，這便如同天地雖萬殊，卻都是「仁」之展現一般，人與萬物在天地之間的定位都是相同的，都屬於「仁」之全體，因此若人自視異於、高於萬物，無法體會萬物與己之深切聯繫，此貫通義便被切斷了。明道此處用以說明「體仁」、「觀仁」境界的是一種相當深情眞摯

〔註77〕　同前註，《河南程氏遺書卷第三・二先生語三》，頁59。原書註爲明道語。
〔註78〕　同前註。原書未註明誰語，《宋元學案》列入〈明道學案〉。
〔註79〕　同前註，《河南程氏遺書卷第二上・二先生語二上》，頁15。原書註爲明道語。

的情感，而這種心靈感動在生活中是隨處可得的，是人對天地萬物之同理心，及對天地間活潑無止之生命力的無限欣賞與敬意。

在美感的心靈情境來說，「體仁」是生命中無處不在的感動及對生命的崇敬；但以嚴肅的生命態度來說，「仁」就是人道德意識的推極，必須無時無刻維持著高度的道德自覺，這也就是「仁」在人生命中之實踐。故明道又說：

> 醫家以不認痛癢謂之不仁，人以不知覺不認義理爲不仁，譬最近。〔註80〕

> 孟子曰：「仁也者，人也。合而言之，道也。」《中庸》所謂「率性之謂道」是也。仁者，人此者也。「敬以直內，義以方外」，仁也。若以敬直內，則便不直矣。行仁義豈有直乎？「必有事焉而勿正」，則直也。夫能「敬以直內，義以方外」，則與物同矣，故曰「敬義立而德不孤。」是以仁者無對，放之東海而準，放之西海而準，放之南海而準，放之北海而準。醫家言四體不仁，最能體仁之名也。（一本醫字下，別爲一章。）〔註81〕

> 仲尼言仁，未嘗兼義，獨於《易》曰：「立人之道，曰仁與義」。而孟子言仁必以義配。蓋仁者體也，義者用也，知義之爲用而不外焉者，可以語道矣。世之所論於義者多外之，不然則混而無別，非知仁義之說者也。〔註82〕

特別值得注意的是明道以體用關係來說明「仁」與「義」，可見明道對魏晉玄學方法之應用，特別是王弼的體用觀。所謂「仁者體也，義者用也」，說明了外在事物的所有規範性、處事應世之準則，都只是「仁」的發用，其實也就是「仁」。因此「仁」不僅爲宇宙間之最高本體，也成爲處世的最高法則。明道認爲人必須「知覺」、「認義理」，才是對「仁」的眞正體現。「仁」就是「率性之謂道」，就是「敬以直內，義以方外」，但並非指對自身強加以「敬」、「義」之要求，而須是眞正的「知覺」，自內心眞誠發出的道德要求。明道相信這些道德要求並不是對自我的限制及約束，由於以道德性之「仁」爲天地萬物之

〔註80〕 同前註，頁33。原書未註明誰語，牟宗三於《心體與性體》中以爲應是明道語，今從之。
〔註81〕 同前註，《河南程氏遺書卷第十一·明道先生語》，頁120。
〔註82〕 同前註，《河南程氏遺書卷第四·二先生語四》，頁74。原書未註爲誰語，《宋元學案》列入〈明道學案〉。

本，人生而具有之道德性自然就是「仁」之體現，因此所謂「率性」便是不加損益地將自身道德性忠實呈顯，於是所有道德意識都是自然而然順人自身本性而發，絕無一點勉強之意，若心中有任何爭執猶疑，就表示仍未得「仁」之真義。與上面所說之「敬」、「誠」、「中」等概念貫串來看，則可明白明道心中「理」之意旨即為一切道德意義之根源，也使得由道德意識衍生出之倫理、禮樂等儀節之存在得到不可動搖的合理性。

三、論「天人合一」

　　以上這些道德性陳述都是針對人來討論。明道相信「仁」、「誠」、「敬」、「中」就是「天理」在人身上的體現，而「天理」之性質也可以人之道德性來說明，但此道德性與「物」之關係又如何？如何將天地萬物也納入此道德性本體之系統中？道家老子以「道」為天地萬物之本原，以「無」說「道」，主張萬物從「無」而來，最後亦回歸「無」，完成一種說明世界生死歸向的理論。而莊子所謂「道通為一」，其旨即在要人體認破除成見、去除經驗價值之後的萬物本質，此本質即為「道」，萬物皆依其自然之道而化生。道家非常強調不應以任何特定性質來說「道」，因此能自成體系地指「道」為宇宙間之終極價值。然而明道特別以「仁」說「理」，就使此終極價值總帶著特定的道德性質，這樣的設定便無法自圓其說地完成「理」為天地本原的理論，無法合理解釋「理」的宇宙論性質。我們可以發現明道亦不打算認真地討論這類問題，他所要面對的是如何使儒家所重視之道德價值擺脫「人為」、「外在」、「非自然」的批評，也就是如何讓從內心自然生發的種種道德衝動得到正視。

　　因此明道特別強調「一本」的概念，強調「天人無間斷」〔註83〕，他說：

　　天人本無二，不必言「合」。〔註84〕

　　除了身只是理，便說合天人。合天人，已是為不知者引而致之。天人無間。夫不充塞則不能化育。言贊化育，已是離人而言之。〔註85〕

〔註83〕同註81，頁P119。
〔註84〕同前註，《河南程氏遺書卷第六·二先生語六》，頁81。原書未註為誰語，《宋元學案》列入〈明道學案〉。
〔註85〕同前註，《河南程氏遺書卷第二上·二先生語二上》，頁33。原書未註為誰語，《宋元學案》列入〈明道學案〉。

> 言「體天地之化」，已剩一「體」字，只此便是天地之化，不可對此
> 簡別有天地。〔註86〕

若言「合」天人、「體」天地之化，就表示心中實已將此二者視爲分離的概念，必須認知到這只是言語上不得不如此之用法，而天、人本無間。明道「天人本無二」之意亦指天、人皆爲「天理」之體現，即所謂「只此便是天地之化」，雖形式上與莊子「道通爲一」之概念相同，但莊子要人泯除一切價值思考以回歸「道」，明道則主張既然天、人皆以「天理」爲本質，那麼只要人充分實現人之所以爲人之本質，讓人之本性完全伸展而無絲毫扭曲，就能達到「天人合一」的境界。這種主張出自於對現世的完全肯定，與道家正好是相反的思考模式。儒家相信人之異於禽獸者、人的獨特之處就在其道德自覺，此道德意識與孺子將入於井時所自然引發的惻隱之心一般，都是內在人性之自然流淌，並非有意地爲求外在名利而發。於是人只要將內心之道德自覺擴充到極限，就是對人之本質的完全實現，也就是「天人合一」之體道境界了。

　　而人與天地萬物之聯繫，亦在於對其本質之「理」之掌握，而這種聯繫並不需要消解人存在之獨特性，此意見以下二條：

> 「萬物皆備於我矣，反身而誠，樂莫大焉。」不誠則逆於物而不順
> 也。〔註87〕

> 「大人者，與天地合其德，與日月合其明」，非在外也。〔註88〕

所謂「大人」，就是指將道德擴充至極限者，能做到這種程度就能與天地合德、日月合明，也就是達到「天人合一」的境界。因此要達到「天人合一」並不需外求，只要徹底審視自身之本質並使其完全實現即可。所以「萬物皆備於我」之意，並非將萬物之事理都了然於心，而是對萬物本質「理」之掌握，也就是對「我」自身本質之體現，只是「反身而誠」而已。

　　由以上之討論可知明道「天理」觀與道家之「道」的主要差別，正在於對「人」之態度。由於這個觀點的不同，使「自然」、「道通爲一」等類似之理論形式產生詮釋上的歧異，道家以「無」說「道」，要破除經驗界之執著，對人類文明採消極態度；明道則主張積極地面對現世，不消極不逃避，要正視並徹底發揮人之本質。因此道家「道」與「器」之體用關係就得到更進一

〔註86〕　同前註，頁18。原書註爲明道語。
〔註87〕　同前註，《河南程氏遺書卷第十一‧明道先生語一》，頁129。
〔註88〕　同前註，頁120。

步的發展，明道主張體用圓融、道器合一，肯定了在現實世界中實踐「道」之可能性。既然「理」即在「物」中，就是萬物本質之充分實現，於是人之道德本質亦為「天理」之體現，因此以「仁」、「誠」等道德概念說「理」便合理化了，儒家之倫理道德終於得到形而上之根源，明道之道德性形上本體理論便完成了。

小　結

　　本章討論了明道「天理」思想與道家思想之交涉，認為其對道家思想之選取並非偶然。由於對「理」哲學意義之重視實由道家莊子開其先，第一節便先說明「理」概念於道家思想系統中之發展情形。而道家思想發展中對「理」之普遍義的逐漸重視及其學說比重之增加，都顯示了「道」與「理」在道家思想中地位的改變，「理」呈現出愈形重要之趨勢，並有取「道」而代之的傾向。第二節則明確地討論明道「理」概念中表現出來之道家痕跡，與第一節互參，指出其道家思想淵源，並嘗試闡釋明道受道家影響之原因。第三節則特別陳述明道「天理」觀之創見，點出其與道家思想之差異，以明「天理」概念在其思想中之意義與定位。

　　然而明道雖肯定人對「天理」之實現能力，但現實中仍有許多不圓滿處。既然「天理」為人之本原，何以人不能完全體現「天理」？阻礙為何？明道如何解釋人性？請在下一章中作進一步之討論。

第四章 個人生命之完成——明道之性論與工夫論

　　經由前文對形上之「理」的討論後，此處將更進一步從「人」的角度出發，探討明道如何處理人性問題，即人與「理」間的離合關係。在設定一道德性的創生本體爲最高概念之後，此形上之理該如何契合於現實人生？如以「人、理無間」爲人生最終目標，則「理」的境界爲何？哪些行爲才是符合於「理」的表現？若以合「理」爲「善」，則違「理」之「惡」又從何而來？何以會有違「理」的情形出現？這些都是必須加以說明的問題。因此，本章之內容將涵括明道對人性的理解與定義、對人間最高典範──「聖人」的意見及人之修養工夫，如此才能完整地界說明道之理論體系，呈顯其學說之價值所在。

　　南宋學者葉適在《習學記言》中，已提及明道在其論性與成性工夫之言論裡所顯露出的道家痕跡：

> 按程氏答張載論定性，「動亦定，靜亦定，無將迎，無內外」，「當在外時，何者爲內」，天地「普萬物而無心」，聖人「順萬物而無情」，「廓然而大公，物來而順應」，「有爲爲應跡」、「明覺爲自然」，「內外兩忘」，「無事則定，定則明」，「喜怒不繫於心而繫於物」，皆老佛莊列常語也。程、張攻斥老、佛至深，然盡用其學而不能知者，以《易大傳》語之，而又自於《易》誤解也。〔註1〕

〔註 1〕宋・葉適：《習學記言》（台北：台灣商務印書館，四庫全書珍本三集，1972年初版），卷五十，頁 10～11。

近時學者如錢穆於〈莊子外雜篇言性義〉中曾指出分「心」與「性」以對說、蔑「文」與「博」、「反本復初」此三點爲道家所發端〔註2〕，以此反觀明道思想，則後兩點之表露相當明顯。張永儁〈讀程明道「定性書」略論〉一文中，也指出其內容「亦頗有見於老莊道家及魏晉名士即所謂『新道家』者。」〔註3〕陳少峰於《宋明理學與道家哲學》一書中，亦認爲明道論聖人、論性受到老莊「聖人無成心」、王弼「應物而不累於物」、莊子「委命順性」及郭象「性各有極、盡其性分」等觀點之影響。〔註4〕由此可知，明道思想中不僅「理」之理論建構受到道家影響，關於人之「性」、聖人及修養工夫之言論所顯現出之道家影響亦早已受到前輩學者們的重視。

　　因而筆者將以前輩學者們之研究成果爲基礎，希望能進一步釐清這些道家成分在明道理論中所扮演的角色，即明道是如何使儒道這兩種立場迥異之學說彼此融會？何以道家式的修養方法能成爲追求儒家式道德本體之工夫進程？對於儒家聖人所作之道家式描述又有什麼特殊意義？這些道家觀點的援引只是單純的表面借用，或者已經過明道某種程度之轉化？而這些轉化又反映出怎樣的意圖及理論意義？筆者希冀以此角度對明道思想作一重新思考與探析，以求能對明道思想有更深一層之理解。

第一節　明道論「性」之雙重內涵

　　明道認爲所謂「易」、「道」、「理」、「性」、「誠」、「神」等實爲一體，他以一種相當宏觀及圓融之角度來理解世界，主張「道即器，器即道」，相信天地萬殊都只是「天理」之體現。亦由於明道對「理」所作之道德性詮釋，使「理」成爲先驗之「善」，於是與「理」無間之萬殊也都自然地具備了天性本善之特質。這個觀點確實反映出明道對現實世界所持積極、肯定之態度，呈顯其內心對宇宙、生命之熱情，但也清楚地指出一個問題：該如何對現實中確實存在之一切「惡」與不順「理」的現象提出說明？既然萬物都是「理」

〔註2〕 錢穆：〈莊子外雜篇言性義〉，《莊老通辨》（台北：聯經出版事業公司，1998
　　　年5月初版，《錢賓四先生全集》第7冊），頁364。

〔註3〕 張永儁：〈讀程明道「定性書」略論〉，《二程學管見》（臺北：東大圖書股份
　　　有限公司，1988年1月初版），頁26。

〔註4〕 陳少峰：《宋明理學與道家哲學》（上海：上海文化出版社，2001年1月第1
　　　版），頁91～95。

之體現，何以會有「惡」之產生？既然明道已明確肯定道德性之「理」爲天地宇宙之唯一本體，「惡」之產生便沒有更高之形上依據，而必須落實於萬物本身來討論。因此明道如何闡釋「性」，是否能做出合理之解說，便成爲討論此疑點之基本問題。明道對「性」之討論是分別以「道」與「物」爲兩端切入，分述如下：

一、「道即性」

明道〈答橫渠先生定性書〉爲其學術思想之重要作品之一，此書之作是爲了回應張橫渠「定性未能不動，猶累於外物」之疑惑，其中可見明道對心性問題之主要看法。於第一段明道便提綱挈領地指出橫渠之問題所在，並說明了自己的立場：

> 所謂定者，動亦定，靜亦定，無將迎，無內外。苟以外物爲外，牽己而從之，是以己性爲有內外也。且以性爲隨物於外，則當其在外時，何者爲在內？是有意於絕外誘，而不知性之無內外也。既以內外爲二本，則又烏可遽語定哉？〔註5〕

明道認爲眞正的「定」是「動亦定，靜亦定，無將迎，無內外」，不只是身體活動及心靈上之靜定狀態，而是無論處在何種狀況下都能保持「性」之貞定。換言之，此「性」之「定」是超越動靜、內外及物我之區隔及限制的，因此若要達到「定」之境界，就必須排除這些概念之侷限，以「內外一本」之立場來看，即自性與外誘雖表現殊異，實則一本。此「一本」於明道之思想體系中就是「理」，與其一向強調之「天人本無二」概念一致，如此「性」與「外誘」就從現實中的對立關係提升至「理」的層次，由分殊而合一了。這種處理方式充分反映出明道思想一貫之圓融特質。

因此，明道更進一步地主張「道即性也」，以「道」爲「性」之內涵，相信二者的關係是圓融無間的，說見《遺書》中之兩段文字：

> 伯淳先生嘗語韓持國曰：「如說妄說幻爲不好底性，則請別尋一箇好底性來，換了此不好底性著。道即性也。若道外尋性，性外尋道，便不是。聖賢論天德，蓋謂自家元是天然完全自足之物，若無所污壞，即當直而行之：若小有污壞，即敬以治之，使復如舊。所以能

〔註5〕 宋・程顥、程頤撰：《二程集》（台北縣：漢京文化事業有限公司，1983 年 9 月初版），《河南程氏文集卷第二、明道先生文二》，頁 460。

使如舊者，蓋爲自家本質元是完足之物。若合修治而修治之，是義也；若不消修治而不修治，亦是義也；故常簡易明白而易行。禪學者總是強生事。至如山河大地之說，是他山河大地，又干你何事？至如孔子，道如日星之明，猶患門人未能盡曉，故曰『予欲無言』。如顏子，則便默識，其他未免疑問，故曰『小子何述』，又曰『天何言哉？四時行焉，百物生焉』，可謂明白矣。若能於此言上看得破，便信是會禪，也非是未尋得，蓋實是無去處說，此理本無二故也。」

〔註6〕

漢儒如毛萇、董仲舒，最得聖賢之意，然見道不甚分明。下此，即至楊雄，規模窄狹。道即性也。言性已錯，更何所得？〔註7〕

這種預設點出了「性」的超越性意義，由於「性」本身就是「道」的體現，因此個體生命原本亦應是自足完滿的，即所謂「自家元是天然完全自足之物」，不假外求。此外，也使求「道」的途徑成爲對自身之「性」的探求，所謂「道外尋性，性外尋道，便不是」，於是「尋道」即指向一種向內自省的工夫，而非於身外另尋一「道」來。從「道」、「性」與生命自身之一脈相貫，明道相信萬物本就是最完美的「道」之表現，至少在化成之最初狀態應是如此，因此若能無所污壞，便直順其原本而行即可，然若有所污壞，雖要「敬以治之」，但亦只是復其舊，使其恢復初生之時與「道」無間的狀態而已。對「道即性」的明確肯定，使明道理論系統中萬物與「道」的關係得到更清楚的說明，不僅形下之「物」與形上之「道」透過「性」而能緊密結合，並且工夫無它，復其舊而已，「求道」亦成爲絕對可能而可行的目標。

確認了「道」與「性」的直貫模式之後，明道之道德性本體與人之道德性亦即通貫一處。儒家傳統的「義理之性」成爲「道」之實質內容，而人之生命也就成爲道德本體之顯現，充分確立了孟子「性善」說之形上依據。這種對人性肯定的態度，相信人與生俱來便具備向善的潛力，是儒家孔、孟理解人性時之基本立場，孔子雖罕言性與天道，言語多由人生現實面而發，但他對「仁」、「忠恕」之道的重視，已顯示其對人性之觀察趨向於正面意義之理解。孟子據此而更進一步，確立了仁義禮智四端就是人性，就是人之本質，因此所有道德意識本皆內在於人之中，而非爲因應外在才有的行爲要求。明

〔註 6〕 同前註，《河南程氏遺書卷第一·二先生語一》，頁 1。
〔註 7〕 同前註，頁 7。原書未註明誰語，與上條引文互看，應爲明道語。

道對人性的理解亦如此，他站在儒家本位之立場肯定道德意識的內在性，而更加以擴充，使其成爲「道」之實質內涵，充塞於天地宇宙間，如此便建立一道德性之形上體系，能夠與佛老之說相抗衡。

　　然孔、孟雖肯定人性之道德意義，卻並未深入討論「道」與「性」關係之細節問題。在先秦儒家傳統之理論體系裡，本不欲探討人與萬物、世界從何而來的問題，因此沒有一個所謂宇宙天地本原之概念。相信除了紛擾的人生現實之外，天地自然間更有一神妙又規律的運行法則「道」，而這個法則超越現實中的一切價值，代表著宇宙中最高的的形上原則，也是萬物化生之起源，這是道家的思考模式。道家學者不僅以「道」爲天地萬物之根本，也主張追求合「道」的精神境界才是人生的終極目標，因此「道」與「人」之間的交互關係爲何，一直都是道家學者的思索重心。《老子》一書著重於對「道體」性質之論說，也指出人應如何尋求合「道」的境界，但對於人「性」的問題尚未作出明確的探討，這個問題一直要到《莊子》才受到重視，而建立了「道」、「性」關係的初步理論模式。

　　在《莊子》〈天地〉與〈知北遊〉中的兩段文字，清楚地指出了「道」與「性」的關係：

> 泰初有無，無有無名；一之所起，有一而未形。物得以生，謂之德；未形者有分，且然無間，謂之命；留動而生物，物成生理，謂之形；形體保神，各有儀則，謂之性。〔註8〕

> 是天地之委形也；生非汝有，是天地之委和也；性命非汝有，是天地之委順也；孫子非汝有，是天地之委蛻也。〔註9〕

這個觀點是對老子「道生萬物」理論之延伸，「道」不只創生「物」之形體，在此生命中所具備的種種質素也與「道」有著密切的關係，其中「德」、「命」、「形」、「性」正是最關鍵的部分，除了代表「物」創生的先後步驟，亦分別指向生命構成之四大面向。〈天地〉篇中認爲「德」、「命」、「形」、「性」皆爲「道」之衍生，是「天地之委順」。以「形體保神，各有儀則」來說「性」，就是將「性」視爲天下有形之物欲保守其精神時所各自依循之法則，亦即萬物雖皆由「道」而生，但基於形體表現之不同，「保神」之方式也就不同。於

〔註8〕　〈天地第十二〉，見清・郭慶藩《莊子集釋》（北京：中華書局，1961 年 7 月初版），頁 424。

〔註9〕　同前註，〈知北遊第二十二〉，頁 739。

是萬物各有其「性」，而「性」之不同在萬物生成時即已由「道」決定了。所以《莊子》中主張之「道」、「性」關係，也就是「道」、「物」關係之內部討論，「性」是從屬於「道」之下的。

　　既然在道家哲學體系中「性」歸於「物」之討論層面，「道」、「性」的從屬關係便是必然的。但隨著魏王弼對「道」、「物」關係思考之改變，「道」、「性」關係亦隨之不同，他以「體用」、「本末」來重新詮釋「道」與「物」的相對關係，因此「道」之創生意義就被淡化了。雖然「道」之地位仍高於「物」，仍是宇宙間之最高原則，但大象、大音必須藉四象、五音才得以顯現，「道」必須憑藉「物」來彰顯其價值，因此「物」之地位便不僅是單純地附屬於「道」之下，而轉為「守母以存其子，崇本以舉其末」〔註 10〕之相互依存關係。在這種立場下，「性」與「道」的關係也不再是單純的主從關係，見以下三條：

　　　　道不違自然，乃得其性，法自然也。法自然者，在方而法方，在圓
　　　　而法圓，於自然無所違也。〔註 11〕

　　　　萬物以自然為性，故可因而不可為也，可通而不可執也。物有常性，
　　　　而造為之，故必敗也。物有往來，而執之，故必失矣。〔註 12〕

　　　　不壅不塞，通物之性，道之謂也。〔註 13〕

所謂「道不違自然，乃得其性」，並非欲另立一高於「道」之「自然」本體，而是說明「道即自然」，以「在方而法方，在圓而法圓」、順物而不加損之態度來解釋「道」本身自然而然之性質。同時，王弼一方面以「自然」為萬物之「性」，指出「性」具備與「道」相同之特質，使「性」成為「道」在「物」中之反映，以此說明「道」、「物」之關係；另一方面用「不壅不塞，通物之性」來說「道」，則是對「四象不形，則大音無以暢；五音不聲，則大音無以至」的進一步說明，亦代表著「通物之性」即是體「道」之表現。由此可知，「道」、「性」關係不僅同化於「道」、「物」本末、體用關係之內，並且在構成「物」之種種因素中，使「物」與「道」連結的就是「性」，因此「性」雖仍屬於「物」之層面，卻已具備某種超越的意義與地位。

〔註 10〕 王弼著，樓宇烈校釋：《王弼集校釋》（台北，華正書局有限公司，1992 年 12
　　　　月初版），頁 95。
〔註 11〕 同前註，〈老子第二十五章〉注，頁 65。
〔註 12〕 同前註，〈老子第二十九章〉注，頁 77。
〔註 13〕 同前註，〈老子指略〉，頁 197。

在王弼的理論體系中不僅保持著「道」的超越性，亦大幅提昇「物」的地位，「性」、「道」關係之拉近更成為「物」地位改變的重要關鍵。就「性」之「自然」義來說是與「道」相同的，因此亦隱然含有將終極價值內化於「物」之發展可能。將明道之「道即性」與王弼「道」、「性」說相較，可以發現除了本體意義之不同外，明道幾乎是應用了王弼之理論形式而再加以發展，他明確地將終極價值與人之「性」結合，使「性」本身就是「道」，因而不僅確立了儒家之「性善」概念，更將人之存在價值提至與「道」相同的地位，使儒家人本主義達到頂點。然若以明道「道即性」之主張，則污壞何由而生？所污壞者為何？若本無內外，又何以會有內外二分之弊病產生？既然「性」、「道」無間，又何以需要「定」？明道雖以「性無內外」為最高原則，指向與「道」無間之「性」層次，但現實中仍存在許多困難必須面對，並非高蹈之言論所能完全解決。

二、論「生之謂性」

對於「性」另一種角度之理解，在明道討論「生之謂性」的兩段文字中表現得相當清楚。先看第一段：

> 告子云「生之謂性」則可。凡天地所生之物，須是謂之性。皆謂之性則可，於中卻須分別牛之性、馬之性。是他便只道一般，如釋氏說蠢動含靈，皆有佛性，如此則不可。「天命之謂性，率性之謂道」者，天降是於下，萬物流形，各正性命者，是所謂性也。循其性（一作各正性命）而不失，是所謂道也。此亦通人物而言。循性者，馬則為馬之性，又不做牛底性；牛則為牛之性，又不為馬底性。此所謂率性也。人在天地之間，與萬物同流，天幾時分別出是人是物？「修道之謂教」，此則專在人事，以失其本性，故修而求復之，則入於學。若元不失，則何修之有？是由仁義行也。則是性已失，故修之。「成性存存，道義之門」，亦是萬物各有成性存存，亦是生生不已之意。天只是以生為道。〔註14〕

於此段引文中，可知明道與孟子反對告子「生之謂性」的立場有別，孟子是站在人之所以異於禽獸處立論，明道則站在「天生萬物」之共同點上謂「凡天地

〔註14〕 同註 5，《河南程氏遺書卷第二上·二先生語二上》，頁 29～30。原書未註明誰語，亦未收入《宋元學案》，然就理論內容與性質來看應是明道語。牟宗三亦以此為明道語，見《心體與性體》，頁 156。

所生之物，須是謂之性」，認爲以此立場來說「性」亦無不可，只是必須分別牛、馬之性的不同，不可以爲萬物之性皆一般。然而下面「天命之謂性」一段，又指出「萬物流行，各正性命者，是所謂性也」，並以此爲「通人物而言」。這兩種說法之並列正指出明道對「性」有著不同層次的理解：一是就萬物之自然生命性質而說，如此則個別物種當然具有不同之屬性、結構及需求，不可與他物混同。一是與「道」相貫之「性」，即「各正性命」之「性」義。明道認爲不論牛、馬、人，「率性」、「循其性而不失」就是達到「道」境界的唯一途徑。因此，萬物必須各順其性而不偏失，即使天所命之牛所以爲牛、馬所以爲馬、人所以爲人之「性」得以充分發展、體現，這是「通人物而言」的道理。然關於「修道之謂教」，明道則明確地指出是專指人事，認爲人之所以要學，就是要求復其已失之「性」，而修習之內容「仁義」，也就是其已失之「性」的內涵。因此，「仁義」所代表的道德性意義——即孟子所強調人之所以爲人之特質，與人有生以後所具之生命性質，就成爲明道考慮人之「性」時的兩個面向。

而「生之謂性」的第二段引文，則是針對人之性來立論，說明人會偏失本性的原因，亦即對性善、惡問題之討論。明道認爲：

> 「生之謂性」，性即氣，氣即性，生之謂也。人生氣稟，理有善惡，然不是性中元有此兩物相對而生也。有自幼而善，有自幼而惡，（后稷之克岐克嶷，子越椒始生，人知其必滅若敖氏之類。）是氣稟有然也。善固性也，然惡亦不可不謂之性也。蓋「生之謂性」、「人生而靜」以上不容說，才說性時，便已不是性也。凡人說性，只是說「繼之者善」也，孟子言人性善是也。夫所謂「繼之者善」也者，猶水流而就下也。皆水也，有流而至海，終無所污，此何煩人力之爲也？有流而未遠，固已漸濁；有出而甚遠，方有所濁。有濁之多者，有濁之少者。清濁雖不同，然不可以濁者不爲水也。如此，則人不可以不加澄治之功。故用力敏勇則疾清，用力緩怠則遲清，及其清也，則卻只是元初水也，亦不是將清來換卻濁，亦不是取出濁來置在一隅也。水之清，則性善之謂也。故不是善與惡在性中爲兩物相對，各自出來。此理，天命也。順而循之，則道也。循此而修之，各得其分，則教也。自天命以至於教，我無加損焉，此舜有天下而不與焉者也。〔註15〕

〔註15〕 同前註，《河南程氏遺書卷第一·二先生語一》，頁10～11。原書未註明誰語，《宋元學案》列入〈明道學案〉。

明道以「氣稟」說來使「惡」之存在合理化，他認為「性即氣，氣即性，生之謂也」，但並非以「氣」等同於「性」，下文「人生氣稟，理有善惡，然不是性中元有此兩物相對而生也」即表明「性」、「氣」為分別之概念。與第一段引文互參，則明道「性即氣，氣即性」之說正指出其對個體生命形成之理解，也就是每個生命之生成必然具備「性」與「氣」兩種因素，「性」為個體之特殊性，「氣」則指個體之生命性質，二者缺一不可。「性」本身並無善惡相對之分別，人有善、惡不同之表現是受到「氣稟」的影響。然「氣」所能影響的並非「性即氣、氣即性」之「性」，此「道即性」之「性」義本身是超越善惡的，明道認為這個層次之「性」是在「生之謂性」、「人生而靜」以前，也就是在生命化成之前即已獨立存在之形上原則。至於一般人所說「性善」、「性惡」之「性」則已落下一層，指的是發用之「性」，也就是「性」在生命中之表現，孟子性善說亦是如此。「氣」所影響的正是此發用之「性」，也就是說「氣」所代表之人的生命性質，具有改變人道德「性」之表現程度的力量。明道更以水之清濁來比喻人之性，則「清」、「濁」只是水顯現出的兩種屬性，雖表現不同，其本質仍是水。人性善、惡之表現亦然，若能保其元初之性，不使其為外在影響沾染，則順性而行自然事事合理，此便是「善」之表現；若元初本性已為外來影響障蔽而無法彰顯，則其發用就無法順理而行，也就是所謂「惡」的表現了。因此如何使「性」與「道」相應之清明特性能夠自然彰顯，亦即恢復其元初之性，就是人「澄治」工夫的最主要目的。

綜上所述，可知明道雖以道德本體之概念來理解「道」，亦以此道德性之通貫為「性」之第一義，但他對「性」的理解並不僅是先秦孟子所標舉之道德之性，也直接地面對人生命中一切無可避免之要素，將肉體生命之種種欲求與心理情緒上之種種表現，都納入其思索範圍。這個態度與張載對「天地之性」與「氣質之性」的分別是類似的，不過明道的態度更包容，他們都發現只討論儒家的義理之性並不足以解決人生中所有的疑難，必須對現實層次也有所解釋才行。因此明道在討論「性」的問題時，也將道家傳統中對生命之「性」的界定涵括進來，一併考慮。

道家一向主張全形養生，對個體生命相當重視。老子雖以「有身」為人之「大患」，並主張「無身」，但他並非要完全否定肉體生命之存在，所謂「無身」是要人不執於生命欲望而能回歸自然，其對「存身」之肯定及以「寡欲」、「守柔」為處身態度，都指出老子相信對「道」的真正體認不僅是精神上的

活動，也能使天生之形體得到保全。莊子亦然，他要「體性抱神」，認為「執道者德全，德全者形全，形全者神全」，由此可見道家關注現實生命之基本主張，與儒家「成仁取義」之態度完全不同。由於道家相信在自然界中存在著超越人類價值之形上規律，因此對天地萬物之自然性質相當注意，《莊子》中討論「性」之範疇時，亦著眼於此，謂：

> 道者，德之欽也；生者，德之光也；性者，生之質也。性之動，謂之為；為之偽，謂之失。〔註16〕

> 且夫失性有五：一曰五色亂目，使目不明；二曰五聲亂耳，使耳不聰；三曰五臭薰鼻，困惾中顙；四曰五味濁口，使口厲爽；五曰趣舍滑心，使性飛揚。此五者，皆生之害也。〔註17〕

以「性」為「生之質也」，即指向一種萬物生而即有之狀態，也就是物與生俱來所擁有之自然特質。〈馬蹄〉篇中以「蹄可以踐霜雪，毛可以禦風寒，齕草飲水，翹足而陸」為「馬之真性」，〈刻意〉篇以「不雜則清，莫動則平；鬱閉而不流，亦不能清，天德之象也」來說「水之性」，都是從馬與水所表現出之自然形質來說。換言之，從外在形貌到內在之能力、情意傾向，都是「性」的討論範圍，也就是「道」生「物」後萬物所表現出的所有自然樣貌。道家相信「物」皆由「道」而生，而「物」所具之自然天性都是「道」所賦予，故本當合於「道」。但若「性」之發動不能合乎自然而出於私意人為，就是「偽」，如放縱五聲、五色以惑亂耳、目等感官，使其天生作用不能順自然而發動，就對「物」之本性造成傷害，此即「失性」。「失性」便無法「全生」，也就是對自然之「道」的戕害了，〈馬蹄〉中提出「夫埴木之性，豈欲中規矩鉤繩哉」之詰問，就是欲「全其性」之反省與要求。

因此，道家強調之「全性」、「全生」，並非縱容情欲之肆恣，而指向一種合「道」之生活態度。真正「全性」之表現，應如下所說：

> 夫至德之世，同與禽獸居，族與萬物並，惡乎知君子小人哉！同乎無知，其德不離；同乎無欲，是謂素樸；素樸而民性得矣。〔註18〕

> 聖人達綢繆，周盡一體矣，而不知其然，性也。〔註19〕

〔註16〕　同註8，〈庚桑楚第二十三〉，頁810。
〔註17〕　同前註，〈天地第十二〉，頁453。
〔註18〕　同前註，〈馬蹄第九〉頁336。
〔註19〕　同前註，〈則陽第十二〉，頁880。

要「無知」、「無欲」，使「性」歸於「素樸」，就是任其自然而爲，不以私意加損之意，也就是「無僞」而使「性」之發動皆合乎自然之道。以「不知其然」來說，更清楚地將「性」指向一種潛在之直覺本能，唯有根本未察、不知其存在，才能眞正擺脫人爲影響之因素。若能如此，則人之行爲表現自能與「道」同化，「道」應物自然、無私、無爲而無不爲的特質便能自然地彰顯於人之生命中。於是眞正回歸本性、無知無欲的生活，就是體道的表現，心靈是否認知到「道」之存在其實並非最重要的因素。這個基本的態度一直存在於道家思想之中，成爲重要的基礎理論。

　　明道雖亦對「生之謂性」提出討論，但理論重心仍在「性」之本體義上。明道以「仁義」說人之特殊性，對「物性」之層次卻似乎沒有更進一步的說明，只以「馬不做牛底性」、「牛不爲馬底性」來說「物」之特殊性，與前面「分別馬之性、牛之性」的區別便相當模糊含混。再以另兩段文字互參，則更顯其論「性」的重心在「人」而不在「物」，明道以爲：

> 服牛乘馬，皆因其性而爲之。胡不乘牛而服馬乎？理之所不可。〔註20〕

> 「萬物皆備於我」，此通人物而言。禽獸與人絕相似，只是不能推。然禽獸之性卻自然，不待學，不待教，如營巢養子之類是也。人雖是靈，卻椓喪處極多，只有一件，嬰兒飲乳是自然，非學也，其佗皆誘之也。欲得人家嬰兒善，且自小不要引佗，留佗眞性，待他自然，亦須完得些本性須別也。〔註21〕

試推論原因，對「人」之重視固然是儒家一貫之論說角度，但從上面兩段文字中亦不難發現明道對「物」有一種既定的假設，他相信「物」雖「氣昏」而無法推知天理，卻能夠自然而然、不待學、不待教地發揮其天性。所謂「禽獸之性卻自然」的觀點，與道家對物「性」的看法相當類似，反而與其對人性之討論大異其趣，「物」之「率性」亦傾向對自身生命歷程的完整呈現，與人「仁義之性」的道德理性完全不同。因此明道在討論萬物之「性」的觀點上似乎是相當直接地接受了道家的傳統看法，然而這種理論在道家之「道」論體系下是相當合理的，在明道的體系中便呈現出人、物「性」論間之割裂性，無法圓滿地自圓其說。

〔註20〕同前註，《河南程氏遺書卷第十一·明道先生語一》，頁127。

〔註21〕同前註，《河南程氏遺書卷第二下·二先生語二下》，頁56～57。原書未註明誰語，與另一條論「萬物皆備於我」之文字互看，似應是明道語，參頁34。

　　由於明道意欲建立一套解釋宇宙本質之形上體系，在確立宇宙本體之意義後，也必須解釋其與天地萬物的關係，討論萬物之生命性質就成為必不可缺的部分。然而明道其實意不在此，因其旨在對人性之探討，接受道家性論中對物性的肯定觀點，一方面能夠避開對物的討論，而直接進入人所以失道、失性的主題；另一方面，將性之污壞歸向人性之發動，亦即生命之性的範疇，也就能將「失性」的原因導向後天因素，以維持內在「義理之性」的獨立與超越價值。與物相較，明道以為人雖具有靈明之性而能上知天理，卻也「梏喪處極多」地出現偏失本性的情形，由於人往往不能自然地「率性」而行，所以「修道之謂教」才會專屬人事，因為只有人必須學習如何復求本性。如此一來，將人「失性」之討論歸於後天人為，又與道家的思考模式產生交集，因此明道在「復性」的主張與工夫上與道家思想之雷同，起因應在於此。

　　綜上所述，在討論過明道「道即性」說及其對「生之謂性」的看法之後，可以發現他對「性」的定位相當清楚，「性」成為通貫「道」、「物」之重要概念。明道將人、物之「性」提升至與「道」等同的地位，相信充分彰顯內在之「性」即是對「道」的真實體現。而明道「性」論更是其「器亦道，道亦器」觀點之進一步闡釋，說明這種「道」、「器」之等同是以終極價值之角度來解釋。由於明道對「器」本身採取肯定之態度，他相信萬物內在即具有體「道」之潛力，能使其生發運作皆自然符合於「道」，而將終極價值內化於物之「性」中，便能解釋萬物自身具備此潛能之原因。因此「道即性」一方面反映了明道論「道」、「理」時所隱含的本源意義，以共同本源「理」為萬物一體之理論基礎，主張「道」為「性」之來源；另一方面指出「道」不僅為「性」之來源，亦為其內涵，確定萬物自身本具體「道」的潛能，使「道」內化於「物」中，這才是「道亦器，器亦道」的意義。

　　由於形上之「理」是超越而無法以感官經驗的，故萬物內在所具超越之「性」亦難以單獨覺察，而必須藉由發動之「性」來示現超越之「性」，明道對「物」生命性質之注意，亦是基於肯定此發動之「性」之態度。此外，這種對生命存在的正面態度，亦反映明道論「道」、「易」時所強調的「生生」之德，見如下一條：

　　　「天地之大德曰生」，「天地絪縕，萬物化醇」，「生之謂性」，（告子
　　　此言是，而謂犬之性猶牛之性，牛之性猶人之性，則非也。）萬物

之生意最可觀，此元者善之長也，斯所謂仁也。人與天地一物也，

而人特自小之，何耶？〔註22〕

明道非常強調「觀萬物生意」，亦曾要人從觀雞雛、切脈中體「仁」，這個態度源於他相信「道」為天地萬物之基礎，因此從天地萬物生命之自然樣態中就能夠觀察出造物之深意，能夠從中體認出宇宙天地間的最高原則。如此即現實世界中無處不是「道」之體現，「道」不在遠處，就在自身生命之中。因此明道對「生之謂性」的討論一方面是繼此「生生」之德的立場而來，另一方面亦將性善、性惡的討論歸於此發動之「性」，於是確立了「性」本身超越善惡，但「性」的發動則可能有所謂善與惡之不同表現，而差異就在是否順理而已。因此，如何使生命順「理」、對「惡」所從來之探討，就落在「性」發動後之現實層面，而「體道」也就成為能夠具體努力的真實境界了。

將人之道德意識視為「道」與「性」的實質內容，重視對人性之討論，相信人為「道」由己之自覺選擇及「道」內在於我、不假外求，這些都是明道對先秦孔、孟思想之傳承。然而孔、孟不甚注重人之生命性質，不欲探討人與世界起源之抽象問題，也沒有清楚解釋「惡」之來源，而明道之理論體系卻都對這些問題做出解釋。他以道家的理論模式為基礎，定義世界之起源「道」與現實中萬物的關係，並將萬物之生命性質含括進來，仔細地思考「道」與「性」的問題，這些理論方法的借用使明道建立了儒家本位的道德形上系統，形成一套以道德本體來詮釋宇宙的理論體系。但明道所建立的形上理論並不重視「道生萬物」的化生意義，而傾向「器亦道，道亦器」之體用圓融概念，這種以體用、本末來說明「道」、「物」關係的方式，魏王弼是首位以此建立系統性理論之思想家。筆者以為明道沿用王弼的體用方法來理解「道」、「性」關係之原因，應是如此便能模糊「道生萬物」之道家傳統理論，同時亦不必解釋道德性之本體該如何具體地創生萬物，使「性」成為內化於萬物中的形上規則。不僅如此，明道更進一步將「道」與「性」結合，王弼之體用說仍堅持「道」的至高地位，但其理論已隱含將「道」內化於「物」中之可能性，明道則據此而加以轉化，「道即性」之主張便成為「道」直貫於「器」中之重要關鍵，使其「道」、「器」圓融、即體即用的概念得以落實。

另外，道家相信萬物之元初本性是符合於「道」的，其理論基礎在於「道」為萬物之創生本源，因此不論物之外在形質或內在精神都是由「道」所生，

〔註22〕同前註，《河南程氏遺書卷第十一‧明道先生語一》，頁120。

其對「性」之討論便包括此二層面，認爲體「道」的表現不只是精神上，也必須保守「道」所賦予之生命本質。儒家傳統並不認眞對待人的生命性質，明道對生命之「性」的正視明顯地是由道家傳統而來，這種態度一方面反映出在嘗試建立形上理論的同時，儒家終於開始較全面地思考人之個體特質，不過明道對生命性質之思考仍是基於「道」、「器」圓融之立場，因此最後還是偏重人性之道德意涵，回歸傳統的儒家主張。另一方面，明道對「性」之發動、表現特別關注，認爲這是討論「善」、「惡」問題之重心所在，這個觀點與道家相當一致。道家認爲使「性」保持純乎自然、不爲人爲私意所動，就是合「道」之表現，明道亦認同這個看法，雖然他對「性」與「性」、「道」關係實有自己的一套說法，但仍採取同樣的方式來解釋所謂「善」、「惡」的問題。由於這種理論方法的借用，使明道能夠將「惡」之來源說明清楚，並保持「道德之性」的完整獨立，亦因此，明道修「性」的工夫論出現了許多與道家思想類似的主張。關於明道對「惡」所從來及修性工夫的看法，下節將續論之。

第二節　明道「定性」工夫與道家思想之關係

在釐清明道「性」概念之內涵與「道」、「性」關係後，再來就必須清楚說明在現實中人往往偏離於「道」的原因，並指出一條回歸的道路。明道〈定性書〉正清楚地表達了立場，說明了其對心性問題的主要看法，爲上列問題提出簡明扼要的回答。不僅如此，這封書信亦同時是探討明道思想與道家思想關係之重要文獻，後人在討論明道思想中之道家影響時，亦往往援引其內容以申說。茲引述如下：

> 所謂定者，動亦定，靜亦定，無將迎，無內外。苟以外物爲外，牽己而從之，是以己性爲有內外也。且以性爲隨物於外，則當其在外時，何者爲在內？是有意於絕外誘，而不知性之無內外也。既以內外爲二本，則又烏可遽語定哉？

> 夫天地之常，以其心普萬物而無心；聖人之常，以其情順萬物而無情。故君子之學，莫若廓然而大公，物來而順應。《易》曰：「貞吉悔亡。憧憧往來，朋從爾思。」苟規規於外誘之除，將見滅於東而生於西也。非惟日之不足，顧其端無窮，不可得而除也。

人之情各有所蔽，故不能適道，大率患在於自私而用智。自私則不能以有爲爲應跡（一作物），用智則不能以明覺爲自然。今以惡外物之心，而求照無物之地，是反鑑而索照也。《易》曰：「艮其背，不獲其身；行其庭，不見其人。」孟氏亦曰：「所惡於智者，爲其鑿也。」與其非外而是内，不若内外之兩忘也。兩忘則澄然無事矣。無事則定，定則明，明則尚何應物之爲累哉？

聖人之喜，以物之當喜；聖人之怒，以物之當怒。是聖人之喜怒，不繫於心而繫於物也。是則聖人豈不應於物哉？烏得以從外者爲非，而更求在内者爲是也？今以自私用智之喜怒，而視聖人喜怒之正爲何如哉？夫人之情，易發而難制者，惟怒爲甚。第能於怒時遽忘其怒，而觀理之是非，亦可見外誘之不足惡，而於道亦思過半矣。〔註23〕

綜觀全文，全書之重點有三：其一，強調「性無内外」之「一本」概念，並以之爲最高原則；其二，對「聖人」之標舉與說明，指出人行爲表現之最高典範；其三，對「人情之蔽」的意見，就是明道對人不能「適道」所作之解釋。由於此書旨在討論「定性」的問題，因此明道的回答亦集中在何謂眞正之「定」，並以聖人的表現爲「定」之模範，而未對「性」的内涵作出清楚之定義。事實上，這個問題正是人在面對世界時所必然發生之疑惑，即如何在變化萬千之現象中保持自身之獨立性，維持高度的自主、自覺而不隨波逐流，也就是對個人與世界關係的思考。明道認爲，橫渠之疑惑源於將己性與外物二分，也就是將個人與外物視作對立之存在，如此於面對現象之紛擾時就只能「規規於外誘之除」，永遠無法得到眞正的「定」。他主張人在面對世界時必須「内外兩忘」，要順應萬物而「無心」、「無情」，不可「自私」、「用智」，一切皆「觀理之是非」，如此才能於萬象流轉中保持入世而又超越的態度，這是人與世界所保持最理想的關係狀態。然而明道何以肯定此充滿道家情調的態度？這些觀點如何與其道德性的儒家立場結合？將〈定性書〉中之意見與上節所論明道之「性」義結合互看，可以發現這些對工夫與境界的探討，與其論「性」之態度相當一致，正可反證其對道家思想之吸收與借用。

一、去　蔽

明道主張「性無内外」，認爲若「規規於外誘之除，將見滅於東而生於西

〔註23〕同前註，《河南程氏文集卷第二·明道先生文二》，頁 460～461。

也」，並非根本之道。他以爲人必須體認外誘與己性無二，其一，物自是物，己性會爲物所動搖無非是「性」之發動不正，因此向內尋求發動不正之原因才能從根本解決問題，絕外誘只是治標而已；其二，就明道「道器圓融」之基本概念來看，物性與己性皆爲「道」之體現，萬物是通而爲一的，因此絕不是物性本身使己性邪動，原因實在自身之中。雖然將性之「惡」回溯於人之內在，但明道並不認爲「道德之性」含有「惡」之成分，他以爲「人之情各有所蔽，故不能適道，大率患於自私而用智」，而將「惡」之發生歸於「人情之蔽」，也就是人「生之謂性」的生命質性。同時，明道亦不認爲「人情」之本質爲「惡」，而清楚地體認「性即氣，氣即性」，人之生命性質實與道德之性一樣，都是構成「人」之個體存在的重要部分。明道謂：

> 視聽思慮動作皆天也。人但於其中要識得眞與妄爾。〔註24〕

> 「天下雷行，物與無妄」，天下雷行，付與無妄，天性豈有妄耶！聖
> 人「以茂對時育萬物」，各使得其性也。無妄則一毫不可加，安可往
> 也，往則妄矣。〈無妄〉，震下乾上，動以天，安有妄乎？動以人，
> 則有妄矣。〔註25〕

他認同「視聽思慮動作」也都是由「天」所賦予，而其眞、妄分別也就是指對人「性」之發動的眞、妄分別。所謂「眞」，就是「各得其性」之意，若所有思慮動作皆「動以天」，能順性自然、一毫不加，則生命性質之表現亦能符合於「道」；若「動以人」，即性之發動出於個人私欲，則外在表現就會出現偏差。因此當「情」並非自然而然地順應人生命的基本需求，而是出於私欲之刻意追求時，就會使「性」之發動偏離其本而不合於「道」，成爲所謂「惡」之表現。

　　由此可知，「情」本身實可善可惡，表現端視其初是否受私欲影響而定。而人之精神、行爲無時無刻不在活動，隨時都在與外在環境互動，該如何判斷哪些行爲是受私欲影響呢？明道以「聖人」之境界爲標竿，指出要「以其情順萬物而無情」、「聖人之喜，以物之當喜；聖人之怒，以物之當怒。是聖人之喜怒，不繫於心而繫於物也」。〈語錄〉之一段文字亦可視爲補充說明：

> 以物待物，不以己待物，則無我也。聖人制行不以己，言則是矣，
> 而理似未盡於此言。夫天之生物也，有長有短，有大有小。君子得

〔註24〕 同前註，《河南程氏遺書卷第十一‧明道先生語一》，頁131。
〔註25〕 同前註，頁121～122。

其大矣，（一作者。）安可使小者亦大乎？天理如此，豈可逆哉？以
天下之大，萬物之多，用一心而處之，必得其要，斯可矣。然則古
人處事，豈不優乎！〔註26〕

明道認為「聖人」並非無情，亦不是以完全杜絕外誘之方式來保持「性」之
獨立，「聖人」不僅會與外物接觸，也有「情」之表現，然其「情」之發動並
非以「我」為出發點，而是順萬物之當喜當怒，如此就是所謂「動以天」，亦
即「無私情」之表現。但以「情順萬物」並非指「情」隨物之情緒高低起伏，
而是順物之「當喜」、「當怒」，也就是「觀理之當然」之意。因此人面對紛然
萬物時最正確的態度，就是「廓然而大公，物來而順應」，亦即「以物待物」
而不「以我待物」。若能隨時保持著大公無私的開闊心胸，物來時即以「物」
之角度思考而排除「我」之意識干擾，自然地順應萬物當然之理而行，如此
便能使「性」之表現於發動之初就避免私欲的影響而自然合「理」了。

　　明道這段對「聖人之情」的說明，與《魏志‧鍾會傳》中所記載王弼之
主張非常類似，他顯然相當認同以「應物而無累於物」之特質來形容聖人，
參見如下：

何晏以為聖人無喜怒哀樂，其論甚精，鍾會等述之。弼與不同，以
為聖人茂於人者神明也，同於人者五情也。神明茂，故能體沖和以
通無：五情同，故不能無哀樂以應物。然則，聖人之情，應物而無
累於物者也。今以其無累，便謂不復應物，失之多矣。〔註27〕

就「體道」的境界來說，王弼之聖人要「體沖和以通無」，與明道體認道德本
體之聖人完全不同；然而就「應物」的態度來說，卻與儒家聖人有相合之處。
此外，〈定性書〉中尚有兩個部分也顯露出明道對道家聖人態度之肯定，一為
「將迎」一詞之使用，馮友蘭以為從《莊子》來〔註28〕，見《莊子‧應帝王》：

至人之用心若鏡，不將不迎，應而不藏，故能勝物而不傷。〔註29〕

二是「合內外」之說，陳少峰認為與郭象《莊子注》有關。《莊子‧大宗師》

〔註26〕同前註，頁125。
〔註27〕晉‧陳壽撰、宋‧裴松之注：《三國志‧魏志》（台北：台灣中華書局，1980
　　　　年1月臺4版，四部備要中華書局據武英殿本校刊），卷二十八，〈鍾會傳〉
　　　　注，頁31。
〔註28〕馮友蘭：《中國哲學史新編》第5冊（台北：藍燈文化事業股份有限公司，1991
　　　　年12月初版），頁123～124。
〔註29〕見清‧郭慶藩《莊子集釋》（北京：中華書局，1961年7月第1版），頁307。

中有所謂「遊方之內者」與「遊方之外者」〔註30〕，郭象注此條則強調「冥
內外」之概念，謂：

> 夫理有至極，外內相冥，未有極遊外之致而不冥於內者也，未有能
> 冥於內而不遊於外者也。故聖人常遊外以冥（宏）內，無心以順有，
> 故雖終日見（揮）形而神氣無變，俯仰萬機而淡然自若。〔註31〕

這兩種說法原都是道家對「至人」、「聖人」之形容，「不將不迎」是指「至人」
應物時之態度，當物來時其心如明鏡般真實地映現原貌，物去時亦任其自去，
萬物之流動並不會使其情感波動，也不留下任何痕跡。而郭象「遊外以冥內」
之說法，則是對《莊子》說之轉化，原本「遊方之內外」指的是個人對現實
世界之超越與否，郭象用以說「聖人」，則由對世界之討論轉向個人心靈與外
物之冥合。馮友蘭以為明道雖沿用了莊子「無將迎」之比喻，但其目的卻在
「定性」，與莊子旨在「養生」不同，也就是說明道僅是借莊以說理而已；但
若以另一個角度來看，明道「無將迎，無內外」二句正是要說明人與外物之
關係，此即明道認為橫渠之所以會有「定性」疑惑的真正關鍵，也就是說在
處理人與外物之關係時，明道似乎是肯定道家中的某些態度的。

　　這類對道家式「聖人」應物態度直接引用之表現，反映了明道在解釋「失
性」原因上與道家思想重合之處。在儒家傳統中，孟子將人之不善歸於外在
之「勢」，他以為：

> 水信無分於東西。無分於上下乎？人性之善也，猶水之就下也。人
> 無有不善，水無有不下。今夫水，搏而躍之，可使過顙；激而行之，
> 可使在山。是豈水之性哉？其勢則然也。人之可使為不善，其性亦
> 猶是也。〔註32〕

孟子相信即使迫於外力而使人做出不善的行為，也絲毫不影響其內在之「性」
純粹至善的特質，他認為人若「從其小體」而「不思」，聽任耳目等感官經驗
作主而不以「心」行理性思考，原本之善性便會「蔽於物」而不能彰顯，由
此產生不善的行為。於是人面對萬物時要採取何種態度便成為非常重要的因
素，尤其儒家強調積極入世，在應物時如何保持「性」之發用而不為「物」

〔註30〕 同前註，頁 267。
〔註31〕 同前註，頁 268。
〔註32〕 宋・朱熹著：《四書章句集注》（台北：大安出版社，1994 年 11 月初版），〈孟
　　　　子集注卷一・告子上〉，頁 455～456。

所蔽，避免「惡」之發生，更是最基本的課題。然而明道雖然繼承了重視「應物」問題的態度，卻不像孟子將「大體」與「小體」對立起來。他認爲「性」不能定的最主要原因是人情中「自私」、「用智」之蔽，而非外在之「勢」所致，因此只要排除人之私欲影響，使「性」能依順天理自然發用即可，並不需要完全否定「小體」的作用。明道不以生命質性爲完全的負面概念，又特別指出「私欲」才是扭曲「性」作用之關鍵性力量，此與道家思想是相當一致的。

道家非常強調「無欲」、「去私」的概念，如《老子》指出：

> 是以聖人之治，虛其心，實其腹，弱其志，強其骨。常使民無知無欲，使夫智者不敢爲也。〔註33〕

> 故聖人云，我無爲而民自化，我好靜而民自正，我無事而民自富，我無欲而民自樸。〔註34〕

他認爲「聖人」要無知、無欲、無爲、好靜，即以符合無爲之「道」爲標準。老子更以「嬰兒」比喻，以爲至「道」境界的表現就是「復歸於嬰兒」，即萬物化生之最初狀態，此時心靈尙未受任何私意及人爲價值影響，無知無欲，只是直覺地順其自然本性而行。因此所謂「無欲」並非要排除一切欲望，而是去除「私欲」，也就是反對所有不自然、不順「道」的欲望。《莊子》則相當重視在心靈層面上對人類經驗價值的消除，希冀追求「道通爲一」之境界，因此亦強調「無己」之概念，莊子謂：

> 至人無己，神人無功，聖人無名。〔註35〕

> 以目視目，以耳聽耳，以心復心。若然者，其平也繩，其變也循。

> 古之眞人，以天待人，不以人入天。〔註36〕

要人「以天待人」，做到「無己」、「無功」、「無名」，便能泯除一切經驗價值之迷惑，使人能自然地因順天道、與天地萬物通同爲一。由此可見，雖然道家之聖人以體無爲終極目標，並否定儒家主張的道德價值，但他們對個體生命的尊重，相信萬物元初之生命質性亦是自然地符合於「道」之觀念，卻影

〔註33〕宋・東萊先生重校：《音注河上公老子道德經》（台北：廣文書局有限公司，1990年9月4版，百宋叢書影印宋麻沙本），〈老子第三章〉，頁2。
〔註34〕同前註，〈老子第五十七章〉，頁17。
〔註35〕同註29，《莊子・逍遙遊》，頁17。
〔註36〕同前註，《莊子・徐無鬼》，頁866。

響了明道對人性的看法。

尤其王弼「性其情」的觀念，更明確地說明人對「情」的處理態度，見下列一段文字：

> 不性其情，焉能久行其正，此是情之正也。若心好流蕩失眞，此是
> 情之邪也。若以情近性，故云性其情。情近性者，何妨是有欲。若
> 逐欲遷，故云遠也；若欲而不遷，故曰近。但近性者正，而即性非
> 正；雖即性非正，而能使之正。譬如近火者熱，而即火非熱；雖即
> 火非熱，而能使之熱。能使之熱者何？氣也、熱也。能使之正者何？
> 儀也、靜也。又知其有濃薄者。孔子曰：性相近也。若全同也，相
> 近之辭不生；若全異也，相近之辭亦不得立。今云近者，有同有異，
> 取其共是。無善無惡則同也，有濃有薄則異也，雖異而未相遠，故
> 曰近也。〔註37〕

王弼指出只要能「性其情」，使「情」不縱佚而失去原本眞實的表現，「有欲」其實是無妨於「道」的。因此，他確實地指出對「近性之情」的肯定態度，相信從心中自然反應人眞實情態、需求之情感並不邪惡，只有隨私欲牽動之情才會流蕩失眞。於是「性」與「欲」便成爲判斷「情」之善惡的標準，若能「近性」，使「情」之發動順於「性」之天然，如此即是「善」的表現；若情「逐欲」，非順「性」而是爲了個人私欲，就是「惡」的表現。王弼這種肯定「情」之態度，與其「道」、「器」理論中對「物」地位之提升有關，而他對「性」、「情」、「欲」三者交互關係的看法，清楚地交代了「惡」產生的原因，也使「近性之情」得到認可，其「聖人」明確地表現出「有情而無情」的態度，在「情」之角度上拉近了「聖」與「凡」之間的距離。明道站在「道器圓融」的立場，更重視現實世界，亦更迫切地需要對「惡」之來源做出清楚的解釋，於是道家對「情」、「欲」關係的說明便成爲明道解釋「惡」所從來的重要原因。因此，「去私」成爲重要的修性工夫，明道之聖人不僅要注重道德層面，也必須注意現實生命中「私欲」的作用力量，道家聖人「無欲」的特質便被吸收進來，「其情順萬物而無情」亦成爲儒家聖人應物時的必然態度了。

〔註37〕同註10，王弼《論語‧陽貨》注「子曰：『性相近也，習相遠也。』」一條，頁631～632。

二、復　初

明道雖主張排除「私欲」，但「私欲」亦非外來之物，而是生命中難以避免的情意傾向。他認同「性」與「氣」爲討論人類生命存在的兩大範疇，並以「人生氣稟，理有善惡」來解釋人行爲善惡之表現，於是人性本涵至善之「理」之道德本性，外在的善、惡表現只是氣稟發用之不同而已，因此便清楚地解釋了「惡」之來源的問題，而「私欲」就包括在氣稟的討論範疇內。明道也有一些以「氣」的角度來說明「人」之生成的言論，他說：

> 中之理至矣。獨陰不生，獨陽不生，偏則爲禽獸，爲夷狄，中則爲人。中則不偏，常則不易，惟中不足以盡之，故曰中庸。〔註38〕

> 天地之閒，非獨人爲至靈，自家心便是草木鳥獸之心也，但人受天地之中以生爾。（一本此下云：「人與物，但氣有偏正耳。獨陰不成，獨陽不生。得陰陽之偏者爲鳥獸草獸夷狄，受正氣者人也。」）〔註39〕

> 耳目能視聽而不能遠者，氣有限耳，心則無遠近也。〔註40〕

這種以陰、陽二氣的交互作用來說明人生命中物質構成之理論，道家老莊實開其端，道家之宇宙生成論就是以「氣」來理解「道」之生物作用。但明道雖接受了這種看法，卻只是一語帶過，並不認眞討論這類生成問題，而特別著眼於「氣」與人「善」、「惡」行爲的關係。既然氣稟之表現可善可惡，就表示明道並非以「氣稟」本身爲「惡」，而是以此來說明生命中之自然傾向與作用。傾向本身是無善無惡的，表現之差異端視其作用之方向與程度是否恰如其分，「私欲」應即是指此氣稟之不當發用。

然「道德之性」與「生命氣稟」屬於人之兩個不同層面，何以能互相影響？明道提出「心」爲中介關鍵，謂：

> 人心莫不有知，惟蔽於人欲，則亡天德（一作理）也。〔註41〕

> 曾子易簀之意，心是理，理是心，聲爲律，身爲度也。〔註42〕

> 心要在腔子裏。〔註43〕

〔註38〕　同註24，《河南程氏遺書卷第十一·明道先生語一》，頁122。
〔註39〕　同前註，《河南程氏遺書卷第一·二先生語一》，頁4。原書未註明誰語，與上條互參，應爲明道語。
〔註40〕　同註38，頁119。
〔註41〕　同前註，《河南程氏遺書卷第十一·明道先生語一》，頁123。
〔註42〕　同前註，《河南程氏遺書卷第十三·明道先生語三》，頁139。

他認爲人之「心」原本具有上知天理的靈明能力，所謂「心是理，理是心」，即是指「心」能夠無所滯礙地發揮人性內在之天理；但「心」若被人欲遮蔽，就會失去「天德」，也就喪失了上通於「理」的作用。因此，事實上會被私欲所障蔽的並非人的「道德之性」，而是人「心」，「心」成爲人行爲發動的關鍵概念，是善是惡端視其「心」之發動而定。於是所謂「定性」並非對人「道德之性」所作之貞定工夫，對明道來說，「道德之性」是人與「天理」相應的永恆至善原則，並非修性工夫的作用對象。可以經由人爲努力的實是「心」，他說「心要在腔子裏」，就是強調人對「心」的掌握狀態，不使心流蕩失眞，因此「去蔽」亦即指去除「人欲」對「心」之障蔽，而使「性」之發用充分體現「天理」之意。

所以明道非常重視「收放心」、「克己」等等之工夫，要人心不受私欲之干擾，能如明鏡般隨物而應，說見下列數條文字：

> 持國曰：「道家有三住，心住則氣住，氣住則神住，此所謂存三守一。」
> 伯淳先生曰：「此三者，人終食之頃未有不離者，其要只在收放心。」
> 〔註44〕

> 人心不得有所繫。〔註45〕

> 克己最難。《中庸》曰：「天下國家可均也，爵祿可辭也，白刃可蹈也，中庸不可能也。」〔註46〕

> 克己則私心去，自然能復禮。雖不學文，而禮意已得。〔註47〕

> 動乎血氣者，其怒必遷。若鑑之照物，妍媸在彼，隨物以應之，怒不在此，何遷之有？〔註48〕

第一條中韓持國提起道家「存三守一」之工夫，而明道的觀點似亦不否認人在現實生活中對其「心」、「氣」、「神」的持守往往無法堅定，但認爲道家的修行工夫則有支離之嫌，他以爲「收放心」是最關鍵的步驟，只要將隨私欲

〔註43〕 同前註，《河南程氏遺書卷第七・二先生語七》，頁96。原書未註明誰語，《宋元學案》列入〈明道學案〉。
〔註44〕 同前註，《河南程氏遺書卷第一・二先生語一》，頁10。
〔註45〕 同前註，《河南程氏遺書卷第十一・明道先生語一》，頁124。
〔註46〕 同前註，《河南程氏遺書卷第十一・明道先生語一》，頁128。
〔註47〕 同前註，《河南程氏遺書卷第二上・二先生語二上》，頁18。原書註爲明道語語。
〔註48〕 同前註，《河南程氏遺書卷第十一・明道先生語一》，頁129。

而流蕩不正之心收回，使其不再放縱即可，這是最重要的修養工夫。這種對內心私欲隨時保持警覺的態度，顯示明道所要求的修養工夫就是不斷向自身氣稟之限制挑戰，必須努力維持「心」之清明本性。同時，明道仍堅持對現實世界的積極關懷，所謂「人心不得有所繫」並非要人與外物完全隔絕、切斷一切聯繫，而是指人在應物時必須保持「心」的自在狀態，要去除個人私欲之牽絆而使「心」自然彰顯內在天理。因此，明道並不贊成人為了保持自身德性之圓滿而遁世、避世，完全隔絕「心」與外誘接觸的方法，並無法保持其發動必然合「理」。他非常強調入世「應物」的重要性，於是此去私工夫也就成為人與自身私欲之對抗，這就是「克己」，可見明道最終要強調的是人對「己性」之堅持。他相信若能克服內心私欲之妄動，「雖不學文，而禮意已得」，便能自然地使「心」合「理」，甚至不需要對儀節等外在之「文」的學習。因此，明道的修養工夫是完全向內的，能克己、去私，就能使「心」之發動合「理」，而讓內在「道德之性」完全彰顯；人之道德本性可以無所污壞地充分體現，亦即對人內在「天理」的圓滿實踐，這就是「道」的境界。

　　既然之前克己、去私、去蔽等等主張都只是為了完全發揮人的本性，使人的自然生命與內在道德意識能不受邪蔽地自然發展，可見明道不僅完全肯定人內在之道德善性，也相信人情感、生命之自然發動是合於「理」的，這種觀點隱含了對人「性」、「氣」兩方面的認同，相信只要去除後天的種種妄動，便能回復元初本具之善。這種「自家元是天然完全自足之物」的觀點，與郭象對「性」的看法相當類似。王弼用「體用」概念來理解「道」、「物」關係，已使「物」之地位不再完全附屬於「道」之下，而郭象「自性」思想更重視「物」之地位，他以相當異於道家傳統之態度否定了「道」的存在，認為「無」不能生「有」，萬有都是自生自成的，因此對世界的關注便從傳統本原之「道」的探討回到現實中之萬有本身。郭象以為：

> 天性所受，各有本分，不可逃，亦不可加。〔註49〕
>
> 夫長者不為有餘，短者不為不足，此則鳧鶴皆出於形性，非假物也。然鳧與不鳧，其性各足，而此獨鳧枝，則於眾以為多，故曰侈耳。而惑者或云非性，因欲割而棄之，是道有所不存，德有所不載，而人有棄才，物有棄用也，豈是至治之意哉！夫物有小大，能有少多，所大即鳧，所多即贅。鳧贅之分，物皆有之，若莫之任，是都棄萬

―――――――――――――――――

〔註49〕同註29，郭象〈養生主〉注，頁128。

物之性也。〔註50〕

他主張萬物所具之「性」都是各有定分的，亦即物之本質及其生而自有之種種表現都無法逃避也不能以外力改變，於是長、短、駢、贅等差異性都是天生注定而無法加損的。雖然萬物之性在比較時或許有優劣不同，但郭象認為就本質來說，萬物之性實皆各自具足，不同的個體自然會有不同的「性」，彼此的表現雖然有異，卻都只是發揮其本有之性而已。因此不應以外在表現來判定「性」之高下，萬物皆具有個別自足之性，「性」便成為無法比較、個別化的概念。郭象對「自性」的肯定源於對「無」的否定，因而現實界中萬物運行的普遍規律就是宇宙間的最高法則，他相信「生之自生，理之自足」，物之「性」便取代「道」而成為解釋世界的重心。

因此郭象相當強調「任性」、「自得」之概念，謂：

> 夫無不能生物，而云物得以生，乃所以明物生之自得，任其自得，斯可謂德也。〔註51〕

> 萬物萬形，同於自得，其得一也。已自一矣，理無所言。〔註52〕

> 至理盡於自得也。〔註53〕

> 明夫至道非言之所得也，唯在乎自得耳。〔註54〕

> 割肌膚以為天下者，彼我俱失也；使人人自得而已者，與人而不損於己也。其神明充滿天地，故所在皆可，所在皆可，故不損己為物而放於自得之地也。〔註55〕

> 反守我理，我理自通。〔註56〕

從否定「無」之基本立場出發，既然萬物皆自得其生，「任其自得」也就成了天地萬物間的共通原則，於是「自得而獨化」便成為「至理」之具體內容，成為郭象理解世界的最高原則。而「自得」不僅是宇宙間之最高普遍原則，亦是萬物追求「至理」的確實工夫，因此萬物求「理」之工夫完全內在、個

〔註50〕 同前註，郭象〈駢拇〉注，頁312。
〔註51〕 同前註，郭象〈天地〉注，頁425。
〔註52〕 同前註，郭象〈齊物論〉注，頁82。
〔註53〕 同前註，頁72。
〔註54〕 同前註，郭象〈知北遊〉注，頁756。
〔註55〕 同前註，郭象〈田子方〉注，頁728。
〔註56〕 同前註，郭象〈徐無鬼〉注，頁855。

別化了，只要「反守我理」，即順任其天生本然，不使本性滯礙、扭曲即可。郭象之「自得」觀指向對天生「己性」之完全彰顯，於是物之存在價值就在自身之中，而非一抽象高遠之「道」，這種詮釋宇宙的角度使「物」之價值提到最高，與道家之傳統概念完全不同。但他從「有」的角度來強調完全順從天生本性之結果，使物不僅要認同己身先天性情、知能之表現，甚至後天的行止、際遇等等也必須完全接受，如此反而抹殺了人尋求改變、突破的向上積極力量，成為一味順受的宿命論調。從這個面向來看，郭象雖然重視有形之物，然其重視之方式卻恰好完全否定了人對自身生命的自主力量。

　　郭象對人生自主力量的否定，正與儒家重視自覺意識之態度背道而馳，但其對人之存在本身抱持著完全肯定態度，相信生命運作所須遵行之原則即內在於人生命之中，這種觀點卻的確為明道所認同。既然「性」本身圓滿自足，只要回歸本性就是對「道」的真實體現，因此要求「約」、「減」、「反己」等工夫便相當自然，明道亦有同樣的看法，他說：

　　　　聖賢千言萬語，只是欲人將已放之心，約之使反，復入身來，自能尋向上去，下學而上達也。〔註57〕

　　　　學者今日無可添，唯有可減，減盡便無事。〔註58〕

　　　　《大學》之道，「在明明德」，明此理也；「在止於至善」，反己守約是也。〔註59〕

　　　　二氣五行剛柔萬殊，聖人所由惟一理，人須要復其初。〔註60〕

傳統道家以「無」為萬物化生之母，因此相信萬物生成之元初本性皆合於「道」，郭象則否認「無」之存在，以萬物皆自生、獨化來肯定「至理」就在「物」中，雖然二者對本體之體認有相當大的差異，但郭象實是站在道家認同萬物生成本性的立場而更進一步，於是要求「復性」的態度仍相當一致。明道相信「道即性」，認為天地無非道德本體之體現，這是將儒家道德意識與道家「道」、「性」關係結合的成果。郭象的宿命悲觀雖然與儒家思想大大不

〔註57〕　同註44，《河南程氏遺書卷第一・二先生語一》，頁5。原書未註明誰語，《宋元學案》列入〈明道學案〉。
〔註58〕　同前註，《河南程氏外書卷第十一・時氏本拾遺》，頁410。原書未註明誰語，《宋元學案》列入〈明道學案〉。
〔註59〕　同前註，《河南程氏遺書卷第十二・明道先生語二》，頁136。
〔註60〕　同前註，《河南程氏遺書卷第六・二先生語六》，頁83。原書未註明誰語，《宋元學案》列入〈明道學案〉。

同，但其推舉原則性之「理」來取代生化本源之「道」，消解了宇宙本體的化生意義，並完全提升「物」之地位，將「至理」內化於物中，這些方法都有助於明道以道德意識來解釋宇宙本體的意圖，而其道德性的形上體系亦反映了同樣的理論形式。於是在充分肯定人性內涵的立場上，「惡」之發生便歸入後天人為之私欲中，去蔽、去私、克己等消減工夫就是為了「復其初」，因此體道之工夫無他，回歸人天生本質而已，明道在解釋人性善惡及去私的修性工夫上，都反應了受道家思想影響之痕跡。

由以上討論可知，明道「聖人有情而無情」之聖人境界及反對「自私、用智」等等看法，實與其對「性」之討論互為表裡。他接受王弼對「性」、「情」問題的討論，確定了發乎自然之「情」並不會對個人追求「理」之境界造成妨礙，同時，亦以此確定了人於處事應物時的正確態度，這是對人生命存在的正視。另一方面，將「私欲」視為「惡」之來源，不僅能保證道德之性的獨立性，確立終極價值就在人自身之中，也解釋了善惡、是非之發端實內在於人，因此修持的工夫便需向人之內在著手。於是人之自覺意識便成為能否向「道」的最大關鍵，「去私」、「去蔽」的工夫也說明了對人之「性」本即自足完滿之認知。因此，由境界與工夫的角度反觀其對「性」的定義，可以發現這些道家說法一方面補足了儒家傳統對個人生命存在的忽略，一方面其理論方法亦協助明道確立了他的「道即性」說。然而明道雖吸收了道家的部分理論及方法，但其儒家立場仍相當堅定，所堅持的道德本體從未動搖。明道採用道家思想的部分理論與方法來確立自己的形上體系，吸取儒家所不足的部分以立說，同時，亦掌握儒家與道家說法的某些共同點，結合道家說法來支持儒家的主張。這些結合正反映了明道融道於儒、堅持儒學本位的態度，下節將續論之。

第三節　「識仁」與「誠敬」——儒學本位之回歸

上節所論「去私」、「去蔽」等定性工夫皆由「性」之發動入手，強調要使「性」之作用符合「道」之境界，既是以「性」之表現處立說，此「性」即非明道「道即性」之第一義。「定性」之「約」、「減」工夫是就發動不正處來說，而除了消極地「去蔽」工夫外，明道指出人可以更積極地從根本處體認天理，使「性」之發動能自然合「理」，這種積極的工夫，就是「識仁」。

明道重要的學術著作〈識仁篇〉即清楚地闡釋了此項概念：

> 學者須先識仁。仁者，渾然與物同體。義、禮、知、信，皆仁也。
> 識得此理，以誠敬存之而已，不須防檢，不須窮索。若心懈則有防，
> 心苟不懈，何妨之有？理有未得，故須窮索。存久自明，安待窮索？
> 此道與物無對，大不足以名之。天地之用皆我之用。孟子言「萬物
> 皆備於我」，須反身而誠，乃爲大樂。若反身未誠，則猶是二物有對，
> 以己合彼，終未有之，又安得樂？〈訂頑〉意思，乃備言此體。以
> 此意存之，更有何事？「必有事焉而勿正，心勿忘，勿助長」，未嘗
> 致纖毫之力，此其存之之道。若存得，便合有得。蓋良知良能元不
> 喪失，以昔日習心未除，卻須存習此心，久則可奪舊習。此理至約，
> 惟患不能守。既能體之而樂，亦不患不能守也。〔註61〕

所謂「識仁」，便是要人先認同天地間的至高無上原則即是健動不息之道德本
體，相信宇宙萬物之運作無非此道德性「仁體」之體現。堅定此一信念，「仁」
之全德意義便成爲宇宙本體之內涵，而明道對「道即性」的主張，更明確地
將義、禮、智、信等道德性灌注、內化於萬物之中，成爲萬物內在生而自有
的具足之「性」。既然如此，對「理」之追求就不須向外在窮索，也不須時時
防檢外誘對「性」可能造成之扭曲與傷害，只要眞實地內視自我，使內在具
足之「性」充分顯現即可。於是「去私」、「去蔽」等克己工夫都僅是對發用
之性的導正而已，眞正最根本的方法就是「誠敬存之」，即能不加不損地保守
人「性」元初之貌，眞誠、直接地面對「我」與「道」無間之本質。也就是
說，人如果能眞切地認識自己的存在，能深入地瞭解自己，進而使「我」之
所以爲我充分彰顯，此即是「道」之境界。若能徹底通透己之「性」，也就掌
握了宇宙間的最高原則，如此則萬物之「性」無不明白，由於彼我無非「道」，
亦即「仁體」之顯現，而「仁」本內在於我中，因此萬物與我實是通而爲一
的，這就是所謂「萬物皆備於我」之意。這種肯定「人性」之態度，充分彰
顯了儒家一向重視「人」之道德意識的立場。

故「識仁」實爲明道思想之大前提，他認爲學者如欲追求眞正合「天理」
之生命境界，首先就必須去眞切地感知個人生命與宇宙天地之脈動，必須體
會天地間生生不息之無限生機，認同萬物與己無非是此「仁體」之體現，而

〔註61〕　同前註，《河南程氏遺書卷第二上・二先生語二上》，頁 16〜17。原書註爲明
　　　　道語。

此健動不已之至善生機即涵藏於萬物與己身之中。確立至善之「仁」為萬物生命之本質後，「誠敬」工夫才能落實，因此明道主張「識仁」後只要以「誠敬存之」即可，也就是孟子所說「必有事焉而勿正，心勿忘，勿助長」之意。由於「誠敬」之要求旨在忠實、完整地呈現個體生命之原貌，即使面對外在萬般紛擾，亦須不加損纖毫之力、真實地映現萬物而不受個人私意影響。能夠體認宇宙萬物皆為此無限生意之體現，瞭解萬物與我實為一體，並能真切地認知、呈顯此無限生機內化於萬物與自身中之健動力量，就能感受到永恆、深切之心靈滿足，所謂「大樂」，即指人元初本性能得到充分滿足與發展時所自然展現之喜悅與自在，就是「體道」的真實心境。因此，明道以「誠敬」來葆涵「仁體」，一方面指出誠懇地面對自身生命之真實需求即是「去私」之不二法門，另一方面也點明對內在真正自我之追尋即是對「道」的追尋，於是「誠敬」便成為「體道」最根本之表現，唯有將「誠敬」工夫發揮極致才能確保「性」之發動無妄，而使道德本體能彰顯無礙。

於是明道之「誠敬」便成為貫串本體與工夫的關鍵性概念。由於他建立了道德性之形上體系，並將「道」內化於人中，其回歸本性之要求也就涵藏了對發用之性「約」、「減」之要求。換句話說，明道吸收了道家「復其初」之觀點來解釋人對道德本性之體現，更以儒家之「誠敬」作為「復其初」的具體說明，因此各方面的修養工夫都可以歸結到「誠敬」二字之下，成為簡明而又能涵容一切之理論系統，他對傳統儒家「養心」、「學習」觀念的詮釋，即清楚地反應了這種態度。

就「心」之涵養來說，明道雖然接受去除私欲對人心之正面意義，卻反對道家之「忘」所代表消解文化經驗價值的意涵，〈定性書〉中對「內外兩忘」之肯定只是要人拋開己性與外物之分別概念，並非如道家所主張，欲透過個人對經驗價值之否定來達到「無」之境界。明道以為「忘」實無益於求道，他說：

> 孟子謂「必有事焉，而勿正，心勿忘，勿助長。」正是著意，忘則無物。〔註62〕

> 謝子曰：「吾嘗習忘以養生。」明道曰：「施之養生則可，於道則有害。習忘可以養生者，以其不留情也。學道則異於是。必有事焉而勿正，何謂乎？且出入起居，寧無事者？正心待之，則先事而迎。

〔註62〕同前註，《河南程氏遺書卷第十一‧明道先生語一》，頁132。

忘則涉乎去念，助則近於留情。故聖人心如鑑，孟子所以異於釋氏，
此也。」〔註63〕

所謂「著意」，並非指「心」滯於「物」，而是對人入世應物之肯定，明道否
定「無物」的處世觀，認為「道」就在出入起居應事之間，因此不應事、排
除外在對己性之干擾只是消極的作法，並非求「道」的真正態度。明道相信
達「道」的境界是既超越又入世的，於是人在積極應事時亦須保持清明超越
的態度，若能「正心」，即應物時不去念亦不留情，便可使「心」之發動自然
順「理」，如此遇事時無不中理，即可「先事而迎」，從根本解決人性失「道」
的問題。以道家「應物而無私」之態度來說明孟子「勿忘勿助長」之概念，
可見明道對「心」的看法，實是以孟子之論「心」為基礎來綜合儒道二家。

　　孟子強調「養浩然之氣」，主張「持志而無暴其氣」，相信如此便能擴充
「四端」，使惻隱、辭讓、羞惡、是非之「心」充分發展，也就是對人內在仁
義禮智之道德性的充分體現。明道承此，亦相當重視「養氣」對「心」的重
要性，謂：

「必有事焉而勿正，（事者事事之事。）心勿忘勿助長」，養氣之道當
如此。〔註64〕

浩然之氣，乃吾氣也，養而不害，則塞乎天地；一為私心所蔽，則
欿然而餒，卻甚小也。〔註65〕

籲問：「每當遇事，即能知操存之義，無事時，如何存養得熟？」曰：
「古之人，耳之於樂，目之於禮，左右起居，盤盂几杖，有銘有戒，
動息皆有所養。今皆廢此，獨有理義之養心耳。但存此涵養意，久
則自熟矣。敬以直內是涵養意。言不莊不敬，則鄙詐之心生矣；貌
不莊不敬，則怠慢之心生矣。」〔註66〕

志可克氣，氣勝（一有志字。）則憒亂矣。今之人以恐懼而勝氣者多
矣，而以義理勝氣者鮮也。〔註67〕

〔註63〕 同前註，《河南程氏外書卷第十二・傳聞雜記》，頁426。
〔註64〕 同前註，《河南程氏遺書卷第十一・明道先生語一》，頁124。
〔註65〕 同前註，《河南程氏遺書卷第二上・二先生語二上》，頁20。原書未註為明道
語。
〔註66〕 同前註，《河南程氏遺書卷第一・二先生語一》，頁7。原書未註明誰語，《宋
元學案》列入〈明道學案〉。
〔註67〕 同前註，《河南程氏遺書卷第十一・明道先生語一》，頁125。

孟子「心勿忘，勿助長」旨在說明不可揠苗助長之意，原本的意思相當單純，明道則將此視爲養氣之道，更與道家「私意」之說結合，清楚地指出「私意」之障蔽是對「養心」之傷害，亦是使「浩然之氣」消餒之原因。孟子以「配義與道」來界定「浩然之氣」之性質，似是指人行止皆以「義」、「道」爲考量時所散發出之剛正積極氣象，明道亦肯定以「義理」養心爲基本工夫，而更進一步地強調「浩然之氣，乃吾氣也」，將「浩然之氣」視爲吾氣之本然，也就是人若能順理而行時自然能表現此剛健不息之氣，因此既然只有「私意」能使人性無法循理發動，「私意」也就成爲「浩然之氣」的阻礙。明道主張所謂以義理「養心」，就是「敬以直內」之意，他相信鄙詐、怠慢等邪心之發生，都是由於人對自身不夠莊敬所致，若能誠敬地面對自己，使內在之道德能無所污壞地直接呈現，這才是「涵養」工夫的眞正目的。於是，人對耳之於樂、目之於禮、左右起居等等細節儀則之制定，其本質亦不過是希望所有的行爲表現都能合「理」，而這些都視「心」發動之眞妄而定，因此明道直接掌握最關鍵的原則，「誠敬」便成爲含括一切行爲準則之最根本的修養工夫。

明道亦重視「學」，而學習之目的並非要求知識之積累，而是要識得「仁體」，也就是對終極價值之認知及追求。他以爲：

> 學者識得仁體，實有諸己，只要義理栽培。如求經義，皆栽培之意。
> 〔註68〕

> 「致知在格物」。格，至也，窮理而至於物，則物理盡。〔註69〕

> 「致知在格物」，格，至也。或以格爲止物，是二本矣。〔註70〕

> 舞射便見人誠。古之教人，莫非使之成己。自灑掃應對上，便可到聖人事。〔註71〕

> 灑掃應對便是形而上者，理無大小故也。故君子只在愼獨。〔註72〕

「義理栽培」的目的，就是要識得此實有諸己之「仁體」，亦即當人尋求天地間之終極價值時，必須藉由「致知」的努力過程，才能確保心中所得爲眞正

〔註68〕 同前註，《河南程氏遺書卷第二上・二先生語二上》，頁15。原書未註明誰語，《宋元學案》列入〈明道學案〉。

〔註69〕 同前註，頁21。原書未註明誰語，《宋元學案》列入〈明道學案〉。

〔註70〕 同前註，《河南程氏遺書卷第十一・明道先生語一》，頁129。

〔註71〕 同前註，《河南程氏遺書卷第五・二先生語五》，頁78。原書未註明誰語，《宋元學案》列入〈明道學案〉。

〔註72〕 同前註，《河南程氏遺書卷第十三・明道先生語三》，頁139。

的價值根源。明道對「致知在格物」的解釋是「窮理而至於物」，也就是廣泛地追求天下事物之事理。由於他相信萬物皆爲「天理」之體現，因此「窮物理」並非爲了經驗知識的追求，從窮理的思辨過程中就可以充實人對「天理」的思考，「天理」實爲親切真實的存在，毋需憑空虛想。故不可以「格物」爲「止物」，若將形下之「物理」與形上之「天理」視爲高下不同的兩種概念，而不能明白二者實爲一體，這就是「二本」而完全誤失了「體道」的切實方法。於是「求經義」亦只是「致知」的一種方式，從灑掃應對到舞射等等，無一不在「致知」的範圍中，由於「理無大小」，生活瑣屑之事皆內涵至高之「天理」，亦無不是助人「成己」之道。「識仁」其實就是對個人真正價值之體認，對外在事物的窮索都必須回到對自身之深切思考，因此君子只在「慎獨」二字，也就是無時無刻不誠實地反視己身之意。

由此可知，「學」之範圍雖然廣泛，最終仍須回到自身，因爲對自身價值之體認即是對「天理」的體認，「誠敬」便成爲「論學」時最切要的工夫要求。明道主張：

> 「知至」則便意誠，若有知而不誠者，皆知未至爾。知至而至之者，知至而往至之，乃吉之先見，故曰「可與幾」也。知終而終之，則「可與存義」也。（「知至至之」主知，「知終終之」主終。）〔註73〕

> 學者不必遠求，近取諸身，只明人理，敬而已矣，便是約處。〔註74〕

> 學要在敬也、誠也，中間便（一作更。）有箇仁，「博學而篤志，切問而近思，仁在其中矣」之意。〔註75〕

因此「學者不必遠求」，只要能「誠」、「敬」，對自我「人理」之內在探求與真實彰顯也就是「明天理」。於是「博學」的外在積累工夫，僅能輔助個人從多方之層面來體察「天理」之表現，若只務窮盡物理，而不能增進個人對自我生命之掌握，則徒然是瑣屑知識而已，必須與內在自我之體察相互印證，才能真正把握「天理」。於是修習工夫不必向外遠求，就在自身之中，對個人孝悌忠信、灑掃行止之要求無不是體道的方法，進道工夫轉而實際親切得多。明道看待「學」的態度，一方面延續著儒家的重學傳統，一方面亦認同道家對「約」的重視，他以「誠敬」概念將此二者結合，於是求道的方式相對地

〔註73〕　同前註，《河南程氏遺書卷第十一・明道先生語一》，頁133。
〔註74〕　同前註，《河南程氏遺書卷第二上・二先生語二上》，頁20。原書註爲明道語。
〔註75〕　同前註，《河南程氏遺書卷第十四・明道先生語四》，頁141。

簡化、內在化了，而儒家對個人行止之道德要求亦得到充分的合理性。因此「學」的最終目標是「識仁」，而「識仁」就是以「誠敬」之態度切近地面對自我生命，「誠敬」即是明道論「學」最切要之內涵。

「誠敬」固是人進「道」最重要的關鍵，但絕不可著意於此，明道亦主張以「無執」、「自然」之態度來「敬」，他說：

> 今學者敬而不見得，（元本有未字。）又不安者，只是心生，亦是太以敬來做事得重，此「恭而無禮則勞」也。恭者私爲恭之恭也；禮者，非體（一作禮。）之禮，是自然底道理也。只恭而不爲自然底道理，故不自在也。須是恭而安。今容貌必端，言語必正者，非是道獨善其身，要人道如何，只是天理合如此，本無私意，只是簡循理而已。〔註76〕

若心心念念以「敬」爲務，則又落入私意之執著，使私心生而不合於自然。明道認爲以「天理本當如此」之想法來使事物各得其正才是眞正「敬」的態度，而非刻意標舉「求道」之目的。因此表現出之氣度當是自然、自得，從容而無所礙的，而非孜孜矻矻、念茲在茲之緊張狀態。於是對「樂」的重視，心中能否無所窒礙地感受和順之氣，就是檢視「敬」之態度是否無當的指標，也就是對自我是否「循理」之判斷。「誠敬」是明道論「養心」、「學」等修養工夫時之主要概念，此概念之提出不僅將所有修養工夫連貫成一個整體，把繁雜的行爲要求簡化爲一至約之觀念，更使修養工夫與人性、本體上下通貫，落實了其「道器圓融」之主張。明道認爲：

> 敬勝百邪。〔註77〕

> 學者須敬守此心，不可急迫，當栽培深厚，涵泳於其間，然後可以自得。但急迫求之，只是私己，終不足以達道。〔註78〕

> 「窮理盡性以至於命」，三事一時並了，元無次序，不可將窮理作知之事。若實窮得理，即性命亦可了。〔註79〕

既謂「敬勝百邪」，可見明道將「敬」視爲滌除私欲之根本方法，相信若能坦然、

〔註76〕同前註，《河南程氏遺書卷第二上・二先生語二上》，頁34。原書未註明誰語，《宋元學案》列入〈明道學案〉。

〔註77〕同前註，《河南程氏遺書卷第十一・明道先生語一》，頁119。

〔註78〕同前註，《河南程氏遺書卷第二上・二先生語二上》，頁14。原書未註明誰語，《宋元學案》列入〈明道學案〉。

〔註79〕同前註，頁15。原書註爲明道語。

誠敬地看待自身生命之存在，不稍加損地使其自然展現，就是「正心」的最佳方式。以「敬」正心，亦以此守其已正之心，對內誠敬地體現自己，對外誠敬地體察萬物，二者彼此參照，如此即可到達「道」之境界。因此，儒家之「敬」成為至約之工夫，也反映明道對人性自足之肯定，涵容了道家「去欲」、「復初」之思想，表現其以儒家思想為中心，對道家思想的吸收與轉化。

明道一方面以道德性之「仁體」為終極價值，吸收玄學的「道」、「器」理論來說明「仁」與萬物的關係，建立其「道即器」之形上理論；另一方面，肯定道家對生命之性的態度，正視個人之生命質性，並且吸收郭象人性自足之說法，他的「道即性」說即反映其「道即器」之道物關係，接受了道家「復其初」之信念，而更以儒家之「誠敬」取代之。在討論過明道對「性」與「修性工夫」的看法之後，可以發現明道將人之個體價值提升至與「道」等同之地位，在這樣的理論體系之下，人就是天理之體現，因此個人對自我之充分理解與發揮就是體道之境界，體道成為相當個別化之行為，是個人對自我價值之肯定。而這種對「個體」的重視態度，則與先秦儒家相對重視群體之傾向相當不同。

孔、孟儒學之倫理觀是建立在群體關係之下的，他們重視的是人在群體中的表現，人之價值決定於是否能稱職地扮演好在群體中的角色，使群體機能可以穩固而充分地運作。與道家相參，則較缺乏對人個體生命之關照。孔子主張「正名」，強調的是「君君、臣臣、父父、子子」的倫理關係，要求人必須在群體中完成其個人價值，他對「孝悌」、「忠恕」之道的重視，即著眼於此而發，因為每個人在團體中相對位置之不同，就會帶來不同的責任與道德要求。同時，人必須學習發揮自己的力量來維持合理的存在，所謂「義」、「命」分立，就是「雖天下人吾往矣」的態度，要「知其不可為而為之」，這種對「義」的堅持與追求即是將群體意義置於個人意義之上的表現。孟子則進一步地討論孔子所罕言之人「性」問題，雖已開始探討「性」之議題，但由於他對「性」的界定是「人之所以異於禽獸」的道德自覺，因此清楚地區隔「性」與「命」之分別，他說：

> 口之於味也，目之於色也，耳之於聲也，鼻之於臭也，四肢之於安佚也，性也，有命焉，君子不謂性也。仁之於父子也，義之於君臣也，禮之於賓主也，智之於賢者也，聖人之於天道也，命也，有性焉，君子不謂命也。〔註80〕

〔註80〕　宋・朱熹著：《四書章句集注》（台北：大安出版社，1994 年 11 月初版），〈孟

將「性」專注於道德議題上，認為「道德意識」才是「性」的眞實內容，其他的生命性質並無助於人之價値的體現，甚至是有害於「道」的。孟子對心性問題之討論確實是對個人道德意識之重視，然其關注面向仍著重於倫理層面，還是離不開個體與群體間之互動關係。以這種角度來探討人之價値，便使得與群體利益較無密切聯繫、甚至是有礙之個體性質無法得到正視，如個人情感、自然生理等等，而這些卻也都是構成個體生命之重要部分。

於是明道思想中除了對道德意識之堅持，還表現出對個體生命價値之高度肯定，這個態度實是受到道家的影響，特別是魏晉玄學家如王弼、郭象對個體存在的探討，及其對道物關係的重新詮釋，如他們對「情」的注視與討論，對聖人境界之重新界定等等，都清楚地在明道的言論中顯露痕跡。楊國榮於《善的歷程——儒家價値體系的歷史衍化及其現代轉換》一書中，亦肯定玄學對儒家的正面影響就在個體關注方面，他指出：

> 從這一歷史前提看，玄學對個體存在的關注，對過份壓抑個性的批評，對「我」的確認等，無疑爲儒學的價値體系注入了新的內容。〔註81〕

筆者以爲，明道在對個體的討論方面大量地吸收了道家的觀點，而從對個體生命的思索與探討中亦重建了儒家的道德形上學，補足了儒家在「性善」前提下難以說明的「惡」之來源的問題，正視人生命存在之價値。因此，在對道家學說之吸收與沈潛後，將其與儒家學說巧妙結合，使儒家之道德本體可以挺立，確立了人道德意識之當然價値，亦能較全面地關注人之存在，重新詮釋「惡」之起源與修養工夫之內容。在融道而進一步歸儒之吸收與貫通後，明道思想便展現出如此既傳承又創新的儒學風貌。

小　結

本章旨在探討明道於論「性」與「工夫」方面與道家思想之關係，將二者相互參照，讓修性工夫與其對「性」之定義產生相輔相成的說明作用，以此肯定明道在這兩方面對道家思想的吸收實是相當系統化的，並能與他對「天

子集注卷十四・盡心下〉，頁519。

〔註81〕 楊國榮：《善的歷程——儒家價値體系的歷史衍化及其現代轉換》（上海：人民出版社，1994年3月初版），頁219。

理」的重新詮釋上下連貫。同時亦進而嘗試探討他如何擷取道家思想來輔助儒家形上學之形成，以顯其融道歸儒之基本立場。

　　因此第一節先討論明道對「性」的界定，由其同時注意「道德之性」與「生命之性」的態度，觀察他對道家「性」論的吸收與借用，及如何以此解釋「惡」之來源問題；第二節則轉而由修性工夫入手，以明道對修性工夫及聖人境界的說明，反證其「性」論受道家影響之層面，並仔細探討道家「去私」概念與明道工夫論之深切關係；第三節則由明道「識仁」、「誠敬」之態度出發，闡述其對儒家傳統之堅持，並由此二點陳述明道儒學與道家思想結合之表現，進而指出他如何融道於儒之思索態度，以明其擷取道家學說之特殊角度。希冀在分別對「理」、「性」、「工夫」的討論後，更與前章結合互參，呈現明道與道家思想間之交涉關係。

第五章　結　論

　　理學家對他家思想之吸收是多元而豐富的，亦因如此，才能開闢儒學新
蹊徑，使長久沈寂之儒家思想重新綻放異彩。尤其他們對佛、老思想之排拒
與吸收，更是促成理學形成的重要因素。北宋初期，由於政治、社會尚不安
定，政府基於穩定民心的結果，拉攏宗教作為手段，於鼓勵佛、道二教發展
的同時，也造成對國防安全、經濟來源與社會純樸風氣等等之傷害。學者們
有鑑於此，向上學習孟子、韓愈之「闢異端」精神，紛紛指出佛老盛行為中
國社會帶來的種種弊端，大力呼籲恢復儒家傳統，孫復、石介、歐陽修、李
覯等都是重要的代表性人物。而與韓愈「闢佛老」主張不同的是，在對現實
面的批評之外，北宋學者們亦開始深入思考佛老二教廣受大眾接受的原因，
因此歐陽修提出「修其本」的主張，認為要從儒家立場之堅定作起，才是排
佛老的根本途徑。於是至理學家出，張載、二程等學者不僅從理論基本面來
批判佛老，也提出了一套足與佛老思想相頡頏之儒學新說。此儒家思想之新
發展出現後，一方面儒學終於有了適於當代之理論，一方面佛老精闢之學術
發展亦開始走下坡，於是歷史上長久以來的「闢佛老」運動才算是真正告一
段落，理學的出現，扮演了關鍵性的角色。

　　北宋初期的儒學復興運動，除了對外「闢佛老」的努力外，學者們也努
力由內部思索傳統儒家之侷限，反省儒學發展本身的問題。他們以為儒學之
弊正在於長遠以來經學發展之停滯，尤其自漢以來重視章句訓詁之習經態
度，使儒生囿於經文注疏，反而疏忽了對經書大義之掌握。另外唐時官方《五
經正義》之制訂，雖統一了複雜的經書釋義，但也使經學內容標準化，正義
成為科舉取士之標準答案，壓抑了學者獨立思考之能力。因此，北宋學者反

對章句訓詁，要求對經書義理之掌握，他們向上遵循先秦，主張藉由直接學習經書本身來瞭解聖人之道，而不須要透過後人所作之經傳、注疏。於是他們對經學所抱持之態度是自由且懷疑的，唐時啖助、趙匡等人只是疑傳，北宋學者則不僅疑傳，更也疑經，如歐陽修、王安石、司馬光等等都提出許多相當精采的論述，打開一片經學之新視野。而他們不滿傳注的結果，就是以己意說經風潮之形成，用自己的方式、理解、思考來重新詮釋經義，雖然有時未必精確，也引起後學徒務標新之流弊，但這種追求自由、敢於懷疑、勇於創新的態度，恢復了中國儒家自先秦以後沈寂已久之子學精神。因此北宋學者們在堅持儒家立場時，也能以更包容、開放的心態面對各種不同的學說，而能更進一步吸收他人優點以補己說之不足，這種學術上的開放態度，亦促成了理學之形成。

因此，後人在討論理學思想時，往往無法撇開其吸收佛老學說之部分。許多學者都相當注意這個問題，甚至在宋朝當代就有學者對此提出批評。平心而論，儒家之心性理論於孟子後就沒有更進一步之發展，故佛老精闢之言論出，自然就吸引了許多菁英學者之注意與討論，使其說取代儒家而成為人們安身立命之心靈憑依。儒家學者若思與其對抗，則亦必須提出一套儒家之心性理論以成說，而在當時佛、老理論之高度發展下，吸收、借鏡其說以助益儒家理論之形成實是相當自然的，在時代風潮之影響下，似乎也是相當必然的結果。後代學者對此問題之探討已有相當成果，然而多就理學與佛家之關係來說，對理學與道家思想關係之討論則較不足。程明道為理學興起之重要學者，其作品中明顯的道家痕跡更是相當引人注意，筆者以為，不僅其排佛之言論遠多於排老，在個人之情意上亦相當認同道家之心靈境界，可見他對道家的態度不像對佛家般排斥。那麼，明道思想中表現出的道家痕跡，正可說明理學家吸收佛老以融會儒家思想的態度，而對這些理論的探討，研究其如何取捨、如何與儒家思想結合，正可顯示明道於形成其理學思想時之部分內在進程。

綜合前面四章之討論，我們可以發現明道對道家思想之援用，一方面與其對宇宙本源之討論有關，一方面與其對個人生命之重視有關，而這兩方面，佛家思想並不重視。明道本著儒家一貫之入世態度與對倫理道德之重視，非常反對佛家以此世為幻妄之態度，也反對出家，他相信不需要否定人間的一切才能得「道」，「道」不在彼岸，就在此世之中，就是人真實生命之顯現。

這種對宇宙、天地之肯定態度，儒家與道家其實是一致的，即使道家譏斥儒家之仁義道德，但也只是反對人為價值對天地自然之傷害，而非完全否定現實世界之存在。而明道所欲建立之儒家形上學體系，必須能完全容納先秦儒家之主張，即對人性本善、道德意識之肯定，同時要堅持「道不假外求」、「為仁由己」之基本立場，不僅要能充分、合理地解釋，更必須建立一形上本體為其無可動搖之理論基礎。因此在本體論方面，明道吸取了道家對「道體」獨立自在、超越所有經驗限制等性質之形容，並將儒家之「誠」、「仁」、「易」、「中」等道德內容灌注其中，使其成為道德性的形上本體，為人道德意識之必然存在提供了合理之解釋。

　　然而明道雖立此道德本體為宇宙根本，卻並無法如老子般能實際說明萬物由「道」化生之過程，明道之本體並非一宇宙之化生本源概念，而指向一天地間萬物運作之形上、普遍原則義。筆者認為他以「理」之概念來指稱此形上原則並非偶然，實際上道家之莊子已指「理」為現象、物種之共同原則，而魏晉玄學家對「理」的解釋更逐漸與「道」混同，尤其王弼以「體用」觀來說「道物」關係，擺脫了老子創生義之母、子概念，而進入抽象領域之討論。至郭象更進一步否定「無」之存在而推舉「理」，使「理」之地位一舉超越了「道」。但即使如此，郭象只是將眼光完全專注於「有」，其「理」仍無法取代道家傳統之「道」，成為形上本源之概念，然而，我們已經可以觀察出道家思想在本身發展過程中的轉變趨勢，已逐漸由對「道」形上化生義之重視，轉向對「理」普遍原則義之注目。不僅如此，王弼之體用觀也改變了道家傳統的道物關係，他要「崇本」也要「舉末」，從此「道」之地位不再高高在上，必須藉由現實之「物」來彰顯，「物」也不再單純地附屬於「道」之下，大幅拉近了「道」與「物」之關係。對明道來說，體用觀與其所反映出的道物關係是相當適合於建立儒家本體論的，這種觀念擺脫了「道」的化生性質，強調「道」為天地萬物的抽象、普遍原則義，也指出「物」存在之重要性及其自身對「道」的成就可能。明道的道器圓融說就是由此而更進一步，如此不僅清楚地說明了道德本體與天地萬物之關係，亦將道德本體內化於「物」中，完全地支持了儒家傳統之性善說與「道不假外求」的主張。

　　另外，明道在「道即器，器即道」的主張下，雖然充分肯定了「性善」之必然意義，卻又必須設法解釋現實世界中「惡」之存在。於此，從〈定性書〉中，我們可以說明道在王弼對「聖人有情而無情」之態度中得到了相當

的啓發。魏晉學者非常重視對人「個性」之討論，舉凡情、才性等等，都是他們關注的問題。在這樣的時代風氣中，王弼相信聖人也有情，認爲「情」本身的自然存在並非是「道」之妨礙，只有發而「不近性」之「情」才會導致不好的結果。並且就道家之傳統理論來看，既然「道」爲萬物之化生根源，也就沒有理由認爲由「道」所生之自然生命型態爲「惡」了，如《老子》、《莊子》中即有許多對「私欲」的討論，認爲「去私」務盡，使生命回復初生時之純粹狀態，就是「道」的表現。因此，「私欲」才是「惡」的來源，而非人之生命本身。明道爲了對人性有更通盤的理解，又必須解釋「惡」的來源，便不得不正視人生命性質之存在。既然要同時考慮人的「道德之性」與「生命之性」，「道德之性」又不可能是「惡」，那麼將「惡」之討論歸入「生命之性」的領域便相當自然。又因爲明道對「人」抱持完全肯定之立場，其對「理」、「器」、「性」圓融之主張也隱含著對人生命存在的肯定，因此他相信沒有所謂純粹的「惡」，所謂「惡」只是「不善」、「不循於理」之表現而已，於是「惡」並非由外在影響導致，只是自身無法合「理」而已，一切回歸己身之結果，道家之「私欲」便成爲人無法循「理」之最佳說明。

因此，修「道」之工夫便成爲人對自身道德之徹底要求，一方面結合道家「求簡」、「求約」的「去私」、「去蔽」態度，使人內在之「道性」能完全彰顯，也就是使道德之性充分擴充之意。另一方面，明道更以儒家之「誠敬」來說明一切工夫之本質，將道家之「去私」主張融攝於儒家體系之下。由於他相信「天理」內在於人，求道實不假外求，「天理」之境界就是人對個人存在價值之眞實體現，因此人只要誠實地面對自己，使己身內涵之「天理」能自然地彰顯出來即可。故明道認爲「規規於外誘之除」並非徹底的方法，去除內在私欲對人心靈、行爲造成的偏差影響才是最根本的，汲汲於消除外誘與人心之接觸，僅徒然使心不動，如此只是槁木死灰，並不能動容周旋皆合「理」。既然「天理」內化於人之中，人只要把握「誠敬」之原則，眞誠地面對人之生命、情感與內在之道德衝動，自然能使情感發用合度，也就是「去私」的表現了。此「誠敬」之原則不僅反映儒家自身對道德意識之積極修養，也融合了道家「求約」之生命態度，如學習、養心、修性等具體之修養工夫，都表現出這樣的特色。

於是，筆者認爲明道於道體、心性、修養方面所表現出之道家影響實相當一貫，他借用了道家傳統道論來說明其道體之性質，又吸收了玄學家之理

論方法使其與儒家思想能完美結合，成就一道德性之形上本體。而由於此道體之性質規定了對「性」的理解，亦提高了「物」之地位，明道認同玄學家對人個性之重視態度，以此將道家之「去私」與儒家之「誠敬」結合，不僅使「惡」之來源得到合理的解釋，「誠敬」更成為一徹上徹下、即工夫即本體之概念，表現了明道在吸收道家思想後仍回歸於儒之堅定立場。筆者希冀經過這樣的討論後，能更深入地瞭解明道思想，由其對道家思想與儒家思想之融會過程中，指出明道理學思想形成時與道家思想交涉之內在脈絡。

參考書目

一、經類

1. 漢・趙歧注：《孟子》十四卷（《古注十三經》第 5 冊，台北：新興書局，1966 年初版）。
2. 魏・何晏集解：《論語》二十卷（《古注十三經》第 5 冊，台北：新興書局，1966 年初版）。
3. 魏・王弼注：《周易》十卷（《古注十三經》第 1 冊，台北：新興書局，1966 年初版）。
4. 宋・朱熹：《善本易經》（台北：老古文化事業公司，1992 年 1 月三版）。
5. 宋・朱熹：《四書章句集注》（台北：大安出版社，1994 年 11 月初版）。

二、史類

1. 晉・陳壽撰、宋・裴松之注：《三國志・魏志》（台北：台灣中華書局，1980 年 1 月臺 4 版，四部備要中華書局據武英殿本校刊）。
2. 宋・王溥：《唐會要》（台北：台灣商務印書館，影印文淵閣四庫全書第 607 冊，史部政書類，1983 年初版）。
3. 宋・李攸撰：《宋朝事實》（台北：文海出版社，1967 年 1 月初版）。
4. 宋・李燾撰：《續資治通鑑長編》（台北：台灣商務印書館，影印文淵閣四庫全書第 314～322 冊，1983 年初版）。
5. 宋・釋智磐撰：《佛祖統記》（台南縣：莊嚴文化，1995 年初版）。
6. 元・脫脫等撰：《宋史》（北京：中華書局，1985 年 6 月初版）。
7. 明・馮琦、沈越、陳邦瞻撰《新校本宋史記事本末》（台北：三民書局，1956 年初版）。
8. 明・黃宗羲撰：《宋元學案》（沈善洪編：《黃宗羲全集》第 3～6 冊，杭州：浙江古籍初版社，1985 年初版）。

9. 清・王梓材、馮雲濠撰，張壽鏞校補：《宋元學案補遺》（台北：世界書局，1962 年初版）。

10. 清・徐松輯：《宋會要輯稿》（台北：新文豐出版社，1964 年 6 月初版）。

三、子類

1. 魏・王弼注、樓宇烈校釋：《王弼集校釋》（台北：華正書局有限公司，1992 年 12 月初版）。

2. 宋・東萊先生重校：《音注河上公老子道德經》（台北：廣文書局有限公司，1990 年 9 月 4 版，百宋叢書影印宋麻沙本）。

3. 清・郭慶藩撰：《莊子集釋》（北京：中華書局，1961 年 7 月初版，1997 年 10 月 8 刷）。

四、集類

1. 宋・孫復：《孫明復小集》（台北：台灣商務印書館，影印文淵閣四庫全書第 1090 冊，集部別集類，1983 年初版）。

2. 宋・石介：《徂徠集》（台北：台灣商務印書館，影印文淵閣四庫全書第 1090 冊，集部別集類，1983 年初版）。

3. 宋・歐陽修：《歐陽修全集》（台北：世界書局，1963 年 4 月初板）。

4. 宋・李覯：《李覯集》（台北縣：漢京文化事業有限公司，1983 年 10 月初版）。

5. 宋・程顥、程頤撰　《二程集》（台北縣：漢京文化事業有限公司，1983 年 9 月初版）。

6. 宋・王安石：《王臨川全集》（台北：世界書局，1966 年 3 月 2 版）。

7. 宋・司馬光：《傳家集》（台北：台灣商務印書館，影印文淵閣四庫全書第 1094 冊，集部別集類，1983 年初版）。

8. 宋・葉適：《習學記言》（台北：台灣商務印書館，1972 年初版，四庫全書珍本三集）。

五、近人學術著作

1. 孔令宏：《朱熹哲學與道家、道教》（保定：河北大學出版社，2001 年 4 月初版）。

2. 方東美：《新儒家哲學十八講》（台北：黎明出版社，1983 年初版）。

3. 日・小野澤精一、福永光司、山井涌編，李廣譯：《氣的思想——中國自然觀和人的觀念發展》（上海：上海人民出版社，1990 年 7 月初版）。

4. 王德有：《道旨論》（濟南：齊魯書社，1989 年 12 月初版）。

5. 古清美：《明代理學論文集》（台北：大安出版社，1990 年 5 月初版）。

6. 皮錫瑞：《經學歷史》（台北：藝文印書館，1996 年 8 月初版）。

7. 牟宗三：《才性與玄理》（台北：學生書局，1997 年 8 月初版）。

8. 牟宗三：《心體與性體》（台北：正中書局，1993 年 2 月初版）。

9. 吳學昭：《吳宓與陳寅恪》（北京：清華大學出版社，1992 年初版）。

10. 李存山：《中國氣論探源與發微》（北京：中國社會科學出版社，1990 年 12 月初版）。

11. 周晉：《道學與佛教》（北京：北京大學出版社，1999 年 7 月初版）。

12. 林慶彰編：《中國經學史論文選集》下冊（台北：文史哲出版社，1994 年 3 月初版）。

13. 林麗眞：《王弼》（台北：東大圖書公司，1988 年 7 月初版）。

14. 美・包弼德著、劉寧譯《斯文：唐宋思想的轉型》（南京：江蘇人民出版社，2001 年 1 月初版）。

15. 胡適：《胡適文存》（台北市：遠東出版社，1990 年出版）。

16. 英・葛瑞漢著，程德祥等譯：《中國的兩位哲學家：二程兄弟的新儒學》（鄭州：大象出版社，2000 年 7 月初版）。

17. 唐君毅：《中國哲學原論・原道篇》（台北：台灣學生書局，1976 年初版）。

18. 唐君毅：《中國哲學原論・原性篇》（台北：台灣學生書局，1984 年初版）。

19. 唐君毅：《中國哲學原論・導論篇》（台北：台灣學生書局，1986 年 7 月初版）。

20. 夏長樸：《李覯與王安石》（台北：大安出版社，1989 年 5 月初版）。

21. 徐洪興：《思想的轉型——理學發生過程研究》（上海：上海人民出版社，1996 年 12 月初版）。

22. 張永儁：《二程學管見》（台北：東大圖書股份有限公司，1988 年 1 月初版）。

23. 張立文主編：《性》（台北：七略出版社，1997 年 7 月初版）。

24. 張立文主編：《氣》（北京：中國人民大學出版社，1990 年 12 月初版）。

25. 張立文主編：《理》（北京：中國人民大學出版社，1996 年 1 月初版）。

26. 張立文主編：《心》（北京：中國人民大學出版社，1993 年 4 月初版）。

27. 張立文主編：《道》（北京：中國人民大學出版社，1989 年 3 月初版）。

28. 張亨：《思文之際論集——儒道思想的現代詮釋》（台北：允晨文化，1997 年 11 月初版）。

29. 張德麟：《程明道思想研究》（台北：學生書局，1986 年 3 月初版）。

30. 許抗生等著：《魏晉玄學史》（西安：陝西師範大學出版社，1989 年 7 月初版）。

31. 郭朋：《宋元佛教》（福州：福州人民出社，1981 年 8 月初版）。

32. 陳少峰：《宋明理學與道家哲學》（上海：上海文化出版社，2001 年 1 月第 1 版）。

33. 陳鼓應：《老莊新論》（台北：五南圖書出版公司，1993 年年 3 月初版）。

34. 陳鼓應：《易傳與道家思想》（北京：三聯書店，1997 年 9 月初版）。

35. 陳鐘凡：《兩宋思想述評》（北京：東方出版社，1996 年 9 月初版）。

36. 勞思光：《新編中國哲學史》（一）（二）（台北：三民書局，1995 年 8 月八版）。

37. 馮友蘭：《中國哲學史新編》第 5 冊（台北：藍燈文化事業股份有限公司，1991 年 12 月初版）。

38. 馮曉庭：《宋初經學發展述論》（台北：萬卷樓圖書有限公司，2001 年 8 月初版）。

39. 楊國榮：《善的歷程——儒家價值體系的歷史衍化及其現代轉換》（上海：人民出版社，1994 年 3 月初版）。

40. 熊琬：《宋代理學與佛學》（台北：文津，1985 年年 4 月初版）。

41. 劉復生：《北宋中期儒學復興運動》（文津出版社，1991 年 7 月初版）。

42. 蔣義斌：《宋代儒釋調和論及排佛論之演進——王安石之融通儒釋及程朱學派之排佛反王》（台北：台灣商務，1988 年 8 月初版）。

43. 諸橋轍次：《儒學之目的與宋儒慶曆至慶元百六十年間之活動》（南京：首都女子學術研究會，1937 年 7 月初版）。

44. 盧國龍：《中國重玄學——理想與現實的殊途與同歸》（北京：中國人民出版社，1993 年初版）。

45. 盧連章：《程顥、程頤評傳》（南京：南京大學出版社，2001 年 4 月初版）。

46. 賴永海：《中國佛教文化論》（北京：中國青年出版社，1999 年 4 月初版）。

47. 錢穆：《中國文化史導論》（台北：正中書局，1951 年初版）。

48. 錢穆：《孔子與論語》（台北：聯經出版社，1965 年初版）。

49. 錢穆：《錢賓四先生全集 11，朱子新學案》（台北：聯經出版社，1998 年 5 月初版）。

50. 錢穆《錢賓四先生全集 7，莊老通辨》（台北：聯經出版事業公司，1998 年 5 月初版）。

51. 錢穆等著：《中國哲學思想論集·宋明篇》（台北：水牛圖書事業出版公司，1988 年 2 月再版）。

52. 韓鍾文：《中國儒學史·宋元卷》（廣州：廣東教育出版社，1998 年 6 月初版）。

53. 顏世安：《莊子評傳》（南京：南京大學出版社，1999 年 12 月初版）。

六、參考論文

1. 任澤峰：〈「理一分殊」思想源流論〉，見陳鼓應主編：《道家文化研究》第 5 輯（上海：上海古籍出版社，1994 年 11 月）。

2. 余敦康：〈魏晉玄學與儒道會通〉，《宗教哲學季刊》創刊號（1995 年 1 月）。

3. 吳重慶：〈論理學的道家化〉，見陳鼓應主編：《道家文化研究》第 2 輯（上海：上海古籍出版社，1992 年 8 月）。

4. 李大華：〈宋明理學與唐代道教〉，見陳鼓應主編：《道家文化研究》第 8 輯（上海：上海古籍出版社，1995 年 11 月）。

5. 杜松柏〈宋代理學與禪宗之關係〉，馮炳奎等著：《宋明理學研究論集》（台北：黎明文化，1983 年 2 月初版）。

6. 南懷瑾：〈宋明理學與禪宗〉，馮炳奎等著：《宋明理學研究論集》（台北：黎明文化，1983 年 2 月初版）。

7. 姜廣輝、陳寒鳴：〈周敦頤《太極圖說》淵源慎思〉，見陳鼓應主編：《道家文化研究》第 7 輯（上海：上海古籍出版社，1995 年 6 月）。

8. 張廣保〈論道教心性之學〉，見陳鼓應主編：《道家文化研究》第七輯（上海：上海古籍出版社，1995 年 6 月）。

9. 莊耀郎：〈王弼儒道會通理論的省察〉，《國文學報》第 23 期（1994 年 6 月）。

10. 莊耀郎：〈魏晉玄學家的聖人觀〉，《國文學報》第 22 期（1993 年 6 月）。

11. 郭曉東：〈《定性書》研究二題〉，《哲學與文化》第 28 卷第 9 期（2001 年 9 月）。

12. 陳郁夫：〈北宋新儒對禪佛的闢評〉，《思與言》第 20 卷第 1 期（1982 年 5 月）。

13. 陳榮捷：〈新儒學「理」之思想之演進〉，錢穆等著：《中國哲學思想論集・宋明篇》（台北：水牛圖書事業出版公司，1988 年 2 月 15 日再版）。

14. 賈順先：〈儒釋道的融合和宋明理學的誕生〉，《四川大學學報》第 4 期（1982 年）。

15. 稻葉一郎著、李甦平譯：〈中唐新儒學的一種考察——劉知幾的經書批判和啖、趙、陸氏的《春秋》學〉，《中國文哲研究通訊》第 11 卷第 2 期（2001 年 6 月）。

16. 鍾彩鈞：〈二程心性說析論〉，《中國文哲研究集刊》創刊號（1991 年 3 月）。

17. 鍾彩鈞：〈二程本體論要旨研究——從自然論向目的論的展開〉，《中國文哲研究集刊》第 2 期（1994 年 3 月）。

18. 鍾彩鈞：〈二程道德論與工夫論述要〉，《中國文哲研究集刊》第 4 期（1994 年 3 月）。

19. 龔鵬程：〈道、道家、道教——道教史上幾個基本名詞的考察〉，《漢學研究》第 11 卷第 2 期（1993 年 12 月）。

七、博碩士論文

1. 戴景賢：《北宋理學周張二程綜合研究》，國立台灣大學中國文學研究所碩士論文，1976 年 6 月。

2. 金琇昌：《程明道「天人一本」說之研究》，國立台灣大學哲學研究所碩士論文，1994 年 12 月。

3. 鍾彩鈞：《二程聖人之學研究》，國立台灣大學中國文學研究所博士論文，1990 年 6 月。

劉基「天人思想」之研究

林麗容　著

作者簡介

林麗容：真理大學 通識教育中心 專任副教授

學歷：

嘉義市垂楊國民小學，1960 年 9 月 -1966 年 6 月

嘉義市縣立玉山初級中學，1966 年 9 月 -1969 年 6 月

嘉義市省立嘉義女子高級中學，1969 年 9 月 -1972 年 6 月

臺北縣私立輔仁大學，1973 年 9 月 -1978 年 6 月（歷史學學士學位）

臺北市國立臺灣師範大學，1982 年 9 月 -1986 年 6 月（歷史學碩士學位）

日本東京大學，1990 年 4 月至今（哲學研究所博士班肄業）

法國巴黎第四大學，（Paris IV - Paris-Sorbonne），1993 年 9 月 -1995 年 6 月（西洋歷史學碩士學位）

法國巴黎第一大學（Paris I–Panthéon-Sorbonne）國際關係研究所 DEA，1995 年 9 月 -1996 年 6 月（國際關係 DEA 高等研究學位）

法國巴黎第一大學，1996 年 9 月至今（國際關係研究所博士班肄業）

法國巴黎第四大學，1995 年 9 月 -1996 年 6 月（西洋歷史學 DEA 高等研究學位）

法國巴黎高等社會科學院，（EHESS），1996 年 9 月至今（社會學研究所博士班肄業）

法國巴黎第四大學，1996 年 9 月 -1999 年 7 月（歷史學博士學位）

法國巴黎第一大學，1995 年 9 月 -2000 年 3 月（政治學博士學位）

經歷：

真理大學通識教育中心（人文社會學科負責人），2011 年 8 月至今（專任副教授）

真理大學通識教育中心（人文社會學科負責人），2001 年 8 月 -2011 年 7 月（專任助理教授）

國立臺北大學歷史學系（歐洲史、法國史、瑞士史、中日韓關係史），2000 年 8 月 -2005 年 7 月（兼任助理教授）

國立臺灣師範大學歷史學系（歐洲文化語觀光），2000 年 8 月 -2003 年 7 月（兼任助理教授）

國立臺灣師範大學法語中心（法語），2000 年 8 月 -2003 年 7 月（兼任助理教授）

輔仁大學全人教育（西班牙歷史、義大利歷史、歷史與文化、歷史與思想、歐洲美女與政治社會、歐洲的女王研究、西方歷史人物評析），2000 年 8 月 -2007 年 7 月（兼任助理教授）

長庚大學醫學院（中西醫學史、西方歷史人物評析），2005 年 9 月 -2006 年 6 月（兼任助理教授）

中國留法比瑞同學會，2003 年 12 月 -2007 年 12 月（理事長）

創立正黨，2011 年 6 月至今（正黨黨主席）

專書與論文：

（一）專書

林麗容：《民國以來讀經問題之研究》，臺北：華世出版社，1991 年，236 頁。

Marianne Lin（林麗容），*La question chinoise du Second Empire à la IIIe République, 1856-1887*（「法國從『第二帝國』到『第三共和』之中國問題研究，1856 -1887」），Lille：Université de Charles de Gaulle-Lille III（法國里耳：戴高樂—里耳第三大學出版社），2001, 508 p.

林麗容：《西方見聞錄》，臺北：三民書局出版社，2004 年，258 頁。

林麗容等著：《Social Science 社會科學概論》，臺北：景文出版社，2005 年，288 頁。

林麗容：《痕：夢回巴黎》，臺北：潘朵拉出版社，2005 年，480 頁。

林麗容：《臺灣一聲雷》，臺北：上大聯合出版社，2007 年，156 頁。

林麗容：《瑞士文化史研究》，臺北：五南圖書出版社，2008 年，380 頁。

林麗容：《歐洲研究論集》，臺北：上承文化出版社，2009 年，400 頁。

林麗容：《論『文化碰撞』之瑞士》，臺北：上承文化出版社，2009 年，98 頁。

Marianne Lin（林麗容）：《L'étude du mouvement étudiant français de Mai 1968（一九六八年五月法國學生運動再研究）》，臺北：上承文化出版社，2009 年，106 頁。

林麗容：《世界文化與觀光》，臺北：上大聯合出版社，2009 年，217 頁。

林麗容：《法蘭西文化之研究》，臺北：上承文化出版社，2010 年，262 頁。

林麗容：《國際社會學》，臺北：上大聯合出版社，2010 年，126 頁。

林麗容：《世界旅遊文化》，臺北：上大聯合出版社，2010 年，242 頁。

林麗容：《中西歷史方法研究》，臺北：上大聯合出版社，2010 年，114 頁。

林麗容：《中法戰爭三十年》，臺北：上承文化出版社，2010 年，524 頁。

林麗容：《一九六八年後法國婦女高等教育研究（Femmes et enseignement supérieur en France après 1968）》，臺北：上承文化出版社，2010 年，227 頁。

林麗容：《臺灣史》，臺北：上大聯合出版社，2010 年，198 頁。

林麗容：《觀光美容》，臺北：上承文化出版社，2010 年，125 頁。

林麗容：《民國讀經問題研究（1912-1937）》，臺北：花木蘭文化出版社，2010 年，129 頁。

林麗容：《劉基思想研究》，臺北：上承文化出版社，2011 年，208 頁。

林麗容：《拿破崙三世在中國的殖民政策研究（La politique coloniale de Napoléon III en Chine）》，臺北：上承文化出版社，2011 年，72 頁。

林麗容：《法國大學問題研究，1981-1984（Les problèmes universitaires en France 1981-1984）》，臺北：上承文化出版社，2011 年，78 頁。

林麗容：《多元文化碰撞的臺灣》，臺北：上承文化出版社，2011 年，158 頁。

林麗容：《觀光法語》，臺北：上承文化出版社，2011 年，110 頁。

林麗容：《臺灣發展史》，臺北：上大聯合出版社，2012 年，319 頁。

林麗容：《樂活法語》，臺北：上大聯合出版社，2012 年，226 頁。

（二）論文

林麗容：《俾斯麥的『挑釁外交』：以普法戰爭與德國統一為例》，載入真理大學《第一屆通識教育與國際文化學術研討會論文集》，2006 年 7 月，頁 179-209。

林麗容：《瑞士與歐盟的關係》，淡水：真理大學，載入真理大學《第二屆通識教育與國際文化國際學術研討會論文集》，2007 年 5 月 5 日，頁 161-186。

林麗容：《2007 年法國總統大選與台法關係文教為中心》，臺北：政治大學，載入《2007 年法國大選及台法關係大會手冊》II，2007 年 5 月 12 日，頁 12-18。

林麗容：《歐盟與歐洲統一》，載入《真理大學第三屆「通識教育與國際文化」學術討論會論文集》，2008 年 5 月 10 日，頁 133-163。

Marianne Lin（2010）. *A Study in French-Vietnamese Relations*（1870-1887），in《North-East Asian Cultures》24, pp. 305-326.

Marianne Lin（2011）. *Cultural Exchanges between France and Japan*（1868- 1912）: *Focus on Japanese Art*, in《North-East Asian Cultures》.

提　要

　　劉基的天人思想，乃繼承中國傳統思想而來，並且加上個人的色彩。身處元末亂離之世的劉基，遠承孔子的推己及人，孟子的立言，兼明天人思想；然在天人思想中，影響劉基最深的，即是漢代的思想家董仲舒與王充。

　　天人思想對劉基而言，即為天命的主宰意識的理念。其認為天是氣，天不能降福禍於人。在春秋明經中，劉基以氣的感應論來敘述天人關係，認為天人是有感應的，強調心目中的天，乃是具有意志的天，所以主宰萬物的不是氣。天以氣為質，氣行無常，禍福隨之。現實世界有禍福，有吉凶，此既定事實非天心所欲，天以氣為質，氣既使之，亦可謂為天命。

　　在自然界的變化中，劉基強調人的病痛，是氣候失調，氣失其平所致，純為大自然的物理現象。劉基認為聖人是六合之內，無所不知，無所不能的人物。進而劉基否定天佑的觀念，感慨人生的無常，認為精神性的理，為世界萬物最終的本源，乃為世界的本體。

　　劉基指出人易犯以偏概全，卻不自知；且將偶然，視為必然，其後果不堪收拾。劉基的天人思想集元氣論、宇宙論、認識論、民本論和方法論於一爐。主張氣一元論，劉基以元氣為天之主，是天的氣的主宰，元氣是萬物的本源。松川健二承認同氣相感，肯定劉基的氣一元論。

　　溝口雄三教授的「中國的天」一文中，特別提出宋代的所以天，到劉基時已成為滲透入人的心中，成為公權力的道德先驗性。此乃所謂的天賦民權，並且轉化成天與人之間的人的道德政治的觀點。這種天，即是所謂的公，亦即是所謂理的價值觀，仍不失其外在的優越性。

The Study of Ideology of Heaven and Man in Liu Ji.

Abstract

The study of the ideology of Heaven and Man in Liu Ji inherits the thought of the Chinese tradition, in addition to the individual ideology of Liu Ji. Liu Ji lived in the late Yuan Dynasty. He accepts Confucious' "Put oneself in the place of another," and Mencius' "Expound one's teaching in writing," as well as his own ideology of Heaven and Man. The most influencial thinkers in the theory of Heaven and Man for Liu Ji are the Han Dynasty thinkers Dong Zhongshu and Wang Chong.

The thought of Heaven and Man for Liu Ji is dominated by the concept of God's Will. He thinks of 《Heaven is "qi" (breath)》, Heaven cannot benefit mankind nor bring disaster. In 《The Spring and Autumn Annals》, Liu Ji uses "the theory of mutual interaction of 'qi'" to describe the relation between Heaven and Man. He considers that Heaven and Man are interacting and emphasizes that Heaven is in the heart of Man, a Heaven which possesses a purposefull Will. Therefore, dominating all things on earth is not "qi." But Heaven takes on the quality of "qi." The "qi" is not constant and blessing and disaster follow. The present world is full of blessing and disaster, there is luck and curse. This is not what Heaven wants. Heaven has the quality of "qi," this means Heaven uses "qi," which can be called heavenly destiny.

In the changing of the nature, Liu Ji stresses that the illnesses of Man are caused by disorders of "qi." The "qi" loses its balance. It belongs to the physical phenomenon in nature. Liu Ji believes that the sage is an omniscient and omnipotent figure in the universe. Furthermore, Liu Ji denies the concept of "a God who blesses Human-beings," and he sighs at the impermanence of life. He feels that the spiritual reason is the ultimate origin of all things in the world; it is the body of the world.

Liu Ji points out those human-beings easily generalize, but do not know themselves. Without knowing he takes the partial for the total. And takes what happens accidentally to be inevitable. The result is dreadful to contemplate. In the ideology of Heaven and Man Liu Ji gathers together the theory of original breath, cosmology, epistemology, the foundation of the people, and methodology, they are all put in one melting pot. He advocates the one breath theory. Liu Ji maintains that the original breath dominates Heaven. The original breath produces all things in the world. Matsukawa Kenji considers that the two breaths interact, and supports Liu Ji's breath or "qi" monism.

Professor Mizoguchi Yuzo's article: 〈 The Heaven of China 〉 especially supports the Song Dynasty's idea of heaven, and by the time of Liu Ji in the Ming Dynasty, it already had penetrated into the hearts of people. It became the moral metaphysics of common right. They are called "natural civil rights." And then natural civil rights are changed into the idea of man's politics between Heaven and Man. This Heaven is called "common rights." This Heaven, which is also called the value system of reason, still does not loose its exterior superiority.

序

　　劉基的「天人思想」，向來是中國儒家思想的核心課題。由此出發來建立整體的理念，構築其經世致用的現實社會，以完成聖賢的理想。「天人思想」一詞，經漢代提出後，即成為儒學研究者的重要課題。再經歷代學者的投入、鑽研和闡述，乃蔚為一中國思想研究的主軸。

　　歷代學者的研究，除了個人的匠心靈巧外，環境所給予的現實啟發，更是型塑思想特性的重要成因，亦造就劉基多彩多姿的儒學討論面向。

　　劉基是元末浙江的文士，科舉出身，曾任地方官員。在目睹元末政治腐敗，社會不公不義之事，層出不窮，給予劉基身深刻地刺激，亦促使其深入研究「天人思想」的精髓，求真求是，藉以意圖撥亂反正，為現實所用。劉基認為天是有意志的，人間政權的興衰，取決於民心的聚散。失民心者，其政權為邪惡的，無法長久維持，亦是上天給予最好的懲罰。因此為政者必須慎重其事，來造福百姓。若為政者不佳時，人民是有權力推翻暴君的。

　　劉基的「天人思想」在元末的革命中，主要用以協助朱元璋來建立明朝，恢復漢人統治的政權，掃除族羣地位不平等的現象，是值得肯定的。

　　林麗容教授窮數年之功，將此問題清楚地梳理和闡釋，使劉基「天人思想」能為現代人重新地來認識，其貢獻亦當給予正面的評價。希望藉由林麗容教授對此重要思想論題的研究，來幫助我們對先賢的才學智慧，更進一步地獲得全新的認識，而且對於傳統思想的現代功用，亦能有深刻地體認，讓儒學傳統能夠歷久而彌新。

葉泉宏教授

2012 年 6 月 15 日

筆于新莊潛龍齋

目

次

第一章　劉基思想研究的重要性

　　劉基爲元末明初文學宗師之一，其學術之深醇，文采之斐然，與宋濂齊名當世。此外，劉基軍事思想的卓越，運籌帷幄，協助明太祖一統天下，建立不朽的功勳偉業。在明朝建國後，劉基的政治思想發揮指導功能，爲明朝奠定治國的規制，留下深遠的影響。似此多才多藝的人物，原應成爲被研究的重要課題，吸引多數人的投入研究。事實不然，選擇劉基研究的作品仍甚少，今後值得繼續加強。因此以劉基做爲研究的對象，能增加我們對元明之際中國歷史的瞭解，實具有重要的價值。

一、儒家思想注重現實人生問題

　　中國的傳統思想以儒家爲主流，綿延兩千多年，對中國人的思想觀念而言，乃居主宰塑造的地位。在儒家思想中，雖注重現實人生的問題，尋求解決社會紛亂的方法，在精神上仍以天人關係爲主要核心，相信萬有的主宰力量。〔註1〕因此對天人關係思想的探究，即成爲中國儒學思想的重要課題。劉基的天人思想，乃繼承中國傳統思想而來，並且加入個人色彩，其在天人思想發展史上，具有獨特的地位。因此選擇此課題來探討，一方面可藉以觀察元明之際思想的發展趨勢。另一方面，可來考察天人思想在劉基的觀念中，呈現何種結構，並且加以探究其淵源、發展和影響。

二、各國學者對劉基思想的研究

　　現在有關劉基思想的研究作品，中國方面有蕭公權的《中國政治思想史》

〔註 1〕周億孚：《儒家思想和生活》，香港：景風研究社，1968 年，頁 70。

一書，認爲劉基的天人關係與民本思想，是繼承孟子的傳統而來的。〔註2〕錢穆以劉基與宋濂二人詩文相對比，認爲二人才性不同，出處亦相異，尤其劉基含有「天下貴大同」的思想，較無夷夏偏見，值得注意。〔註3〕解放後的中國大陸，對劉基思想的研究，乃是從「自然觀的對立」，進而爲「政治思想的對立」，最後演變成「軍事思想的對立」的研究。以一九六〇年代爲例，容肇祖先生根據劉基所著《郁離子》一書，主張劉基的世界觀基本上是樸素的唯物主義的。古代科學、天文學和農民起義的影響，是劉基樸素唯物主義觀點的來源。在天道觀方面，劉基認爲「天」是「氣」，不能降禍福於人。在靈魂與肉體方面，接受王充和范縝的見解，認爲人死不能爲鬼。但他的樸素唯物論，有時顯現出神秘主義和唯心主義的傾向。到晚年，劉基堅決放棄天道、鬼神、占卜等迷信，而注重人事。在方法論上，劉基主張全面地看問題，分清主要與次要，注意認識事物的新陳代謝和物極必反的原理：在實際情況上分析，具有一些辨證法的觀點。〔註4〕王範之反對容肇祖的見解，主張劉基在基本上不是唯物主義者。劉基的天道觀是神秘主義的世界觀，迷信天人感應，是從董仲舒那裏學來的。這一切雖以「氣」爲基礎，但劉基所說的「氣」，不是物質。劉基心目中的天是具有意志的，故主宰萬物者，既非「氣」，亦非唯物。〔註5〕容肇祖、王範之的辯論，雖未能獲得最後的定論，但已開啓全面研究劉基思想之先河。

到一九八〇年代，劉基的研究的風氣復萌。邱樹森認爲劉基在宇宙形成的學說上，曾接受中國樸素唯物主義觀點，認爲世界的本原是「元氣」。但他又把「元氣」賦予「意志」，使「元氣」通過「理」來主宰人類，並由此產生了先驗論、神秘論和鬼神論。劉基的宇宙論追根究底是唯心的，不是無神論者。〔註6〕唐宇元則認爲，對劉基的思想應作總體性考察，不能只看重《郁離子》、《天說》、《雷說》等篇，而忽視《春秋明經》等。唐宇元還從天道觀、心性論、春秋學三方面來詳細分析劉基的思想，並且指出劉基是個自具特色的理

〔註2〕蕭公權：《中國政治思想史》，臺北：華岡出版公司，1977年，頁521-526。

〔註3〕錢穆：《讀明初開國諸臣詩文集》，載入《新亞學報》第六卷第二期。

〔註4〕見容肇祖：《劉基的哲學思想及其社會政治觀點》，載入《哲學研究》，1961年第三期。

〔註5〕王範之：《劉基的唯心主義自然觀》，刊於《光明日報》，1964年6月19日；《劉基是素樸唯物主義者嗎？》，載入《江海學刊》1963年第六期。

〔註6〕邱樹森：《劉基和他的〈郁離子〉》，載入《元史及北方民族史研究集刊》第八期，1984年。

學家。從哲學上來說，劉基是個唯心主義者，當然並不排除在思想中有某些片斷是值得肯定的。〔註7〕近年來，南炳文又從德政、威刑、君主專制等角度，來論述劉基的政治思想。南炳文認爲劉基的政治理念，對朱元璋產生了影響，而被用在明初的治國實踐中。〔註8〕臺灣對劉基的研究甚少，目前有三位研究者較傑出。葉惠蘭的碩士學位論文《劉基生平及其郁離子之研究》，主旨在呈現劉基身爲一亂世文人的本來面貌，以做爲研究劉基身後傳說的基礎，並對劉基作品《郁離子》，加以初步的探討。〔註9〕另外還有何向榮主編的論文研討會一書，即《劉基與劉基文化研究》；〔註10〕和俞美玉主編的《劉基研究資料彙編》，都對劉基在亞洲文化的貢獻，做更深一層的努力與琢磨。〔註11〕

日本對明代思想史的研究，成果甚爲豐碩，但主要集中在陳白沙以後的思想家。對於明朝初年的研究，目前正在發展的階段。〔註12〕以筆者閱讀所及的作品而言，湯淺幸孫對劉基的禮教論點加以深入鑽研，並指出其對傳統觀念的抨擊，此乃爲前人所未發之言。〔註13〕松川健二可算是研究劉基思想的專家，認爲劉基在宋元明自然觀的歷史事實的闡述，應受矚目，具有宏觀全人類的視野。〔註14〕

關於天人思想的研究，由於此課題重要，乃有諸多研究作品的問世。就筆者研究所及，當以溝口雄三教授的大作《中國の天》（中國的天）一文最具條理。溝口雄三教授乃立於巨視的觀點，貫串整個中國歷代，將天人思想的流變做了完整的探討。其認爲宋代之「所以天」，在明清時期已滲透入所謂內在之人的道德先驗性，所謂「『公權』等同於『民權』之天賦性」，轉化成「人」的道德政治觀點；不僅如此，彼等「『天』等於『理』的價值觀，

〔註7〕唐于元：《劉基思想論析》，載入《浙江學刊》，1985年第三期。

〔註8〕南炳文：《試論劉基的政治思想》，載入《鄭天挺紀念論文集》，頁414-431。

〔註9〕葉惠蘭：《劉基生平及其郁離子之研究》，國立政治大學中國文學研究所碩士論文，1985年6月。

〔註10〕何向榮編：《劉基與劉基文化研究》，載入《何基與何基文化研究研討會論文》，北京：人民生出版社，2008年，頁576。

〔註11〕俞美玉編：《劉基研究資料彙編》，北京：人民出版社，2011年，頁292。

〔註12〕山根幸夫編：《中國史研究入門》下冊，頁59-62；《アジア歷史研究入門》第三卷，頁276-278。

〔註13〕湯淺幸孫：《清代に於ける婦人解放論：禮教人間的自然》，載入《日本中國學會報》第四卷。

〔註14〕松川健二：《劉基〈郁離子〉の研究》，載入《北海道大學文學部紀要》第二十卷第一號，1972年。

不失其外在天的優越性。〔註15〕

　　經由前述各國研究者的回顧，吾人可發現對劉基思想之研究，仍處於發展的階段，尚有諸多論題值得今人深入與探討的。因此本書乃接續溝口雄三教授之脈絡，來探究劉基的天人思想。期望藉此研究，一方面能拓展研究劉基思想之領域，來考察其天人思想之歷史地位，另一方面則藉以印證溝口雄三教授的論點，以來促進對中國天人思想研究之發展。

〔註15〕溝口雄三：《中國の天》（上）、（下），載入《文學》，1987 年 12 月和 1988 年 2 月。

第二章 劉基之仕宦與學思

　　劉基字伯溫，浙江青田人，生於元武宗至大四年（1311）。劉基之祖先，在南宋初年爲武將，至南宋末年始棄武習文。〔註1〕由於祖先在文武兩途皆有傳承，也使劉基在文韜武略上，卓然有成。劉基於十四歲時入郡學，跟隨老師研讀《春秋經》，又自行學習天文、兵法等書。劉基天賦聰穎，讀書能很快抓住要點，學習成效甚好。以後劉基又追隨復初先生鄭元善學習濂、洛一派的理學，在把握理學的要旨後，就棄學返家。〔註2〕從劉基的學習過程來看，有博學的傾向，無怪乎其日後的成就，不侷限於某一層面而已！

一、劉基之仕宦

　　元寧宗至順三年（1332），劉基二十二歲，考中舉人。二十三歲，進士及第。二十六歲，授官出任江西省高安縣丞，自此開啓遊宦生涯。〔註3〕劉基自幼年居鄉求學，至出仕江西止，此一時期可算是其學術思想之奠基時期。其行蹤主要在浙江、江西兩省，此等地區恰好是元代學術重心之所在。元代的經學、子學、文學皆以浙江、江西爲最盛，兩省亦同爲史學中心。〔註4〕元代的舉人配額表中，亦以浙江、江西名額爲最多。〔註5〕劉基早年遊宦於此人文學術鼎盛之淵藪，對其學識之增長，有莫大的裨益。

　　劉基爲官清廉，勇於爲民興利除弊，而爲當時人民所愛戴。但也因此性

〔註1〕《劉文成公集》，〈誠意伯劉公神道碑銘〉（乾隆刊本）。
〔註2〕《劉文成公集》，〈誠意伯劉公行狀〉（黃伯生作），頁1。
〔註3〕劉基：《紫虛觀道士吳梅澗墓誌銘》，載入《誠意伯文集》卷七，頁16。
〔註4〕何佑森：《元代學術之地理分佈》，《新亞學報》第一卷第二期，頁305-366。
〔註5〕李則芬：《元史新講》，第三十二章爲〈元代的人事制度與吏治〉。

格，不能長居一地任官。元順宗至元二年（1336），劉基出任高安縣丞，迄至隱退止，曾任下列官職「縣丞三年、江西行省職官掾吏一年、江浙儒學副提舉一年、浙東元帥府都事一年、浙江行省都事及行樞密院數年」等，合計劉基仕元有二十年之久。〔註6〕劉基爲政，嚴飭而有仁惠，理應有所作爲，卻因與當道不合，故棄官求去。其原因需自整個大環境來索求，方能窺知一二。因元朝以蒙古族入主中國，建立一統政權，遂以征服者自居，對漢人大肆凌虐。在此期間，蒙古對漢人施行專制與強迫性的軍事治理，並以階級和部族的劃分做爲統治的方策。〔註7〕舉其尤甚者，如漢人不得爲庶官之長，蒙古人居官犯法則不由漢官斷罪，蒙古色目均可侮辱漢人。似此政治與社會之不平等，已造成人民的離心，再加上經濟及文化上的壓迫，使天下盜賊蠭起，進而引發反元的革命，此乃統治者失當所導致的結果。〔註8〕

二、劉基之學思

劉基身處政治昏暗的時代，雖抱志有爲，但坎坷不遇，時以鯁介讜直，與時不合而去。然苦心孤詣，欲爲世用之心，始終如一。劉基身爲知識份子，目睹政荒民困之事實，親身經受巨大的衝擊，因而在有志難伸的情況下，只能著書立說，寓託情懷。劉基在元末的著作中，以《覆瓿集》抒情之作，內多憂時憤世之詞。其積極用世之志，出奇制勝，不難尋索而得。〔註9〕此外，最能表現劉基的政治理念之作品，當是青田山中所撰述的《郁離子》。《郁離子》的涵意，依劉基門生徐一夔（1319-1398）的解釋則爲：「離爲火，文明之象。用之其文郁郁然，爲盛世文明之治，故曰《郁離子》。」〔註10〕此意乃爲能用劉基之治國理念，即可令天下長治久安。

《郁離子》一書有十卷，分爲十八章一百九十五條，〔註11〕劉基採寓言的方式來表達個人的政治理念，此種體裁甚爲罕見。劉基身處亂離之世，故其立言，乃遠承孟子而深切憤激，兼明天人，亦與孟子相近。〔註12〕《郁離

〔註6〕 《劉文成公集》，〈誠意伯劉公行狀〉（黃伯生作），頁2。
〔註7〕 鄺士元：《國史論衡》（第二冊），臺北：里仁書局，1981年，頁866。
〔註8〕 蕭公權：《中國政治思想史》，臺北：華岡出版公司，1977年，頁522。
〔註9〕 葉惠蘭：《劉基生平及其郁離子之研究》，國立政治大學中國文學研究所碩士論文，1985年6月，頁58。
〔註10〕 徐一夔：《郁離子序》，載入《誠意伯文集》。
〔註11〕 同前註。
〔註12〕 同註8。

子》的著述，除了紛亂的時代背景外，亦受當時學術風氣的影響。元末思想界極為活躍，諸子之說並起，有宋濂的《龍門子》、劉基的《郁離子》、葉子奇的《草木子》，各抒己見，多有牢騷不平之見，形成一種如同戰國時諸子百家爭鳴的學術風氣。〔註13〕因此《郁離子》的產生，絕非偶然的特例。

　　元末政治的混亂，亦對劉基造成衝擊。因此其政治主張，無一不是針對元末的秕政，以改革為目標，發抒個人的見解。劉基主張主政者應該關心人民的疾苦，而當時的情況恰好相反，是蒙古貴族對人民貪求無厭，迫使百姓流離失所。又劉基主張任官以賢，不可以地域之分來做為用人的根據。元朝重用蒙古人、色目人，歧視漢人。再者，劉基主張集權於君主，而當時政務中樞的中書省和掌握軍權的樞密院，都有相當大的權力。元末還出現中書右丞相伯顏和丞相脫脫等有名的權臣，嚴重地妨礙君權的發揮，導致政局的混亂。〔註14〕此外，劉基還對元末的政治加以批評，如當時的統治者不肯行仁義，不知利用自然規律發展生產，一意只知剝削人民。對於吏治的敗壞，也不知改善。〔註15〕總之，劉基雖與當道不和而歸隱，然其憂時愛民的情操，知識份子的責任感驅使他守時待機，以便救世救民，施展自己的抱負。因此這個階段亦可謂為劉基經世立業的準備時期。

　　元順宗至正二十年（1360）劉基應朱元璋之聘，前往應天（南京），劃謀定策，做朱元璋統一建國的主要謀臣。明朝建立後，劉基任御史中丞兼太史令，封「誠意伯」，直至明太祖洪武四年（1371），才辭官歸里，結束仕宦的生涯。〔註16〕劉基輔佐朱元璋期間，由於深受信任，因此能大展自己的文韜武略。劉基以儒家經世致用之學，輔翼治平，卻被人用讖緯術數，妄加附會，以致形象混隱不清。《明史》對劉基的死亦有所考辨。〔註17〕若從劉基的軍事、政治思想來看，亦可覓得儒家思想的烙印。劉基繼承和發展中國古代兵家的軍事思想精華，一方面反對窮兵黷武，另一方面又十分強調戰略。〔註18〕劉基的軍事思想的要義有四：一是為政以德。以政治軍，以德取勝是軍事思想的核心。二是鬥智不鬥力。以智取勝，是重要軍事策略。三是分化瓦解敵人。

〔註13〕陳寶良：《明代文化歷程新說》，西安：陝西人民教育出版社，1988 年，頁 38。
〔註14〕南炳文：《試論劉基的政治思想》，載入《鄭天挺紀念論文集》，頁 427-428。
〔註15〕同前註。
〔註16〕張廷斤：《劉基傳》，載入《明史》，頁 3781。
〔註17〕同前註，頁 3792。
〔註18〕郝兆矩：《劉基軍事思想述評》，載入《浙江學刊》，1984 年第二期。

採取各個擊破，是重要的軍事策略手段。四是統一號令，嚴明軍紀。獎勵軍紀，是治軍的重要方法。〔註19〕從劉基強調德、智的軍事思想來看，確實是承續儒家的兵學傳統。

劉基的政治思想，對朱元璋發生重大影響。其在明朝初年的治國方略上，真正地反映劉基的個人長才。劉基認為治國應該「本之以德政」和「輔之以威刑」。治國應該關心人民的疾苦，用發展生產的辦法來滿足人民的生活需要，將上帝主宰論當做宣傳德政思想的工具，刑罰之輕重應該根據時局的變化而變化，不可一味地追求嚴酷！任用官吏應該舉用賢能，不可重門第，國家大權應由君主一人獨掌。劉基的想法，深刻地影響朱元璋的治國理念，使明朝初年的政治，迅速地步上軌道，功不可沒。〔註20〕劉基晚年的思想，走出鬼神、占卜等迷信色彩，進而注重人事，回歸儒家的傳統。〔註21〕

在中國儒家的傳統上，真正地能在文事武功上兼具成就的人，並不多見，而這種文武合一的修為，亦是劉基所嚮往的境界。劉基曾寫下《弔諸葛武侯賦》、《弔祖豫州賦》、《弔岳將軍賦》，來表達對諸葛亮、祖逖、岳飛等志在「恢復中原，平定天下」精神的景仰與欽慕。〔註22〕在此三人中，諸葛亮的表現，最符合儒家經世致用的精神，亦令劉基起而效尤。諸葛亮在隴中期間，博覽諸子百家之書，觀其大略，擷取精要，關注時局，立下統一天下的凌雲壯志。以儒家經典來修養自己，指導言行，並從客觀現實出發來制定方針，藉以整飭吏治以安民生。〔註23〕從劉基的行事，可以找到許多諸葛亮的影子。

總而言之，劉基一生的表現，反映儒家「進則用，退則藏」的精神，以知識份子的力量，實踐救國救民的理想。其一生行事與成就，實在是受到思想的引導，值得後人加以研究與探討。

〔註19〕 胡岩林：《也談劉基的軍事思想》，載入《浙江師院學報》，1985年第一期。

〔註20〕 李雅琳：《劉基政治思想研究》，高雄師範大學國文教學碩士班碩士論文，2004年，頁1-35。

〔註21〕 容肇祖：《劉基的政治學思及其社會政治觀點》，載入《哲學研究》，1961年第三期。

〔註22〕 此三篇賦載入《誠意伯文集》卷五。

〔註23〕 章映閣：《諸葛亮新傳》，上海：人民出版社，1984年，頁273-276。

第三章　劉基天人思想之源流

　　綜觀劉基的一生，精通象術，夾雜涉神異色彩濃厚。劉基的學養，包涵象緯術數意味，此乃來自家族的傳承。劉基之祖父庭槐，精研天文、地理、陰陽、醫卜，劉基受此影響亦有所承襲。弱冠之年，又雅愛老子、仙道之書，於燕京或任高安縣丞時，潛心研習，因此《明史》的〈劉基傳〉稱劉基乃精通象緯之學者。〔註1〕明代史學家王世貞（1526-1590）稱劉基「善經學，旁通天官、陰符之言」，〔註2〕則劉基精通天文術數，可稱為一代宗師。若以劉基與宋濂相比較，兩者雖皆承繼宋儒之理學傳統，然以劉基近道，宋濂佞佛，故其理學思想則不盡相同。〔註3〕劉基、宋濂二人對各家思想的兼容並蓄，正反映元代理學的發展趨勢。〔註4〕由此來破除門戶之見的學風，使知識份子得以敞開胸懷學習各種知識。儘管如此，理學從格物致知到治國平天下的邏輯聯繫中，所表現的經世致用性，使理學在廣為吸收釋道諸說的理論要素後，並沒有走向宗教的退隱，〔註5〕使理學的內涵更加地豐富。劉基的天人思想，即是在此一思想背景上開展出來的。

一、從「天人關係」到「天人合一」

　　「天人」是理學乃至整個中國哲學的基本範疇，構成理學體系的基本框架，貫穿整個理學範疇。「天人」系統的基本結構是「人和自然」、「主體和客體」的有機統一，亦即所謂的「天人合一」。「天人合一」是「人與天」、「主

〔註1〕張廷玉等：《明史》，〈劉基傳〉，頁3777。
〔註2〕王世貞：《弇州山人續稿》卷八十五，〈浙三大功臣傳〉。
〔註3〕荒木見悟：《思想家としての宋濂》，載入《明代思想研究》，頁3-22。
〔註4〕唐宇元：《元代的朱陸合流與元代的理學》，載入《文史哲》，1982年第三期。
〔註5〕蕭功秦：《元代理學散論》，載入《中國哲學》第十三輯，1985年5月。

體與客體」充分地展開後，重新地實現以人爲核心的統一。在此一系統中，天是最高存在的，然人始終居於中心的地位。〔註6〕

　　天人關係在中國遠古的神話傳說中，可以發現其原型及其演變。傳說中，以前天地是自由交通的，後來上帝斷絕了此交通，使得人間的君主即「天子」，壟斷交通上帝的大權，成爲上帝與人間的媒介。然天子若要與天交通，仍需透過「封禪」祭天的儀式來進行。〔註7〕自此傳說可看出兩個現象：一爲天是具有意志的，才能與人交通。二爲與天交通是有一定的管道，是可行的。此種人格化的一大概念，在中國古代普遍流行。如殷商時代卜辭的「上帝」，是管理自然與國家的主宰，可以「令雨」、「降饑饉」，也可以支配戰爭勝負和築城等，全然是具有主宰意識的人格神。〔註8〕此後，迄至西周，才有重大的改變。周公捨棄上古先民樸素的上帝主宰世界觀，首創人文的歷史觀，意即「本人事即可以測天心，天命則惟德之歸。世運之轉移，乃一本之於人心之所歸嚮。」此乃可謂爲「天人合一」。〔註9〕隨著中國文明的發展，重人事的傾向，愈加地明顯。

二、孔子的「畏天命」

　　孔子從人本的立場出發，提出天人關係的問題。孔子認爲「天」能知人、生德、降喪，把「天」看成是超自然有意志的主宰。〔註10〕由於孔子相信「天」的權威，因此提出「畏天命」的思想，即「君子有三畏：畏天命、畏大人、畏聖人之言。」〔註11〕孔子要求「君子」對最大權威的「天」和「天的意志」的敬畏，對替天行事的王公大人的敬畏，對代天立言的「聖人」的敬畏等。孔子「畏天命」，無疑是對有意志天的肯定。但孔子也認爲，只有「知天命」才能達到「從心所欲不逾矩」的自由境界。此際的「天命」，已具有自然界客觀必然性的意義。爲仁由己，但要達到最高境界，則必須「知天」和「則天」。聖人就是「則天」而行。〔註12〕在此意義之下，人事的努力，扮演著重要的角色。面對孔子這種「意志天」與「人事努力」交相輝映的天命觀，是從天

〔註6〕　蒙培元：《理學範疇系統》，北京：人民出版社，1989年，頁419。

〔註7〕　楊向奎：《宗教信仰和上帝觀念的產生》，載入《中國古代社會與古代思想研究》上冊，頁160-165。

〔註8〕　同前註，頁167。

〔註9〕　錢穆：《周公與中國文化》，載入《中國學術思想史論叢》第一輯，頁92。

〔註10〕　吳乃恭：《儒家思想研究》，長春：東北師範大學出版社，1988年，頁18。

〔註11〕　《論語》〈季氏章篇〉。

〔註12〕　同註6，頁425。

的「意志化」開始向「理性化」的客觀必然性的轉化。〔註13〕此一現象，在《墨子》書中亦可發現。

三、墨子的「意志天」

墨子爲論證人間兼愛原則的永恆性，以天之意志爲最高根據。其認爲「天之行廣而無私，其施厚而不德，其明久而不衰。」〔註14〕墨子認爲「天」具有最高的意志，擁有最大的力量，至公至明而無絲毫的偏私，施予人間是愛，不允許有貴凌賤、強凌弱、大攻小的行爲，人在天的面前是平等的。進一步認爲人間兼愛原則可溯源於「天」，是上天意志的體現。〔註15〕有意志的「天」也能懲惡賞善，興利除害。儘管如此，墨子亦提出「非命論」，認爲貧富強弱是來自人的主觀努力，不是由上帝決定的，也不是由「命」來決定的。通過主觀的努力，人可以掌握天意，可以不信命運。〔註16〕因而人的努力，可以產生改變命運的力量。

四、老子的「道」

此種「意志天」的看法，到了《老子》這本書，就完全被打破了。老子否認傳統中關於天之宗教信仰，提出以抽象的「道」做爲宇宙的最高本體。老子認爲「道」是渾然一體的，先於天地而生的，是無聲無形的。「道」不停地運行，永遠不會改變，是萬物的根本。萬物從「道」那裏派生出來，「道」是先於天地而存在的，是一種超然於萬物之上的神秘力量。〔註17〕老子由此前提出發，倡導天道自然無爲的思想。其謂「道常無爲，而無不爲」〔註18〕由於老子以天道無爲，反對人事有爲，以致抹煞人主觀能動的作用，陷入消極無爲的宿命論中。

五、孟子的「知天」

孟子繼承孔子的天命思想，提出「盡心，知性，知天」與「存心，養性，事天」的綱領，認爲人有先天之「良知」、「良能」，通過「盡心」、「知

〔註13〕　吳乃恭：《儒家思想研究》，長春：東北師範大學出版社，1988年，頁19。
〔註14〕　《墨子》〈法儀篇〉。
〔註15〕　曹德本：《中國傳統思想探索》，瀋陽：遼寧大學出版社，1988年，頁18。
〔註16〕　楊向奎《墨子的思想與墨者集團》，載入《中國古代社會與古代思想研究》上冊，頁397。
〔註17〕　同註15，頁19。
〔註18〕　《老子》三十七章。

性」，即能「知天」。最後「萬事皆備於我，反身而誠，樂莫大焉！」〔註 19〕
孟子從道德主體原則出發，解決了實現「天人合一」的途徑和方法。其承
認人性根於心而受於天，知性則可以知天。天是自然界的最高存在，人是
道德的主體，二者構成真正的主客關係。〔註 20〕孟子對「意志天」做重大
的修正，使其具有客觀必然性的涵義，不依個人的意志做轉移。因此孟子
認為人只能通過自己的活動來實現天意，人世間的禍福取決於人的自身，
而不取決於天。〔註 21〕

六、荀子的「客觀存在天」

荀子是儒家中首先提出「天」是客觀存在的自然界的第一人。其認為「氣」
是構成天地萬物的本源，由於陰、陽二氣的接合作用，引起自然界的運動變
化，因此「天行有常，不為堯存，不為桀亡」，天是沒有意志的。〔註 22〕在此
一前提下，荀子提出「天人之分」的觀念，認為自然界和人類社會各有不同
的職分，只有正確地區分天和人的職分，把握天和人的發展規律，才有可能
在科學實踐上認識和改造自然界與社會，不受盲目勢力所支配。〔註 23〕然荀
子亦認為人同自然界的其他萬物一樣，都是由統一的「氣」所構成。人的生
存，必須依賴於自然界。因此荀子主張「制天命，而用之」，發揮人的主觀能
動的精神，使天地萬物為我所用，充分地發揮人改造天的偉大力量。〔註 24〕

七、董仲舒的「天人感應」

迄至漢代，思想家董仲舒繼承商周以來的宗教信仰與天命思想，將「君
權神授」理論化、系統化，認為「天」是至高無上的人格神，具有目的與
意識的，乃能創造人與萬物之最高主宰者。此外「天」具有至仁至善的美
德，具有道德的屬性。〔註 25〕董仲舒由此提出「天人感應說」，認為天與人
同類，所以會同氣感應，天有什麼，人就有什麼。〔註 26〕總之，董仲舒的

〔註 19〕　《孟子》〈盡心篇〉上。
〔註 20〕　蒙培元：《理學範疇系統》，北京：人民出版社，1989 年，頁 425-426。
〔註 21〕　吳乃恭：《儒家思想研究》，長春：東北師範大學出版社，1988 年，頁 91-93。
〔註 22〕　《荀子》〈天論篇〉。
〔註 23〕　同註 21，頁 126。
〔註 24〕　同註 21，頁 128-129。
〔註 25〕　同註 21，頁 198-199。
〔註 26〕　同註 21，頁 204-205。

天人關係理論，一方面肯定天是有意志的，同西周的有意志天，一脈相通。然而天和天道，是通過陰陽五行體現出來的，同時又把陰陽五行政治倫理化，這是對西周的有意志天的重大發展。另一方面，董仲舒提出天人感應、天人相與的理論，此乃爲神秘主義的天人合一論，是對荀子「天人之分論」的否定。〔註27〕

八、司馬遷的「自然天」與「主宰天」

與董仲舒同時代的史學家司馬遷，撰寫《史記》，藉以探「究天人之際」。司馬遷所謂的「天」是廣義的，包括「自然天」與「主宰天」。凡是非人力量所及的，不屬於「人事」的範圍，皆可歸之於「天」。〔註28〕對於「究天人之際」，司馬遷認爲：一是於人事盡處，始歸之於天命。二是天與人可交相作用，而以「德」爲感應的中樞。三是盡人事以希天、合天。〔註29〕於此司馬遷所說的天，實有同於命運之「命」，即所謂的「盡人事，聽天命」，乃是人對於天，只能期待，不能強求。「天」似乎處於有、無意志之間，天人關係亦是似斷似連。

九、王充的「自然之天」

針對董仲舒之「神學目的論」，王充提出「氣一元論自然觀」，予以駁斥。「天地，含氣之自然也」，〔註30〕王充認爲「氣」是天地萬物之基始。萬物由天地「動行」、「施氣」而自然產生。因此天道是自然無爲的，與「天人感應」無關，由此可知王充是吸收老莊天道自然無爲思想的。其進一步地指出：「天動不欲以生物，而物自生，此則自然也。施氣不欲爲物而物自爲，此則無爲也。」〔註31〕人是極微細的，宇宙之中，決不可妄想感動天地。因爲天與人是不能相互感應的，但卻是彼此相通的，天亦不能譴告人，所以日食、月食是不關人君政治好壞的。〔註32〕王充的時代，醫學、天文學甚爲發達，此二學問都靠實證的知識，注重實驗，因此王充才能以科學的態度來抨擊「天人感應

〔註27〕吳乃恭：《儒家思想研究》，長春：東北師範大學出版社，1988 年，頁 210。
〔註28〕阮芝生：《試論司馬遷所說的「究天人之際」》，載入《史學評論》第六期，頁 41。
〔註29〕阮芝生：《試論司馬遷所說的「究天人之際」》，同前註，頁 63-70。
〔註30〕王充：《論衡》卷十一，〈談天篇〉。
〔註31〕王充：《論衡》卷十八，〈自然篇〉。
〔註32〕郭湛波：《中國中古思想史》，香港：龍門書店出版社，1967 年，頁 194。

論」。〔註 33〕王充「自然之天」的思想，為商周以來天人之辯做了總結。隨著科學思想的進步，對天的迷信色彩漸消褪，天人關係的探討也有不同的發展方向。

　　總括言之，天人關係的探討歷程中，影響劉基最深的，是漢代的思想家。基本上，劉基的天人思想，乃繼承董仲舒、王充等人之思想脈絡而來。其在《春秋明經》中，以「氣之感應論」來講論理學上之天人關係，認為：「天人一理，有感則有其應」，又提出「非深明夫天人之理者，不可以言春秋也」。〔註 34〕感應論盛行於漢代，董仲舒即以此演化為「天人相與」的天人之學。其後，感應論又與道教互相參取，然於儒學中仍相沿不絕，迄至劉基，亦熱衷此道。故劉基天人關係思想之傳承，可謂為淵遠而流長。

〔註33〕　郭湛波：《中國中古思想史》，香港：龍門書店出版社，1967 年，頁 189。
〔註34〕　《誠意伯文集》卷十九，〈三月癸酉大雨震電庚辰大雨雪篇〉，頁 28。

第四章　劉基天人思想之結構

　　劉基的哲學，以「天人」爲宗綱，融元氣論、宇宙論、認識論、民本論、方法論於一爐。今將劉基天人思想的結構，分述於後。

一、元氣論

　　王充的《論衡》〈談天篇〉引《易》曰：「元氣未分，渾沌爲一。」又言：「及其分離，清者爲天，濁者爲地。」人亦稟元氣，而有形體生命。柳宗元的《天對》講元氣運化：「曶黑晣眇，往來屯屯，龐昧革化，惟元氣存。」又《天說》講天地生成後，元氣「渾然而中外處」，產生萬物。王安石認爲元氣爲道之體，爲天下母。由元氣中生出衝氣，爲道之用，運行於天地之間。程頤的《語錄》論到：「隕石無種，種於氣。麟亦無種，亦氣化。厥初生民亦如是。」再者，「氣則自然生人，氣之生，生於眞元。天之氣亦自然生生不窮。」朱熹的《朱子語錄》卷一百三十七謂：「問：性者生之質。曰：不然，性者生之理。氣者生之質，已有形狀。」劉基的「元氣論」，即是「氣一元論」。此繼承王充（27-97）、柳宗元（773-819）、王安石（1021-1086）、張載（1020-1077）、程頤（1033-1107）以及朱熹（1130-1200）等此一思想脈絡而來。〔註1〕其中，張載之影響劉基甚大。

　　劉基認爲「元氣」乃構成萬物的根本，認爲：

　　　　物之大者一，天而無二。天者，眾物之共父也。神仙，人也，亦子
　　　　之一也，能超乎其羣，而不能超乎其父也。夫如是，而後元氣得以

〔註1〕劉基從王充、柳宗元、王安石、張載、程頤和朱熹等重要見解中，得出自己
　　　　「元氣論」的創見。

長爲之主，不然則非天矣！〔註2〕

以天爲「眾物共父」，即「萬物之父」。其包括神仙在內，皆爲天之子。惟此方可言元氣「長爲之主」，並確認天之主乃爲「元氣」。然天即是天之氣之天，亦即所謂「天，渾渾然氣也。」〔註3〕其非虛無，實爲一「自然之天」，與其「天之質茫茫然，氣也」〔註4〕之意同。劉基以「元氣」爲「天之主」，即天之氣之主宰。然「元氣」爲何，其謂：

有元氣乃有天地，天地有壞，元氣無息。〔註5〕

元氣未嘗有息也。〔註6〕

元氣之汩。〔註7〕

由此可看出劉基元氣思想之特徵有二，即：

（一）「有元氣，乃有天地」。元氣是先於天地，即已存在者。所謂「天地」，是指星、雲、霜、露與山川草木，亦即萬物。天地萬物之形成，是茫茫天之氣所形聚，而元氣則是茫茫天之氣所以能化生萬物之由者，故稱「有元氣，乃有天地」。

（二）所謂「元氣無息」、「未嘗有息」、「元氣之不汩」，非僅指運動不息而已，乃指不熄長存之意。〔註8〕此乃與劉基言「天地有壞」，即天地萬物可以毀滅是相對應著。「汩」是沉淪、埋沒、消失之意，「不汩」即不消失，永存之謂。此可謂爲天地萬物是可以毀滅的，而在其上之「元氣」是永恆不熄的，是永恆存在者。

今由上述可歸納出「元氣」乃是先於天地萬物而存在者，是永恆不熄，具有主宰作用者。故「元氣」是「萬物之本源」。

既然「元氣」是在萬物之先，是天之氣化生萬物之因。而「元氣」又與「理」之性質相接近，具有理之特徵。故劉基之「元氣」的絕對本體，還是「理」。其言：

〔註2〕《劉文成公集》卷四，〈郁離子〉〈神仙篇〉，頁17。本書的〈郁離子〉採用明穆宗隆慶刊本。因時代較接近，且隆慶刊本於此部分較爲完整，其他部分因殘缺處多，故用「乾隆刊本」爲佳。

〔註3〕《劉文成公集》卷四，〈郁離子〉〈靡虎篇〉，頁26。

〔註4〕《誠意伯文集》卷六，〈天說〉上，頁9。

〔註5〕《誠意伯文集》卷六，〈天說〉下，頁11。

〔註6〕同註4，頁10。

〔註7〕同註5，頁10。

〔註8〕古「息」、「熄」通假，故「無息」即「無熄」之意。

天之質茫茫然，氣也，而理爲其心，渾渾乎惟吾也。善不能自行，
載於氣以行，氣生物而淫於物，於是乎有邪焉！非天之所欲也。人
也者，天之子也，假於氣以生之，則亦以理爲其心。氣之邪也，而
理爲其所勝，於是乎有惡人焉！非天之欲生之也。朱、均之不肖而
以爲子，非堯、舜之所欲也。蟯、蛔生於人腹，而人受其害，豈人
之欲生此物哉！〔註9〕

其中「理」、乃善「載於氣以行」，是天雖以理爲其心，理又純粹爲善。然「氣
生物而淫於物，於是乎有邪焉！」一旦理爲氣之邪者所勝，則惡人出，此非
天之所可抑止者。於此劉基將「理」視爲絕對性之主宰，而茫茫天之氣則在
主宰之下。唯「理」是無情意，無造作，是凝然不動者。其乃爲天地萬物之
「所以然」的道理，並不能生出萬物！而「元氣」則具有能動能生之特性，
故其於物之世界中乃爲理之體現者，能反映或代表理，使茫茫渾渾天之氣得
以化生萬物。緣是之故，「元氣」既有理之特徵又近理，且又近實在天之氣，
成爲氣中之「正氣」，而長爲之主。

　　松川健二於其《郁離子》思想之特徵中，指出劉基之氣一元論的思考譜
系，實應予以肯定。其認爲此乃宋、明自然觀之歷史，應受注意。松川健二
舉劉基之「鬼神論」爲例，謂：

管豹問曰：「人死而爲鬼有諸？」郁離子曰：「是不可以一定言之也。」
夫天地之生物也，有生則必有死。自天地開闢以至於今，幾千萬年，
生生無窮，而六合不加廣也。若使有生而無死，則盡天地之間，不
足以容人矣！故人不可以不死者，勢也。既死矣，而又皆爲鬼，則
盡天地之間不足以容鬼矣！故曰：「人死而皆爲鬼者，罔也。」然而
二氣之變不測，萬一亦有「𩲸」（今爲「魂」字），離其魄，而未遂
散者，則亦暫焉而不能久也。夫人之得氣以生其身，猶火之著木然。
𩲸其燄，體其炭也。人死之𩲸歸於氣，猶火之滅也，其燄安往哉！故
人之受氣以爲形也，猶酌海於盃也。及其死而復於氣也，猶傾其盃
水而歸諸海也。惡得而恆專之以爲鬼哉！曰：「然則人子之祀其祖父
也，「虖」（今爲「虛」字）乎！」曰：「是則同氣相感之妙也。」是
故方珠向月可以得水，金燧向日可以得火，此理之可見者也。虞琴
彈而薰風生，夔樂奏而鳳皇來，聲氣之應，不虛也。故鬼可以有，

〔註9〕《誠意伯文集》卷六，〈天說〉上，頁9。。

可以無者也。子孝而致其誠，則其鬼由感而生，否則虛矣！故廟，
則人鬼享，孝誠之所致也。不然，先王繼絕世以復明祀，豈其鬼長
存而餒，乃至此而復食耶！〔註10〕

松川健二進一步地指出，此記載中後段乃承認「同氣相感」，且具有相對應之
界限。中段以燭火來比喻神形。故松川健二認爲劉基之「氣一元論」，是可以
肯定的。〔註11〕

綜上所述可知，劉基之「元氣論」有研究之價值性，其近承程朱之元氣
論。〔註12〕因程朱以道教之元氣，以爲「理先氣後」邏輯上之建構，做爲凝
然不動之理，形成萬物間之溝通環節。劉基對元氣性質之界定，此點亦沿襲
著程朱之元氣論，然並非僅以其爲物質概念來使用而已！於此，劉基乃以「理」
爲絕對本體，爲哲學之最高範疇，認爲「元氣」是與「理」之性質接近，唯
比起「理」來，其更具「能動」、「能生」之主體性。

二、宇宙論

劉基認爲宇宙一切皆由「天」所生，認爲「天者，眾物之共父也。」〔註
13〕而天則是由「氣」所組成，「夫天，渾渾然氣也。地包於其中，氣行不息，
地以之奠。」〔註14〕故世上萬物乃從「天」中，分得「氣」以成：

物，受天之氣以生者也。〔註15〕

天以其氣分而爲物，人其一物也。〔註16〕

與「天」較之，「氣」是更根本之要素：

有元氣乃有天地，天地有壞，元氣無息。〔註17〕

非但人、物源生於氣，即人死後之「魂魄」、「人怪」變成之「神仙」，亦皆爲
天之氣所作用以成。劉基謂：

人之受氣以爲形也，猶酌海於盃也。及其死而復於氣也，猶傾其盃

〔註10〕　《劉文成公集》卷四，〈郁離子〉〈神仙篇〉，頁 17-18。
〔註11〕　松川健三：《劉基『郁離子』の研究》，載入《北海道大學文學部紀要》二十
　　　　　卷一號，頁 189。
〔註12〕　同前註。
〔註13〕　《劉文成公集》卷四，〈郁離子〉〈神仙篇〉，頁 16。
〔註14〕　《劉文成公集》卷四，〈郁離子〉〈麋虎篇〉，頁 25。
〔註15〕　《誠意伯文集》卷六，〈天說〉下，頁 10。
〔註16〕　同註 13，頁 16。
〔註17〕　同註 16。

水而歸諸海也，惡得而恆專之以爲鬼哉！〔註18〕

狐，獸也。老楓，木也，而皆能恠變。人，物之靈，夫奚爲不能恠變！〔註19〕

天下之物異形，則所受殊矣！脩短厚薄，各從其形，生則定矣！惟神儵爲能有爲，能有其受而焉能加之！〔註20〕

故「神仙」亦有死。劉基謂：

天者，眾物之共父也。神仙，人也，亦子之一也，能超乎其羣，而不能超乎其父也。〔註21〕

夫如是，而後元氣得以長爲之主。不然，則非天矣！〔註22〕

然天卻無法主宰人之禍福，劉基又謂：

好善而惡惡，天之心也。福善而禍惡，天之道也。爲善者，不必福；爲惡者，不必禍，天之心違矣！使天而能降禍福於人也，而豈自戾其心以窮其道哉！天之不能降禍福於人，亦明矣！〔註23〕

因此禍福災變者，乃氣之使然。劉基謂：

天以氣爲質，氣失其平則變。是故風雨、雷電、晦明、寒暑者，天之喘吁。呼噓、動息、啓閉、收發也。……故吼而爲暴風，鬱而爲虹蜺，不平之氣見也。……天病矣！物受天之氣以生者也，能無病乎！是故瘟癘夭札，人之病也。狂亂反常，顚蹶披昌，中天之病氣，而不知其所爲也！雖天亦無如之何也！〔註24〕

其中顯示自然之災害，人之病痛，乃氣候失調，氣失其平所致，純爲大自然之物理現象。「雖天亦無如之何」，此已否定天災流行，陰陽舛訛，天之以警於人之說。因此劉基承認「人定勝天」，且「天有所不能，而人能之！」惟人獨具有防患於未然之能力，故劉基又謂：

惟聖人有神道焉！神道先知，防於未形，不待其幾之發也。堯之水九載，湯之旱七載，天下之民不知其災！朱、均不才，爲氣所勝，則舉

〔註18〕　《劉文成公集》卷四，〈郁離子〉〈神仙篇〉，頁 17-18。
〔註19〕　同前註，頁 16-17。
〔註20〕　同前註。
〔註21〕　同註18，頁 16。
〔註22〕　同註21。
〔註23〕　《誠意伯文集》卷六，〈天說〉上，頁 9。
〔註24〕　《誠意伯文集》卷六，〈天說〉下，頁 10。

舜、禹以當之。桀、紂反道，自絕於天，則率天下以伐之。元氣之不
汩，聖人爲之也。……是故聖人猶良醫也。朱、均不肖，堯、舜醫而
瘳之。桀、紂暴虐，湯、武又醫而瘳之。周末孔子善醫，而時不用，
故著其方以傳於世。《易》、《書》、《詩》、《春秋》是也。〔註25〕

劉基所認爲之「聖人」，乃六合之內無所不知，無所不能之人物。其謂，

天之行，聖人以曆紀之。天之象，聖人以器驗之。天之數，聖人以
籌窮之。天之理，聖人以《易》究之。凡耳之所可聽，目之所可視，
心思之所可及者，聖人搜之，不使有毫忽之藏。而天之所閟，人無
術以知之者。〔註26〕

緣是之故，聖人從積極方面言，可掌握天地變化之規律並利用之，發展生產
爲人類謀福利，即「天地之盜」。從消極方面言，則可醫治天地之病。劉基進
一步地認爲：

天有所不能，病於氣也。惟聖人能救之，是故聖人猶良醫也。〔註27〕

然劉基指出人易犯以偏概全，卻不自知！且將「偶然」視爲「必然」，其後果
乃不堪收拾：

郈妻子泛於河，中流而溺，水渦煦而出之，得壺以濟岸，以爲天祐
己也。歸而不事魯，又不事齊，魯人伐而分其國，齊弗救！〔註28〕

以上，劉基即已否定「天祐」之觀念。劉基亦曾感慨人生無常，滄海桑田！
其認爲：

世上神仙亦何限，留侯辟穀應未晚！我聞神仙亦有死，別離多苦懷，
三年當百載。來者非所知，往者今安在！浮雲旦夕起，白日埋光彩。
天地亦有形，豈能長不改？去去東園公，紫芝猶可采。〔註29〕

其中「天地亦有形，豈能長不改？」深刻地描繪出劉基所洞知自然界的一切
變化。

綜觀劉基之宇宙論，係以物質解釋天地。天已去其神秘意味，爲一渾渾
然之氣，地則在氣中。所載之人與物，皆由「天之氣」所授，依其氣之「質」
與「形」而類分。唯「氣」並非最根本者，其最後本源乃爲「理」。劉基提出：

〔註25〕《誠意伯文集》卷六，〈天說〉下，頁11。
〔註26〕《劉文成公集》，卷三，〈郁離子〉〈天道篇〉，頁32。
〔註27〕《誠意伯文集》卷六，〈天說〉下，頁10。
〔註28〕《誠意伯文集》卷二，〈郁離子〉〈瞽瞶篇〉，頁27。
〔註29〕《誠意伯文集》卷十三，〈旅興〉五十首之二十七，頁45。

　　夫人之得氣以生其身，猶火之著木然。……及其死而復於氣也，猶
　　傾其盃水而歸諸海也。……是故方珠向月可以得水，金燧向日可以
　　得火，此理之可見者也。〔註30〕

如此精神性之「理」，即成為世界萬物之最終本源，為世界之本體。

三、認識論

　　劉基「宇宙論」中雖以「天」為自然，物質之本體，然其認識呈現雙重
性。劉基的「認識論」則視天為具有「意志」者：

　　君子之生於世也，為其所可為，不為其所不可為而已。若夫吉凶禍
　　福，天實司之，吾何為而自蘖（今為「孽」字）哉？〔註31〕
　　民，天之赤子也，死生休戚，天實司之。〔註32〕

於此，劉基將「天」視為「主宰著人世間，一切吉凶禍福者」。又謂：

　　天之棄之乎，則比人為有知。謂天之顧之乎，則何為使予生於此時！
　　時乎？命乎？〔註33〕
　　天生物而賦之形與性，壽夭貴賤，司命掌之，弗可移也。夫是謂之
　　天常。〔註34〕

此又以人之「死生」與「性形」，全然歸諸「命」，司命掌之，則弗可移易。
再其次，又或合稱「天命」、「天道」者：

　　夫人之生死，有天命焉！福善禍淫，天之道也。使誠有鬼（今為「鬼」
　　字）司之，猶當奉若帝命。〔註35〕

劉基論天以氣為質，致有無常之災，全然以氣之物理現象來解釋。然此際論
及人事吉凶貴賤，則頗染有天命主宰意識，承認主宰力與定則之存在。就其
主宰力而言，即為「天命」。就其弗可移易言，即為「天常」。而就其「福善
禍淫」之能言，則為「天之道」。此外，劉基又謂：

　　天之氣本正，邪氣雖行於一時，必有復焉。〔註36〕

因此做惡之人必得報應，此乃人類「正義」之發揮。大多數人持有此本性，

〔註30〕《劉文成公集》卷四，〈郁離子〉〈神仙篇〉，頁17-18。
〔註31〕《誠意伯文集》卷二，〈郁離子〉〈千里馬篇〉，頁12。
〔註32〕《劉文成公集》卷三，〈郁離子〉〈天道篇〉，頁32。
〔註33〕《劉文成公集》卷四，〈郁離子〉〈公孫無人篇〉，頁8。
〔註34〕《誠意伯文集》卷二，〈郁離子〉〈玄豹篇〉，頁18。
〔註35〕同註30，頁18-19。
〔註36〕《誠意伯文集》卷六，〈天說〉上，頁9。

所以能發揮「驅邪歸正」之作用。

劉基以爲「天以其氣分而爲物」，且「生則定矣」，〔註37〕無可移易。而天以氣爲質，氣行無常，禍福隨之。故就現實世界言，有吉凶，有禍福，此爲既定之事實。雖非天心之所欲，然天以氣爲質，氣既使之，亦可謂爲天，謂爲命，此乃劉基之天命主宰意識。

劉基受天命之侷限，在《犁眉公集》謂：

> 達人洞神理，守分絕外營。脩身俟天命，萬古全其名。

明太祖洪武八年（1375），劉基曾囑附次子劉璟等待適宜時機，進言洪武帝朱元璋：

> 當今之務，在修德省刑，祈天永命。〔註38〕

故爲政在德，此乃天命之所繫。綜觀劉基之宇宙論，雖然未與認識論徹底決裂，唯總體上畢竟不是粗糙之天的主宰意識。因而關於世界萬物的發展變化，在通常情況下，不使將之歸因於天之主宰意識的—「天命」，而只能歸因於「理」及其衍生物「氣」之變化，且賦予某種程度上的客觀性。劉基並且認爲：

> 氣生物而淫於物，於是乎有邪焉！〔註39〕

氣有邪正之分，於是得之以生之物，即有邪正之別：

> 人也者，天之子也，假於氣以生之，則亦以理爲其心。氣之邪也，
>
> 而理爲其所勝，於是乎有惡人焉，非天之欲生之也。〔註40〕

然世界根源畢竟是「理」，故其生成之氣，就根本言自然是「正」，由氣而產生萬物。唯從另一方面言，亦應爲「善」，至於邪氣、邪物，則只能視爲暫時之物，必將爲正氣、善物所替代：

> 氣之正者，謂之元氣。元氣未嘗有息也，故其復也可期，則生於邪
>
> 者，亦不能以自容焉！〔註41〕

對此種邪不勝正思想之論述，劉基並非就此戛然而止。更進一步地，應用於對政治生活之解釋：「秦政，王莽是已。」〔註42〕如眾所周知，歷史上秦政被評價爲實行暴政的君主典型，王莽則被視爲篡奪君主權力之另一種壞典

〔註37〕《劉文成公集》卷四，〈郁離子〉，〈神仙篇〉，頁16。
〔註38〕《明史》〈劉基傳〉，頁3781。
〔註39〕《誠意伯文集》卷六，〈天說〉上，頁9。
〔註40〕同前註。
〔註41〕同註39。
〔註42〕同註39。

型。劉基對彼等加以批評，實即對暴政與篡奪君權之行為加以鞭笞。就反面言，亦即對相對立之政治，即「德政」與「維護君主專制」之努力，加以肯定。其將暴政與篡奪君權之行為視為邪惡，實將德政與維護君主專制視為合理，符合「元氣」之正確行為。故「德政」是用來維護著君主專制的行為，此正是劉基之政治主張。由此可視出，劉基之「宇宙論」與「認識論」，皆被運用於政治主張的服務範疇內。

四、民本論

劉基認為歷代之興衰，國祚之長短，乃取決於民心的聚散。其言：

堯舜之民猶以漆搏沙，無時而解。故堯崩，百姓如喪考妣。三載，四海遏密八音，非威驅而令肅之也。三代之民，猶以膠搏沙，雖有時而融，不釋然離也。故以子孫傳數百年，必有無道之君而後衰。……霸世之民，猶以水搏沙，其合也若不可開，猶水之冰然，一旦消釋，則渙然離矣！其下者以力聚之，猶以手搏沙，拳則合，放則散，不求其聚之之道，而以責於民曰：「是頑而好叛！」嗚呼！何其不思之甚也。〔註43〕

故一代之君，必講求聚民之道。力倡所謂：

太上以德，其次以政，其下以財。〔註44〕

若以霸以力，喪亡即指日可待。劉基認為君主乃是天所賦予，必行之以德，方能符合天意。其提到：

天之愛民，故立之君以治之，君能妥安生民，則可以保茲天眷。〔註45〕

劉基揭示政治之目的，主要在立君以治民，立君以養民，使民情不拂，民力不竭。此一民本論即為劉基的政治思想之核心，並藉以深譏元末之苛政。其認為：

北郭氏之老卒，僮僕爭政。室壞不修且壓，乃召工謀之。請粟，曰：「未間，女姑自食。」役人告饑，涖事者弗白而求賄，弗與，卒不白。於是眾工皆慍恚，執斧鑿而坐。會天大雨霖，步廊之柱折，兩廡既圮，次及其堂，乃用其人之言，出粟具甕醽以集工曰：「惟所欲而與，弗靳。」工人至，視其室不可支，則皆辭。其一曰：「向也吾

〔註43〕《誠意伯文集》卷二，〈郁離子〉〈千里馬篇〉，頁9。
〔註44〕《劉文成公集》卷四，〈郁離子〉〈公孫無人篇〉，頁7。
〔註45〕《明太祖實錄》卷二百三十二，頁8（江蘇國學圖書館傳抄本）。

饑，請粟而弗得，今吾飽矣！」其二曰：「子之甕餿矣，弗可食矣！」
其三曰：「子之室腐矣，吾無所用其力矣！」則相率而逝，室遂不葺
以圮。郁離子曰：「北郭氏之先，以信義得人力，致富甲天下，至其
後世，一室不保，何其忽也。家政不修，權歸下隸，賄賂公行，以
失人心，非不幸矣！」〔註46〕

劉基由此民本觀念出發，以明其革命之大義，遂而肯定民權與民智的重要意
識形態。其並以羣狙喻昏昧受迫之民，必有覺醒開悟之一日。劉基論到：

楚有養狙以為生者，楚人謂之狙公。旦日必部分眾狙於庭，使老狙
率以之山中，求草木之實，賦什一以自奉。或不給，則加鞭箠焉。
羣狙皆畏苦之，弗敢違也。一日有小狙謂眾狙曰：「山之果，公所
樹與？」曰：「否也，天生也。」曰：「非公不得而取與？」曰：「否
也，皆得而取也。」曰：「然則吾何假於彼而為之役乎？」言未既，
眾狙皆寤。其夕，相與伺狙公之寢，破柵毀柙，取其積，相攜而入
於林中，不復歸。狙公卒餒而死。郁離子曰：「世有以術，使民而
無道揆者，其如狙公乎？惟其昏而未覺也，一旦有開之，其術窮
矣！」〔註47〕

又劉基認為：

海水，天物也。煮之則可食，不必假主權以行世，而私之以為己，
是與民爭食也。〔註48〕

故主張鹽、茶等一代之私禁，當權者且寬之。由此可視出劉基非但肯定革命
之民權，且尊重民取天物之人權。誠如蕭公權所言：

劉氏雖深譏蒙古政府之腐敗，然其譏之者以其為無道之政府，非以
其為異族之政府。嚮使蒙古用之，大行仁民之政，則「北郭氏」之
堂不傾，皇覺寺之僧不帝，異族政府雖維持至於久遠可也。……蓋
劉氏之政治哲學以「民本」為其最高原則，遠似隋末之王通，近似
元初之許衡。而王、許二人猶略存種族文化觀念，劉基則獨倡「大
同之說」，誠一可異之事。〔註49〕

〔註46〕 《誠意伯文集》卷二，〈郁離子〉〈千里馬篇〉，頁7。
〔註47〕 《誠意伯文集》卷二，〈郁離子〉〈瞽聵篇〉，頁27。
〔註48〕 《誠意伯文集》卷四，〈郁離子〉〈羹藿篇〉，頁96。
〔註49〕 蕭公權：《中國政治思想史》，臺北：華岡出版公司，頁534。

劉基再強調：

> 海島之夷人好腥得蝦、蟹、螺、蛤，皆生食之。以食客，不食則咻
> 焉。裸壤之國不衣，見冠裳則駭，反而走以避。五谿之蠻，羞蜜唧
> 而珍桂蠹，貢以為方物，不受則疑以遜。〔註50〕
> 故中國以夷狄為寇，而夷狄亦以中國之師為寇，必有能辨之者，是
> 以天下貴大同也。〔註51〕

其以為世人抱一隅之聞見，往往落入本位成見而不自知！中國與夷狄之彼此寇
視，即是顯例。按此論，殆與當日元室之階級歧視密切相關，故劉基對於當道
用人之重冀產，尊族系，頻加諷誡。其力主一視同仁，「惟其賢」之平等觀念。
此論據有合於《莊子》齊物之旨，殆未可以與儒家之大同相提並論。〔註52〕迨
明朝建立，劉基則謂：

> 虹聲電目，探天根分幹地軸，扶龍興雲四方以肅。以生民休戚為憂
> 喜，以大道晦明為榮辱。武功既成，而文治不盡其用者，蓋天也耶？
> 抑人也耶？〔註53〕

由此可知劉基對明朝之冀望，既深且切，認為明朝雖初立，亦應由「民本」
出發，以施之於文治上，方能竟功。而劉基天人之歎，漸而消弭於無形。

五、方法論

在「方法論」上，劉基認為要分清「主」與「客」。其主張人在認識事物
之過程中，須全面地看問題，瞭解事物之本質後，才能做到正確的對待。因
此劉基論到：

> 人之於事也，能辨識其何者為主？何者為客？而不失其權度，則亦
> 庶幾乎寡悔矣夫！〔註54〕

劉基亦明確地分析「食」與「衣」的作用。其謂：

> 食主于療饑，其功在飽，而甘旨不與焉。衣主於御寒，其功在煖，
> 而華飾不與焉。飽、煖，主也。甘旨、華飾，客也。〔註55〕

〔註50〕《劉文成公集》卷四，〈郁離子〉〈神仙篇〉，頁19。

〔註51〕同註50，頁19。

〔註52〕蕭公權：《中國政治思想史》，臺北：華岡出版公司，1977年，頁535。

〔註53〕《誠意伯文集》卷首，〈贊〉，頁10。

〔註54〕《劉文成公集》卷四，〈郁離子〉〈公孫無人篇：寡悔〉，頁10。

〔註55〕同前註。

又舉巫閭大夫之諫燕文公，劉基提出：

> 今君之求馬，亦惟其良而已。〔註56〕

> 何必近舍其所欲售，而遠取其不欲售者乎！〔註57〕

此乃因燕文公之固執，故未能辨清主客。劉基頗重臨事之審辨考量，認爲：

> 觀其著以知微，察其顯而見隱，此格物致知之要道也。不研其情，
> 不索其故，梏於耳目而止，非知天人者矣！〔註58〕

然而權衡輕重，分辨利害，亦所必愼。劉基強調：

> 趙人患鼠，乞貓於中山。中山人予之貓，善捕鼠及雞。月餘，鼠盡
> 而其雞亦盡。其子患之，告其父曰：「盍去諸？」其父曰：「是非若
> 所知也，吾之患鼠，不在乎無雞。夫有鼠，則竊吾食，毀吾衣，穿
> 吾垣墉，壞傷吾器用，吾將飢寒焉，不病於無雞乎！無雞者，弗食
> 雞則已耳，去飢寒猶遠，若之何而去夫貓也！」〔註59〕

除此外，劉基亦強調實踐在認識過程中的重要意義，並勉人讀書須做到「誦其言，求其義，必有以見於行。」〔註60〕其已洞悉人須按照事物發展之規律行動，認爲「聖人與時偕行」〔註61〕方能達到不「躁」與不「陋」的境界。劉基特別提出：

> 時未至而爲之，謂之「躁」。時至而不爲之，謂之「陋」。〔註62〕

劉基且善於對具體情況做具體的分析。其論及：

> 虎逐麋，麋奔而闞於崖，躍焉，虎亦躍而從之，俱墜以死。〔註63〕

由虎與麋「俱墜以死」，劉基以爲主要乃因「虎愚，中麋之計」，有以致之。故劉基進一步地提出事物的本質若不加以分析，則將失警惕而反受其害。劉基又謂：

> 蒼莨之山，溪水合流。入於江，有道士築寺於其上，以事佛甚謹。
> 一夕，山水大出，漂室廬，塞溪而下。人騎木，乘屋，號呼求救者，
> 聲相連也。道士具大舟，躬蓑笠，立水滸，督善水者繩以俟。人至，

〔註56〕 《劉文成公集》卷三，〈郁離子〉〈枸橼篇〉，頁4。
〔註57〕 同前註。
〔註58〕 《劉文成公集》卷四，〈郁離子〉「麋虎篇」，頁24。
〔註59〕 《劉文成公集》卷三，〈郁離子〉〈枸橼篇〉，頁9。
〔註60〕 《誠意伯文集》卷四，〈送高生序〉，頁2。
〔註61〕 同註58，頁23。
〔註62〕 同註58，頁23-24。
〔註63〕 同註58，頁19。

即投木索引之，所存活甚眾。平旦，有獸身沒波濤中而浮其首，左右眄，若求救者。道士曰：「是亦有生，必速救之。」舟者應言往，以木接上之，乃虎也。始則矇矇然，坐而舐其毛，比及岸，則瞠目眂道士，躍而攫之，仆地，舟人奔救，道士得不死而重傷焉！郁離子曰：「哀哉！是亦道士之過也，知其非人而救之，非道士之過乎！雖然孔子曰：『觀過斯知仁矣！』道士有焉。」〔註64〕

事物之本質，常與時推移，故應因時制宜，予以重新評價。如津液變為痰結，即非養人之物，反有害於人，應毅然除去，此乃因時因事而制宜。於是劉基解釋到：

郁離子疾病，氣菀痰結，將散之，或曰：「痰，榮也，是養人者也，人無榮則中乾，中乾則死，弗可散也。」郁離子曰：「吁！吾子之過哉！吾聞夫養人者，津也，醫家者所謂榮也。今而化為痰，是榮賊也，則非養人者也！夫天之生人，參地而為三，為其能贊化育也。一朝而化為賊，其能贊天地之化育乎？……故蟲果生也，蟲成而果潰，自我而離焉！非我已，故能養我乎？弗去，是殖賊以待戕也，從子之教，吾其不遠潰矣！」〔註65〕

綜上所言，劉基的「方法論」乃特重人事全面之觀察。分析事理當別其主客，權其輕重。審析事物本質之際，須審識其時移事變之現象，亦應認清其不可變之本性本質。故劉基反對主觀、片面，認為臨事當審慎思考，不將偶然視為必然，不以狹隘之經驗推斷全盤，方不為妄名表象所迷惑。

〔註64〕《誠意伯文集》卷二，〈郁離子〉〈玄豹篇〉，頁15-16。
〔註65〕《劉文成公集》卷三，〈郁離子〉〈枸櫞篇〉，頁6。

第五章　劉基天人思想的承繼及其影響

　　劉基身歷元末明初之世，其天人思想之所以較前人有大的變化，實與其個人的遭遇以及所處的時代，是分不開的。

一、劉基天人思想的承繼

　　劉基所處的時代，對其天人思想的形成與發展的產生，有主要有三個重要因素。

（一）宋元為中國自然科學發展的時期

　　宋畢昇發明活字版印刷與當時羅盤的發明，被廣泛地運用在民生與航海上。當時的火藥、火器的製造技術，已提高到新的階段。傑出的科學家沈括的科學名著《夢溪筆談》，暢銷於當代。元時的中國數學、天文學、氣象學、地理學、醫學等方面亦有長足的進步，取得空前成就。如此自然科學的發展，提供劉基天人思想發展的優越條件。劉基學問淵博，故能容易地接受自然科學的新成就，用來解釋自然的現象。劉基在解釋雷為何物時曾謂：

> 雷者，天氣之鬱而激而發也。陽氣團於陰，必迫，迫極而迸，迸而
> 聲為雷，光為電，猶火之出炮也。〔註1〕

此種解釋於火藥、火礮產生前，顯然為不可能！劉基卻能將之應用在《宇宙論》中，此狀況與王充駁斥《天人感應說》相同。

〔註1〕《誠意伯文集》卷六，〈雷說〉上，頁12。

（二）宋元以來「程朱理學」居統治地位

程朱理學創始者之一「張載」、南宋時永康學派「陳亮」與永嘉學派「葉適」等，皆爲著名的程朱理學思想家。正因劉基對各種書籍皆涉獵，尤其對宋元以來思想意識較能夠全面地掌握，並且做分析比較。比如劉基之「元氣論」，顯然淵源於張載之「氣一元論」思想，謂：

> 太虛不能無氣，氣不能不聚而爲萬物，萬物不能不散而爲太虛。〔註2〕
> 知太虛即氣。〔註3〕

劉基對漢高祖、唐太宗倍加頌揚，誇讚彼等爲：

> 間世之英，不易得也，皆傳數百年，天下之生賴之以安，民生蕃昌，蠻夷嚮風，文物典章可觀，其功不細。〔註4〕

此種「民本論」之思想，顯然又受到陳亮思想的影響。陳亮曾駁斥朱熹：

> 三代專以天理行，漢唐專以人欲行。〔註5〕
> 以爲漢唐之君本領非不洪大開廓，故能以其國與天地並立，而人物賴以生息。〔註6〕

（三）劉福通「紅巾軍起義」敲響元朝殘暴統治之喪鐘

劉福通的反元之舉，給劉基莫大的鼓勵。加上劉基於元末懷才不遇，長期處在官場受氣。其瞭解人民的疾苦，對社會有較深刻的體認。劉基四十六歲棄官歸里隱居，五十歲終於敢冒大不諱，不懼「附逆」罪名，接受朱元璋之邀，進行反元之壯舉。此行動本身，正是其擺脫程朱理學正統思想的表現。此在其「民本論」中，劉基已得到充分的發揮。

劉基的政治生涯，以五十歲參加朱元璋起義爲界，分爲前、後兩期。惟其天人思想之前期與後期之分界線，應當更早些，應該是在劉基四十六歲棄官歸隱時，可由《春秋明經》與《郁離子》二書得一明顯的分界。〔註7〕

〔註2〕 張載：《正蒙》，〈太和篇〉，頁3。
〔註3〕 張載：《正蒙》，〈太和篇〉，頁7。
〔註4〕 《劉文成公集》卷三，〈郁離子〉〈螇螰篇〉，頁16。
〔註5〕 陳亮：《龍川文集》卷二〇陳亮給朱熹之『又甲辰秋書』，頁11。
〔註6〕 同前註，頁11-12。
〔註7〕 劉基早年作《春秋明經》二卷，其對於公羊春秋及董仲舒之《天人感應說》篤信不疑。《誠意伯文集》卷十九，《春秋明經》〈公會齊侯伐蔡公至自伐蔡大旱〉：「嘗謂善惡之事祚於下，而災祥之應見於上，此天人相與之至理也。是故僖公以務農重穀爲事，而三時之不雨不足以爲其害，莊公以峻宇雕墻爲務，而一時之不雨即可以爲之憂，天之於人，各以類應，其可忽哉？」迨劉基其

二、劉基天人思想的影響

究竟劉基天人思想對後世影響者爲何？今分述於後。就「元氣論」而言，王廷相（1474-1544）曾謂：

> 愚謂天地未生，只有元氣。元氣具，則造化人物之道理即此而在。故元氣之上無物，無道，無理。〔註8〕

> 有太虛之氣而後有天地，有天地而後有氣化，有氣化而後有牝牡，有牝牡而後有夫婦，有夫婦而後有父子，有父子而後有君臣，有君臣而後名教立焉。〔註9〕

王廷相的「元氣論」亦繼承劉基此一系脈而來。其認爲「元氣」乃是造化萬物之本源者。又謂：

> 且夫天地之間，無非氣之所爲者。其性，其種，已各具於太始之先。〔註10〕

後來呂坤（1536-1618）亦持是論。其認爲：

> 宇宙內主張萬物底，只是一塊氣。氣即是理。理者，氣之自然也。〔註11〕

> 天地萬物，只到和平處，無一些不好，何等暢快！〔註12〕

> 氣者，形之精華。形者，氣之渣滓。故形中有氣，無氣則不生。氣中無形，有形則氣不載，故有無形之氣。〔註13〕

故呂坤又進一步地發揮，將「形」與「氣」做一明晰的解釋。清朝時，顧炎武（1613-1682）亦提出：

> 盈天地之間者氣也。〔註14〕

黃宗羲（1610-1695）更明白地指出：

> 通天地，亙古今，無非一氣而已。〔註15〕

四十六歲棄官歸里，作《郁離子》後，即明顯可知其天人思想中之「認識論」與「宇宙論」兩種理論之出現，可見彼此間仍有其連續性。

〔註8〕　王廷相：《王氏家藏集・內臺集・慎言・雅述》，〈雅述〉上篇，頁16。
〔註9〕　王廷相：《王氏家藏集・內臺集・慎言・雅述》，〈雅述〉，〈慎言篇〉卷一，道體章，頁3。
〔註10〕　同前註，《王氏家藏集》卷三十三，〈五行辯〉，頁4。
〔註11〕　呂坤：《呻吟語》卷四，公田連太郎譯註，〈談道篇〉，頁153。
〔註12〕　同前註，頁124。
〔註13〕　同註11，頁123。
〔註14〕　顧炎武：《日知錄》卷一，〈游魂爲變篇〉，頁22（採用乾隆乙印刊本）。

理為氣之理，無氣則無理。〔註16〕

理乃是依氣而存。王夫之（1619-1692）更指出：

> 虛空者，氣之量。氣彌淪無涯而希微不形，則人見虛空而不見氣。
> 凡虛空皆氣也，聚則顯，顯則人謂之有，散則隱，隱則人謂之無。
> 神化者，氣之聚散不測之妙，然而有跡可見。性命者，氣之健順有
> 常之理，主持神化而寓於神化之中，無跡可見。若其實，則理在氣
> 中，氣無非理。氣在空中，空無非氣，通一而無二者也。其聚而出
> 為人物則形，散而入於太虛則不形，抑必有所從來。蓋陰陽者，氣
> 之二體；動靜者，氣之二幾。體同而用異，則相感而動，動而成象
> 則靜，動靜之幾，聚散、出入、形不形之從來也。〔註17〕

王夫之又以新發現的「動與靜」，而對「元氣論」做更精闢的說明。其謂：

> 蓋言心、言性、言天，俱必在氣上說，若無氣處，則俱無也。〔註18〕

另外，方以智（1611-1671）認為「一切物」皆「氣」所為，「空」皆「氣」所實。其提出：

> 潛老夫（即宋朝鄧潛谷，曾作《物性志》）曰：「蛻形知氣，蛻氣知
> 神，蛻神歸空，蛻空見理，蛻理還物：如是則物，物已耳，又何蛻
> 乎！」世惟執形以為見，而氣則微矣！然冬呵出口，其氣如煙，人
> 立日中，頭上蒸歊，影騰在地。考鐘伐鼓，窗櫺之紙皆動，則氣之
> 為質，固可見也。充一切虛，貫一切實，更何疑焉！……一切物皆
> 氣所為也，空皆氣所實也。〔註19〕

關於「宇宙論」方面，呂坤亦提出：

> 問：「天地開闢之初，其狀何似？」曰：「未易形容。」因指齋前盆沼，
> 令滿貯帶沙水一盆，投以瓦礫數小塊，雜穀豆升許，令人攪水渾濁。
> 曰：「此是混沌未分之時，待三日後，再來看開闢。至日而濁者，清
> 矣！輕清，上浮。曰：「此是天開於子。沈底渾泥，此是地闢於丑。

〔註15〕黃宗羲：《宋元學案》卷十二，〈濂溪學案〉下，頁3。
〔註16〕黃宗羲：《明儒學案》卷七，〈河東學案〉一：〈文清薛敬軒先生瑄〉，頁3。
〔註17〕王夫之：《張子正蒙注》卷一，〈太和篇〉，頁8。王夫之所注《正蒙》原文為
　　　　「知虛空即氣，則有無隱顯，神化性命，通一無二，顧聚散、出入、形不形，
　　　　則深於《易》者也。」
〔註18〕王夫之：《讀四書大全說》卷一。
〔註19〕方以智：《物理小識》卷一，〈天類篇〉：氣論章，頁4。

中間瓦礫出露，此是山陵。」是時穀豆芽生，月餘而水中小蟲浮沈奔
逐，此是人與萬物生於寅。徹底是水，天包乎地之象也。地從上下，
故山銳而下廣，象糧穀堆也。氣化日繁華，日廣侈，日消耗，萬物毀
而生機微。天地雖不毀，至亥而又成混沌之世矣！〔註20〕

呂坤以此一種較具科學方法之實驗，來闡釋「宇宙論」，實不失爲較進步者。
迄至章太炎（1869-1936）撰《天論》一文，則用近代之天文學說論證「天之
物質性」，則更具有科學性。

「民本論」方面，在明末清初時已發展至另一高峰。黃宗羲認爲君主乃
居一次要角色：

古者以天下爲主，君爲客。凡君之所畢世而經營者，爲天下也。〔註21〕

王夫之則認爲應採民主方式，注重人民，方爲今國家社會的主要趨勢。其特
別論到：

孟子曰：「民爲貴，社稷次之，君爲輕」。因時之論也。當其時，文、
武之澤已斬，天下忘周而不以爲君，周亦忘天下而不自任爲君，則
君子雖欲自我君之而不能。……君非君，而社稷亦非社稷矣，故輕
也。君與社稷輕，而天所生之人，不可以無與立命，則苟有知貴重
其民者，君子不得復以君臣之義責之，而許之以爲民主可也。〔註22〕

於此，溝口雄三教授特別地指出明末清初時期君主觀之變化，開始著重從體
制方面來判斷政治之良莠，故否認君權絕對性之議論，於是展開。〔註23〕

總括而論，哲學上各個哲學體系非爲平行並列者，總是後者體現著前者。
前者乃爲後者之基礎，後者則爲前者之昇華。今人亦可作如是言，若無墨翟、
老子之環節，即無荀子的「制天命而用之」。人類認識史上此一「不結果實之
花」，其存在乃爲必然者。吾人可從「天人」範疇發展之脈絡視出，人類於認
識世界的過程中，不斷地提高自己的認識能力，發揚光大，修正錯誤，使哲
學認識逐步昇華。劉基的「天人思想」，亦是在如此模式中醞釀以生以成的。

〔註20〕　呂坤《呻吟語》卷四，公田連太郎譯註，〈天地篇〉，頁503。
〔註21〕　黃宗羲：《明夷待訪錄》，『原君篇』，頁2。
〔註22〕　王夫之：《讀通鑑論》中冊，卷二十七，（唐）〈僖宗篇〉，頁979。
〔註23〕　溝口雄三：《中國民權思想的特色》，載入中央研究院近代史研究所《中國現
　　　　　代化研討會（1860-1949）》。

第六章　劉基天人思想之闡揚

　　在劉基天人思想哲學中，乃冶元氣論、宇宙論、認識論、民本論與方法論於一爐。

　　劉基以天爲政權之最後根據，皇帝乃爲天之牧民者，故其心所嚮慕抱持者，乃爲救時政，明法度，以待眞正王者的降臨。此番心志懷抱，貫串其一生，爲其經歷元明心境之主導。元末徘徊仕隱，劉基的心志總想有朝一日，能一展鴻圖長才。入明後，嘆懼老病，不安政途。其中雖有志向無望之悲，劉基遂將當時心情反映於著作中。

　　「天人思想」在宋、元、明、清，雖不是哲學討論中心之議題，唯其影響始終存在。尤其是劉基的「元氣論」、「宇宙論」於今科學昌明之世，亦足以印證。其「認識論」在天之主宰意，則爲宗教家所倡導。「民本論」經孫逸仙推翻滿清後，更採美國總統「民有」、「民治」、「民享」之說，而達到極致。其「方法論」分別主、客，亦爲今日學者所沿用。

　　綜論劉基「天人思想」的模式，肯定分析方法，然其主要乃是一種綜合型之結構。換言之，劉基所強調爲「分析與綜合」之統一，尤其凸顯綜合基礎的統一。「天人」之宇宙圖式，乃以人與天地萬物爲一體，反對將自然界與人事之關係，割剝成碎片。劉基注重於平衡人類生存之生態系統，以複雜有機的觀點來認識並協調宇宙與人生。劉基的「天人思想」之精神取向，不僅是對世界理性之適應，而且是對世界理性主宰，做進一步審思人禽之辨，並且高揚「民本論」之主體，藉以認識世界與創造歷史中之能動功能。

參考書目

一、傳統文獻

（一）劉基之著作

1. 何鏜編：《誠意伯劉文成公文集》二十卷（明穆宗隆隆慶刊本）。《誠意伯劉文成公文集》二十卷，又稱《重編太師誠意伯劉文成公集》，也稱《誠意伯文集》。

2. 東嘉裔孫劉元奇等重編：《劉文成公集》二十卷（清高宗乾隆刊本）。

3. 《誠意伯文集》二十卷，臺北：商務印書館（四部叢書刊本）。

（二）其他史料

1. 王夫之：《張子正蒙注》卷一，〈太和篇〉；《讀四書大全說》卷一；《讀通鑑論》中冊，卷二十七，（唐）〈僖宗篇〉。

2. 王世貞：《弇州山人續稿》卷八十五，〈浙三大功臣傳〉；《弇州續稿》卷十五，〈明三大功臣傳〉，四庫全書本。

3. 王充：《論衡》卷十一，〈談天篇〉；《論衡》卷十八，〈自然篇〉。

4. 王先謙《荀子集解》。

5. 王廷相：《王氏家藏集、內臺集、慎言、雅述》，《王氏家藏集》卷三十三，〈五行辯〉。

6. 方以智：《物理小識》卷一，〈天類篇〉氣論章。

7. 呂坤：《呻吟語》卷四，公田連太郎譯註，〈天地篇〉、〈談道篇〉。

8. 《明太祖實錄》，江蘇國學圖書館傳抄本。

9. 黃伯生：《誠意伯劉公行狀》，收入《劉文成公集》。

10. 黃宗羲：《宋元學案》卷十二，〈濂溪學案〉（下）；《明儒學案》卷七，〈河東學案〉（一）；《明夷待訪錄》，〈原君篇〉。

11. 徐一夔：《郁離子序》，收入《誠意伯文集》。

12. 張廷玉等編：《明史》〈藝文志〉，〈劉基三命奇談滴天髓〉；《明史》〈劉基傳〉。

13. 《論語》〈季氏篇〉。

14. 《孟子》〈盡心篇〉（上）。

15. 《墨子》〈法儀篇〉。

16. 顧炎武：《日知錄》卷一，〈游魂爲變篇〉。

二、中文著作

（一）專書

1. 山根幸夫編：《中國史研究入門》（上）（下），北京：社會科學文獻出版社，1994 年。

2. 内藤湖南著，夏應元監譯：《中國史通論》（上）、（下），北京：社會科學文獻出版社，2004 年。

3. 方志遠，《明代國家權力結構及運行機制》，北京：科學出版社，2008 年。

4. 王秀美：《劉伯溫：時代更迭中的勇者》，臺北：幼獅文化事業公司，1995 年。

5. 包遵彭編：《明史論叢‧明代政治》，臺北：臺灣學生書局，1968 年。

6. 何向榮主編：《劉基與劉基文化研究》，北京：人民出版社，2008 年。

7. 吳乃恭：《儒家思想研究》，長春：東北師範大學出版社，1988 年。

8. 李則芬：《元史新講》五冊，臺北：中華書局，1974 年。

9. 余英時：《論戴震與章學誠》，香港：龍門書局，1976 年。

10. 呂立漢：《千古人豪：劉基傳》，杭州：浙江人民出版社，2005 年。

11. 林麗容：《劉基思想研究》，臺北：上承文化出版社，2011 年。

12. 周德孚：《儒家思想和生活》，香港：景風研究社，1968 年。

13. 俞美玉主編：《劉基研究資料彙編》，北京：人民出版社，2011 年。

14. 袁庭棟：《解密中國古代軍隊》，濟南：山東畫報出版，2007 年。

15. 章映閣：《諸葛亮新傳》，上海：人民出版社，1984 年。

16. 曹德本：《中國傳統思想探索》，瀋陽：遼寧大學出版社，1988 年。

17. 勞思光：《新編中國哲學史》三冊，臺北：三民書局，1981 年，1988 年。

18. 郭湛波：《中國古代思想史》，香港：龍門書店出版社，1967 年。

19. 蒙培元：《理學範疇系統》，北京：人民出版社，1989 年。

20. 陳文石，《明清政治社會史論》（上）、（下），臺北：臺灣學生書局，1991 年。

21. 陳榮捷編，楊儒賓等譯：《中國哲學文獻選編》二冊，臺北：巨流圖書公司，1992 年。

22. 陳寶良：《明代文化歷程新說》，西安：陝西人民教育出版社，1988 年。

23. 錢穆：《中國思想史》，臺北：臺灣學生書局，1982 年。

24. 錢穆：《朱子學提綱》，臺北：蘭臺出版社，2001 年。

25. 錢穆：《宋明理學概述》，臺北：中國文化大學出版部，1980 年。

26. 蕭公權：《中國政治思想史》，臺北：華岡出版公司，1977 年。

27. 蘇同炳，《明史偶筆》，臺北：臺灣商務印書館，1995 年。

28. 鄺士元：《國史論衡》（第二冊），臺北：里仁書局，1981 年。

（二）論文

1. 王範之：《劉基是素樸唯物主義者嗎？》，載入《江海學刊》，1963 年第二期；《劉基的唯心主義自然觀》，《光明日報》，1964 年 6 月 19 日。

2. 何佑森：《元代學術之地理分布》，載入《新亞學報》第一卷第三期，1956 年 2 月。

3. 李亦園：《從民間文化看文化中國》，載入《中國文化》，1994 年第二期。

4. 李鏡渠：《劉基與讖緯之學》，載入《勝流》第一卷第八期，1945 年第四期。

5. 周松芳：《劉基與讖緯術數關係評議》，載入《浙江社會科學》，2008 年第二期。

6. 南炳文：《試論劉基的政治思想》，載入《吳廷璆等編：「鄭天挺紀念論文集」》，北京：中華書局，1990 年。

7. 胡岩林：《也談劉基的軍事思想》，載入《浙江師院學報》，1985 年第一期。

8. 唐宇元：《元代的朱陸合流與元代的理學》，載入《文史哲》，1982 年第三期；《劉基思想論析》，載入《浙江學刊》，1985 年第三期。

9. 容肇祖：《劉基的哲學思想及其社會政治觀點》，載入《哲學研究》，1961 年第三期。

10. 張星海：《劉伯溫是被神化了嗎？》，《北京科技報》，2005 年 5 月 25 日。

11. 阮芝生：《試論司馬遷所說的「究天人之際」》，載入《史學評論》第六期，1984 年 7 月。

12. 邱樹森：《劉基和他的《郁離子》》，載入《元史及北方民族史研究集刊》第八期，1984 年。

13. 楊向奎：《宗教信仰和上帝觀念的產生》，載入《中國古代社會與古代思想研究》（上冊），上海：人民出版社，1965 年；《墨子的思想與墨子集團》，載入《中國古代社會與古代思想研究》（上冊），上海：人民出版社，1965

年。

14. 楊訥:《劉基事迹七考》,載入《蒙元史國際研討會論文集:「蒙元的歷史與文化」》,臺北:臺灣學生書局,1999 年。

15. 郝兆矩:《劉基軍事思想述評》,載入《浙江學刊》,1984 年第二期。

16. 溝口雄三:《中國民權思想的特色》,載入《中央研究院近代史研究所編:「中國現代化論文集」》,臺北:中央研究院近代史研究所,1991 年。

17. 劉述先:《論孔子思想中隱涵的「天人合一」一貫之道:一個當代新儒學的闡釋》,載入中央研究院《中國文哲研究》第十期,1997 年 3 月。

18. 葉惠蘭:《劉基生平及其郁離子研究》,國立政治大學中國文學研究所碩士論文,1985 年 6 月。

19. 葉新民:《元代陰陽學初探》,載入《元代文化研究》第一輯,北京:北京師範大學出版社,2001 年。

20. 陳學霖:《關于劉伯溫傳說的研究》,載入《北京社會科學》,1998 年第四期。

21. 錢穆:《周公與中國文化》,載入《中國學術思想論叢》第一冊,臺北:東大圖書公司,1976 年;《讀明初開國諸臣詩文集》,載入《新亞學報》第六卷第二期,1964 年。

22. 蔣星煜:《也說劉伯溫之死》,載入《蔣星煜:「西海書屋隨筆」》,上海:上海翰店出版社,2000 年;《朱明王朝神化劉伯溫的歷史過程》,載入《杭州大學學報》,1984 年第一期。

23. 蕭功秦:《元代理學散論》,載入《中國哲學》第十三輯,北京:人民出版社,1985 年。

三、日文著作

(一)專書

1. 阿藤大昇編:《三典・三式の主要研究文献の紹介》,東京:高次元五術著作集出版社,2008 年。

2. 島田虔次編:《アジア歷史研究入門》,京都:同朋舍,1983 年。

3. 溝口雄三:《中國前近代思想の屈折と展開》,東京:東京大学出版会,1980 年。

(二)論文

1. 市川安司:《朱子哲学に於ける物の意義》,載入《日本中国学会報》第三卷,1951 年。

2. 佐藤匡玄:《王充の大漢思想》,載入《日本中国学会報》第五卷,1953 年。

3. 松川健二：《劉基《郁離子》の研究》，載入《北海道大学文学部紀要》第二〇卷第一号，1972 年。

4. 後藤俊瑞：《朱子に於ける絶対自由我の自覚》，載入《日本中国学会報》第四卷，1952 年。

5. 湯淺幸孫：《清代に於ける婦人解放論：禮教と人間的自然》，載入《日本中国学会報》第四卷，1952 年。

6. 荒木見悟：《朱子の実践論》載入《日本中国学会報》第二卷，1950 年；《思想家としての宋濂》載入《荒木見悟：「明代思想研究：明代における儒教と佛教の交流」》，東京：創文社，1972 年。

7. 溝口雄三：《中国の天》（上）（下），載入《文学》，1987 年 12 月，1988 年 2 月。

四、英文著作

（一）專書

1. Allen Robert Thrasher, (1980). *Foundations of Chinese Music*, Ph.D. dissertation, Middletown: Wesleyan University.

2. Arthur Waley, (1938). *The Analects of Confucius,* London: George Allen & Unwin Limited.

3. Chad Hansen, (1992). *A Daoist Theory of Chinese Thought, A Philosophical Interpretation*, New York and Oxford: Oxford University Press.

4. David L. Hall and Roger T. Ames, (1987). *Thinking through Confucius*. New York: State University of New York Press.

5. F. W. Mote, (2003). *Imperial China 900-1800*, Cambridge: Harvard University Press.

6. Hong-jun Wang, (2009). *Theology Dimension of Confucian Classics and Digestion of Classic Character,* Harbin: Harbin Normal University.

7. John C.H. Wu (Translator）, (1961). *Lao Tzu- Tao Teh Ching*, New York: St. John's University Press.

8. John W. Dardess, (1983). *Confucianism and autocracy: Professional elites in the founding of the Ming Dynasty*, Berkeley: University of California Press.

9. Joseph Needham (1986). *Science and Civilization in China*, Vol.5, Taipei: Caves Books, Ltd.

10. Tsung Hwa Jou, (1983). *The Tao of Meditation: Way to Enlightenment*, Piscataway: Tai Chi Foundation.

11. Kenneth S. Cohen, (1977). *The Way of Qigong: The Art and Science of Chinese Energy Healing*, New York: Balantine Books, 124.

12. Thomas Cleary, (2005). *Mastering the Art of War*, Boston: Shambhala Publications.

13. William Edward Soothill, (1951). *The Hall of Light, A Study of Early Chinese Kingship*, London: Lutterworth Press.

14. William Theodore de Bary, (1998). *Asian Values and Human Rights: A Confucian Communitarian Perspective*, Cambridge: Harvard University Press

15. Wing-tsit Chan, (1963). *A Source Book in Chinese Philosophy*, Princeton: Princeton University Press.

16. Yonglin Jiang, (2005). *The Great Ming Code*, Washington: University of Washington Press.

17. Yu-lan Feng, (1952). *A History of Chinese Philosophy*, Vol 1, Translated by Derk Bodde, Princeton: Princeton University Press.

(二) 論文

1. Cheng-guo Wu, (2002). *An Essay on the Original View of Confucius, Mencius, and Xunzi on Rite*, in《Journal of Hubei University》, Hubei: Hubei University.

2. Chung-ying Cheng, (2011). *Preface: Unity of Heaven and Man in the Yijing*, in《Journal of Chinese Philosophy》Vol.38.

3. Li-lei Ding, (2006). *On the "Theory of Knowing" of Confucius*, in《Journal of Hebei Software Institute》, Hebei: Hebei University.

4. Shu-hsien Liu, (1991). *On Confucius' Attitude towards Gods, Sacrifice, and Heaven*, Ching Feng Vol.34, No. 1.

5. Xian Huang, (2009). *School of Chinese Literature and History*, in《Journal of Shanxi Datong University》, Datong: Shanxi Datong University.

劉基的聖人意識與詮釋

林麗容　著

作者簡介

林麗容：真理大學 通識教育中心 專任副教授

學歷：

嘉義市垂楊國民小學，1960 年 9 月 -1966 年 6 月

嘉義市縣立玉山初級中學，1966 年 9 月 -1969 年 6 月

嘉義市省立嘉義女子高級中學，1969 年 9 月 -1972 年 6 月

臺北縣私立輔仁大學，1973 年 9 月 -1978 年 6 月（歷史學學士學位）

臺北市國立臺灣師範大學，1982 年 9 月 -1986 年 6 月（歷史學碩士學位）

日本東京大學，1990 年 4 月至今（哲學研究所博士班肄業）

法國巴黎第四大學，（Paris IV - Paris-Sorbonne），1993 年 9 月 -1995 年 6 月（西洋歷史學碩士學位）

法國巴黎第一大學（Paris I–Panthéon-Sorbonne）國際關係研究所 DEA，1995 年 9 月 -1996 年 6 月（國際關係 DEA 高等研究學位）

法國巴黎第一大學，1996 年 9 月至今（國際關係研究所博士班肄業）

法國巴黎第四大學，1995 年 9 月 -1996 年 6 月（西洋歷史學 DEA 高等研究學位）

法國巴黎高等社會科學院，（EHESS），1996 年 9 月至今（社會學研究所博士班肄業）

法國巴黎第四大學，1996 年 9 月 -1999 年 7 月（歷史學博士學位）

法國巴黎第一大學，1995 年 9 月 -2000 年 3 月（政治學博士學位）

經歷：

真理大學通識教育中心（人文社會學科負責人），2011 年 8 月至今（專任副教授）

真理大學通識教育中心（人文社會學科負責人），2001 年 8 月 -2011 年 7 月（專任助理教授）

國立臺北大學歷史學系（歐洲史、法國史、瑞士史、中日韓關係史），2000 年 8 月 -2005 年 7 月（兼任助理教授）

國立臺灣師範大學歷史學系（歐洲文化語觀光），2000 年 8 月 -2003 年 7 月（兼任助理教授）

國立臺灣師範大學法語中心（法語），2000 年 8 月 -2003 年 7 月（兼任助理教授）

輔仁大學全人教育（西班牙歷史、義大利歷史、歷史與文化、歷史與思想、歐洲美女與政治社會、歐洲的女王研究、西方歷史人物評析），2000 年 8 月 -2007 年 7 月（兼任助理教授）

長庚大學醫學院（中西醫學史、西方歷史人物評析），2005 年 9 月 -2006 年 6 月（兼任助理教授）

中國留法比瑞同學會，2003 年 12 月 -2007 年 12 月（理事長）

創立正黨，2011 年 6 月至今（正黨黨主席）

專書與論文：

（一）專書

林麗容：《民國以來讀經問題之研究》，臺北：華世出版社，1991 年，236 頁。

Marianne Lin（林麗容），*La question chinoise du Second Empire à la IIIe République, 1856-1887*（「法國從『第二帝國』到『第三共和』之中國問題研究，1856 -1887」）, Lille：Université de Charles de Gaulle-Lille III（法國里耳：戴高樂—里耳第三大學出版社）, 2001, 508 p.

林麗容：《西方見聞錄》，臺北：三民書局出版社，2004 年，258 頁。

林麗容等著：《Social Science 社會科學概論》，臺北：景文出版社，2005 年，288 頁。

林麗容：《痕：夢回巴黎》，臺北：潘朵拉出版社，2005 年，480 頁。

林麗容：《臺灣一聲雷》，臺北：上大聯合出版社，2007 年，156 頁。

林麗容：《瑞士文化史研究》，臺北：五南圖書出版社，2008 年，380 頁。

林麗容：《歐洲研究論集》，臺北：上承文化出版社，2009 年，400 頁。

林麗容：《論『文化碰撞』之瑞士》，臺北：上承文化出版社，2009 年，98 頁。

Marianne Lin（林麗容）：《L'étude du mouvement étudiant français de Mai 1968（一九六八年五月法國學生運動再研究）》，臺北：上承文化出版社，2009 年，106 頁。

林麗容：《世界文化與觀光》，臺北：上大聯合出版社，2009 年，217 頁。

林麗容：《法蘭西文化之研究》，臺北：上承文化出版社，2010 年，262 頁。

林麗容：《國際社會學》，臺北：上大聯合出版社，2010 年，126 頁。

林麗容：《世界旅遊文化》，臺北：上大聯合出版社，2010 年，242 頁。

林麗容：《中西歷史方法研究》，臺北：上大聯合出版社，2010 年，114 頁。

林麗容：《中法戰爭三十年》，臺北：上承文化出版社，2010 年，524 頁。

林麗容：《一九六八年後法國婦女高等教育研究（Femmes et enseignement supérieur en France après 1968）》，臺北：上承文化出版社，2010 年，227 頁。

林麗容：《臺灣史》，臺北：上大聯合出版社，2010 年，198 頁。

林麗容：《觀光美容》，臺北：上承文化出版社，2010 年，125 頁。

林麗容：《民國讀經問題研究（1912-1937）》，臺北：花木蘭文化出版社，2010 年，129 頁。

林麗容：《劉基思想研究》，臺北：上承文化出版社，2011 年，208 頁。

林麗容：《拿破崙三世在中國的殖民政策研究（La politique coloniale de Napoléon III en Chine）》，臺北：上承文化出版社，2011 年，72 頁。

林麗容：《法國大學問題研究，1981-1984（Les problèmes universitaires en France 1981-1984）》，臺北：上承文化出版社，2011 年，78 頁。

林麗容：《多元文化碰撞的臺灣》，臺北：上承文化出版社，2011 年，158 頁。

林麗容：《觀光法語》，臺北：上承文化出版社，2011 年，110 頁。

林麗容：《臺灣發展史》，臺北：上大聯合出版社，2012 年，319 頁。

林麗容：《樂活法語》，臺北：上大聯合出版社，2012 年，226 頁。

（二）論文

林麗容：《俾斯麥的『挑釁外交』：以普法戰爭與德國統一為例》，載入真理大學《第一屆通識教育與國際文化學術研討會論文集》，2006 年 7 月，頁 179-209。

林麗容：《瑞士與歐盟的關係》，淡水：真理大學，載入真理大學《第二屆通識教育與國際文化國際學術研討會論文集》，2007 年 5 月 5 日，頁 161-186。

林麗容：《2007 年法國總統大選與台法關係文教為中心》，臺北：政治大學，載入《2007 年法國大選及台法關係大會手冊》II，2007 年 5 月 12 日，頁 12-18。

林麗容：《歐盟與歐洲統一》，載入《真理大學第三屆「通識教育與國際文化」學術討論會論文集》，2008 年 5 月 10 日，頁 133-163。

Marianne Lin（2010）. *A Study in French-Vietnamese Relations*（1870-1887），in《North-East Asian Cultures》24, pp. 305-326.

Marianne Lin（2011）. *Cultural Exchanges between France and Japan*（1868- 1912）: *Focus on Japanese Art*, in《North-East Asian Cultures》.

提　要

　　十四世紀的歷史變動，具有世界性的規模。中國於此元末明初時期，似乎產生不單純的是王朝的更迭，而且顯著地發生內在新的變化。從聖人意識的領域來看，此一變化遍及政治意識、社會意識、人生意識與自然意識等方面，呈現出一種劃時代的變動與震撼。劉基是中國此一時期舉足輕重的人物，對明太祖在政治決策是一佐命股肱。因此剖析研究劉基的「聖人意識」，不僅能清晰地呈現其整個「聖人意識」的架構，而且還能有助於瞭解元末明初朱子學發展的趨勢，以及落實於人間的現實意義。本著作在論述劉基的「聖人意識」時，係根據兩個標準，亦即第一、在先秦迄唐時的儒學傳統思想中，對「聖人意識」詮釋的主要內容為何？第二、宋元儒者在接受唐及其以前的儒學的同時，見之於行事的是在詮釋「聖人」的哪些部分呢？唯有通過此二標準的考察，方能確切地指出身處元末明初之際劉基的「聖人意識」的基本內容。也唯有如此，劉基的聖人的實踐性格及其對人生的全面意義，才能自然地成為中國大傳統中的主流。因此劉基的聖人意識，不但在元代、明代有其連續性，而且儒學之所以能成為中國文化的支配力量，其基礎正是劉基的「聖人意識」所奠定的，重要性不言可喻。

　　劉基的聖人意識，認為聖人是人，小人也是人，其分野在於個人的抉擇。此乃與法國社會學家鮑狄爾（Pierre Bourdieu）院士的選擇（le choix），有異曲同工之妙趣。劉基的內聖外王的理念，乃採自《大學》的格物、致知、誠意、正心、修身、齊家、治國、平天下的八條目，來說明內聖到外王的具體步驟。宋時周敦頤把聖人、抽象化成為理想化的聖人。聖人立教，叫人助理以制氣。理弱氣強，即成為西洋人征服自然的態度。朱熹強調敬，把人的最高理想定位在成為聖人，如此才能明天理，滅人欲。朱熹以理為綱，以法為用，朱熹以內聖來取代外王。

　　劉基的聖人特徵是聖人是人、聖人善盜、聖人知貪、聖人善醫等。劉基效法聖人是人的伊尹，因伊尹得湯為相，所以劉基得朱元璋為軍師。劉基又效法聖人善盜的神農氏、伏羲氏，教民播種五穀，教民飼養六畜，教民建築屋宇，使人民樂力本業，也就是劉基的有利於日用民生的主張。其次，劉基又效法聖人知貪的周文王、周公、孔子大聖人，致力於仁義道德，成為劉基一生努力於仁義道德的工夫。再者，劉基又效法聖人善醫的堯、舜、孔子，以三代的禪讓之治與易、詩、書、禮、春秋良方傳世，因此成為劉基討元輔佐朱元璋建立明朝基業的重要依據。

　　劉基主張法聖人，以實現修身、齊家、治國、平天下的政治理念，來達到安民與利民的社會理想。劉基以伊尹之志，來完成輔佐明太祖建立明朝的開基功業。劉基的社會理念與政治理念乃構成其個人的聖人意識的方法論基礎。劉基強調學為聖人的工夫，不可少。劉基的聖人意識，乃為一由上而下的士大夫的結構。從君為臣綱、父為子綱、夫為妻綱，到父子有親、君臣有義、夫婦有別、長幼有序、朋友有信的五倫型態。劉基在此認為，五倫順天下治，逆則天下亂。劉基由此出發，基於一上位者對下層民眾的關懷，由此來體現出劉基自身的聖人意識的模式。

　　劉基的聖人意識的人間性結構，在重視人民與人倫的內涵中，開創出對人民的食、衣、住、行的日用倫常的重視。從明朝以後到今日執政者，都奉為圭臬。劉基落實人可以為聖人，不再是少數。強化人的平等意識，此乃十四世紀中國一大聖人意識思想的開拓。劉基對人可以當聖人的鼓勵，真是鼓舞熱絡後世人的心。

The Ideology and Interpretation of Sainthood in Liu Ji.

Abstract

The ideology of Sainthood by Liu Ji states that both the Saint and the commoner are persons. The difference is the choice these persons make. The choice of a person is similar to the idea of choice by the French academician Pierre Bourdieu. It is different approach but equally satisfactory in result.

The idea of Liu Ji's "Internal saint and external king," meaning "Inner cultivation and exterior action" comes from the 《Great Learning》. There are eight articles in the 《Great Learning》 to describe the concrete steps from internal saint to external king. The 《Great Learning》 says that, it is only when one is able to investigate things that knowledge can be perfected. It is only when one's knowledge is perfect that one can be sincere and honest. It is only when one is honest and sincere that one can set his heart right. It is only when the heart is set right that a man can educate his family. It is only when he has educated his family that he can rule the state. It is only when one has ruled the state that the world can be governed well. In Song Dynasty, Zhou Dun Yi idealized the saints and the saints in the abstract then become the ideal saints. The saints taught that people should use "reason" (li) in order to control "qi" (matter). 《When reason is weak, "qi" becomes strong》, that was the attitude of European people to conquer the nature. Zhu Xi emphasized respect and defined that the highest ideal of man is to become a saint. In this way we "understand heavenly reason, and extinguish earthly desire." Zhu Xi's taking reason as the guiding principle and the law as the means to rule. Zhu Xi took internal saint to replace external king.

The character of Liu Ji's saint is that the saint is a person, the saint is to know how to utilize nature, the saint is to devote himself to practice virtue and morality, and the saint is to know how to cure man, etc. Liu Ji follows the saints Yi Yin who chose Tang as his minister and therefore, Liu Ji takes Zhu Yuan Zhang as his generals. Liu Ji also follows Shennong and Fu Xi who teach the people how to grow the five grains, feed six domestic animals, build houses, and let people to enjoy their jobs. That is why Liu Ji's ideas are favorable to the daily livelihood of people. Secondary, Liu Ji follows the example of the great saints King Wen of Zhou, Duke of Zhou, Confucius who know how to devote themselves to practice virtue and morality. That is why all of the life of Liu Ji is an effort devoting himself to virtue and morality. Furthermore, Liu Ji also follows the saints Yao, Shun, and Confucius who cure people. And he takes an example of Yin, Shang, Zhou three generations of government and the effective prescription of 《Yi》, 《Shi》, 《Shu》, 《Chunqiu》, etc. These are important bases for Liu Ji. He sent armed forces to suppress the Yuan Dynasty, and assisted Zhu Yuan-zhang to establish the Ming Dynasty.

For Liu Ji to follow the saints becomes a true political concept: when one is honest and sincere one can set his heart right, educate his family, rule the state, and the world can be governed well. To achieve this social ideal is to reassure the public and benefit the people. Liu Ji adopted Yi Yin's aspiration to assist Ming Tai-tsu to establish the Ming Dynasty. The social and political concepts of Liu Ji construct a methodological basis in the ideology of sainthood. Liu Ji stressed that it is necessary to make a study of saints. Liu Ji's consciousness of saints is constructed from emperor to people. His construction is from highest classes to the lowest classes. There are five types, they are called "Three Bonds and Five Moral Disciplines", that means from "the king is an example for his officials," "the father is a model for his son," "the wife needs obedience to her husband," to "father and son are close," "emperor and officials are just," "couples are different," "seniors and juniors respect seniority," "friends trust each other" etc. Liu Ji considered that if the Five Moral Disciplines work well then it also governs a country well. On the contrary, if the Five Moral Disciplines don't work well then there is also no way to govern a country. Liu Ji started from this concept, namely that the higher take care of the lower classes. This is the model of Liu Ji's consciousness of sainthood.

Social construction based on the Liu Ji's consciousness of sainthood pays great attention to people and human relations in order to care for the daily expenses of people in food, clothing, shelter and transportation. From the Ming Dynasty to today leadership is regarded as a model. Liu Ji considers that it is easy for a man to become a saint. Saints are no longer a minority. This also means to strengthen the sense of equality which the great saint developed in China during the fourteenth century. Liu Ji really encouraged and warmed the hearts of people in the world when saying that human-beings can through hard work become saints.

序

　　內聖外王是儒家思想的核心，藉由個人的道德修養與持志，不斷地自我鍛鍊與提升。在德行上爲人表率，在仕途上行仁政，以兼善天下。儒家的哲學理念，由內而外，由近而遠，確認深厚的道德修養是政治走上清明的基礎，藉此乃構成中國政治哲學的重要特色。爲實踐此一具體的理念，中國歷代思想家竭盡心智，努力探討與詮釋，豐富其內涵，因此成爲思想史研究上的重要課題。

　　「聖人無常師」，儒家最推崇「聖之時者」。因爲聖人會依據時勢的變遷，來調整修養的程序與內涵，以期實現此內聖外王的理想。因此不同的時代與環境，對聖人意識的討論，皆有其特色，能反映出時代的背景。劉基身處元末亂世，期望聖人降臨，能撥亂反正，開啓太平盛世，對聖人寄予現實的厚望。其主張聖人是人、善盜、知貪、善醫，企圖從過去的典範，尋找學習的榜樣，具體落實在當代的社會。此一想法亦促使劉基輔佐朱元璋，建立明朝開國的盛世，使生民得以安居樂業。

　　劉基是一位撥亂反正的劃時代人物，聖人意識確立劉基的政治理念與政治理想的實踐，產生對明代深刻的影響和指導作用。林麗容教授能深入原典，梳理劉基聖人意識的各個層面，有條不紊地加以闡釋，眞可謂發古人之幽光。希冀透過林麗容教授的研究，能讓我們對劉基這位傳奇性的人物，有更深刻的體認，讓前賢的智慧，得以在當今社會上產生借鑑的作用。

葉泉宏教授

寫于 2012 年 6 月 15 日

眞理大學觀光系辦公室

目次

第一章　聖人在中國歷代儒學意識的內涵

　　「聖人」觀念在中國的經、史、子、集中，普遍地占有重要的地位。就一般言，儒家承認古聖人有功於物質文明的發展，同時亦強調其在政治社會與精神文化方面的貢獻。故聖人在中國傳統政治文化所孕育的重要特徵，即是崇聖。而春秋以前的文化則以崇神爲特徵。春秋以降，始由「崇神」轉向「崇聖」。神是非人格的，而聖則是人中之傑。「崇聖」是在「重人」的基礎上，發展出來的。其肯定人的生存意義與價值，從對神的崇拜轉向對聖人的認同。就文化意義而言，是一次完全的文化轉型。諸子百家皆「崇聖」，唯各家所崇拜的聖人是有所不同的。概言之，聖人可分爲兩大類型：一爲具體的聖人。此即歷史上存在的聖人，或諸子虛擬的聖人。二爲理論化的聖人。此即原則的人格化的聖人，不一定表現爲歷史人，而是呈現爲一種抽象的道德人。尤其在宋、元、明時期中，表現得較爲突出。本文則主要著重於從儒家來論述「聖人」，特別是在歷代儒學思想發展中，其所具有的主要的意識內涵來探討。於此可分爲兩個時期，來加以剖析。

一、先秦至唐的聖人意識

　　先秦至唐時期的「聖人」，在禮樂和制度方面的，成就較爲突出。《禮記》〈禮運篇〉載：

> 聖人參於天地，並於鬼神，以治政也。處其所存，禮之床也。玩其所樂，民之治也。

其中禮樂與制度，乃指古代君王爲政之道，此時視聖人爲「聖君賢相」之輩。

堯、舜、禹等之所以被稱爲上古黃金時代之理想君王，主要乃源之於《尚書》、《詩經》、《論語》、《孟子》、《中庸》等書，盛讚其功德，用聖人來治世有以致之。於此可分爲仁、禮、內聖外王等三方面，詳加說明之。

（一）仁

「仁」乃指敬天愛民，是爲人君主之職責。此外聖人亦表現出「孝悌」的「仁」的家庭美德。《孟子》〈離婁〉上謂：

> 舜盡事親之道，而瞽瞍厎豫。瞽瞍厎豫，而天下化。瞽瞍厎豫，而天下之爲父子者定，此之謂「大孝」。

於此稱舜之孝道，能感化天下。《中庸》亦稱許舜的孝道，謂：

> 舜其大孝也與！德爲聖人，尊爲天子。〔註1〕

舜因孝德，而受命爲君主。另外，周武王和周公亦被稱爲「孝子」。《中庸》內載：

> 武王、周公，其達孝者矣！夫孝者，善繼人之志，善述人之事者也。〔註2〕

故儒家所尊崇的聖人與儒家所認定爲聖的標準，係以其能否替天行道爲依歸，故推崇堯、舜、禹、武王、周公等爲聖人。唯聖所代表者，非僅是政治上的聖王英君而已，尤其強調具有理想化的人格，此乃可謂爲「仁者」且兼「孝子」者。

有些經籍是以「天」、「神」等語來讚揚此類聖人之美德與天賦，今以堯爲例，《大戴禮記》稱其爲：

> 其仁如天，其知如神。〔註3〕

更且將聖人描述爲配天地、日月的「宇宙人」（Cosmic person）：

> 聖者，通也。……道無所不通，明無所不照，聞聲知情。與天地合德，日月合明，四時合序，鬼神合吉凶。〔註4〕

此係將人間秩序與道德價值歸源於「帝」或「天」者。所謂「不知不識，順帝之則」、「天生烝民，有物有則」等，即爲此種觀念的表現。

孔子（西元前551年-西元前479年）明確地提出「仁」，乃爲「禮」的超

〔註1〕《中庸》第十七章。
〔註2〕《中庸》第十九章。
〔註3〕《大戴禮記》〈五帝德〉。
〔註4〕《白虎通》卷三上。

越根據者。「仁」是「禮」的內在精神基礎，「禮」是「仁」的外在形式表現。此乃孔子以來，儒學之通義。後起的孟子、荀子二家，雖有倚輕倚重的差異，然皆莫能自外於此一通義。

孔子學不厭，教不倦。子貢曰：

> 學不厭，智也。教不倦，仁也。仁且智，夫子既聖矣！〔註5〕

儒家之學，就成德而言，是仁智雙彰以成聖。且以仁爲「體」，智爲「用」。仁通內外，智周萬物。由仁的感通潤化，而能「成己」、「成人」和「成物」。由智的明覺朗照，而能從「知人明理」、「開物成務」到「利用厚生」。此一仁智雙彰以成聖，來導入道德規範，以完成整個聖人的價值體系。由此孔子用「仁」來界定「人」，經孟子發揮成爲「仁」、「義」、「禮」、「智」四端。孟子（西元前372年-西元前289年）更提出：

> 仁也者，人也。合而言之，道也。〔註6〕
>
> 聖人之於天道也。〔註7〕

孟子並且強調：

> 人皆可以爲堯舜。〔註8〕

荀子（西元前313年-西元前238年）則謂：

> 塗之人可以爲禹。〔註9〕

從價值系統來看，此乃人有價值自覺的能力。故「人」最具普遍性，亦無性別之分。若語言文字能反映文化的特性，而「人」之發現與使用即大有研究的價值。「聖人」固然是人，「小人」亦是人，其中的分野在於「個人的抉擇」。

國家一向是被看成人倫關係的一重要的環節。其價值則源之於內在的人心，然後向外投射，由近而遠，此乃人倫秩序之基本根據。在政治領域內，王或皇帝自然是人倫秩序的中心點。因此任何政治方面的改善，仍必須由此中心點的價值自覺開始。故其爲「內聖外王」的理論基礎。孟子對梁惠王、齊宣王講「仁心仁政」，亦係自人倫關係的觀點出發的。

在人倫關係中，「義務」（obligation）是第一序的概念，「爲人臣止於敬」、「爲人子止於孝」、「爲人父止於慈」等，皆爲「義務」概念的具體表現。盡

〔註5〕《孟子》〈公孫丑〉上。
〔註6〕《孟子》〈盡心〉下。
〔註7〕同前註。
〔註8〕《孟子》〈告子〉下。
〔註9〕《荀子》卷十七，〈性惡篇〉。

義務後，方可來論「權利」。此即所謂的父父、子子、君君、臣臣等。從反面看，則是「父不父則子不子，君不君則臣不臣」。子的義務即父之權利，臣的義務則是君之權利。反之亦然。中國人之權利意識，一向被壓縮在義務觀念下，然就人倫關係而言，此乃為正常的和健康的。

余英時（1930-）認為中國文化把人當做目的而非手段。其「個人主義」（individualism）的精神，主要來凸顯每一個人的道德價值。於此又發展出一從「人皆可以為堯舜」到「滿街皆是聖人」的平等意識，以及從「為仁由己」到「講學議政」的自由傳統。〔註10〕

荀子的理論，宣揚從外部進行道德灌輸的必要性。此種理論前提之一，即是把人分為教育者的「聖人」與「君子」，與被教育者為「普通民眾」的二分法。同時亦提出「惡」的來源，此乃得之於禮義的缺乏學習有以致之，甚符合統治階段的需要。孟子與荀子的理論是互補的。孟子將道德倫常提高於至上的地位，以道德為宇宙之本源，同時又為人之本性。荀子則直接強調道德教育與灌輸的重要性。就維護道德倫常的功效言，二人理論各有利弊。孟子之理論則賦予道德以神聖的光芒，同時強調人人均有至善的「天性」。道德修養只是向內求索，因而未能對統治者以道德自外部向人民灌輸，給予十足的肯定與重視。此亦不利於說明統治者與被統治者間的先天差別，難以解釋惡的來源。由於孟子與荀子在哲學上採取不相容的形式，故難以起互補的作用。緣是之故，後來儒家之重要任務，即是設法調和二者間之衝突，克服其缺點，儘量地發揚其長處。

董仲舒（西元前179年-西元前104年）是第一個調和者，亦是漢代對「天性」與「人為」的關係理論，做出重要發展者。其提出「性三品說」，將人性分為三等，即一為「聖人之性」，此乃為純善無惡，無須教化，即符合仁義。二為「中人之性」，可以善，亦可以惡，須要通過教化，方能符合仁義。三為「斗筲之性」，指一般人民，此類即使教化，亦不能成為善人。此理論比荀子的君子與小人之分，更明確地來肯定人的先天的差別，並且糾正孟子人人均有善性的不足。後來揚雄（西元前53年-西元前18年）、韓愈（798-824）亦持類似的看法。然董仲舒的理論肯定了「聖人」統治的合法性，然卻封閉了一般人成為「善人」的可能性。

〔註10〕余英時：《中國思想傳統的現代詮釋》，臺北：聯經出版事業公司，1987年，頁 1-114。

（二）禮

禮歷經子產（？-西元前 522 年）、孔子、范蠡（西元前 536 年-西元前 448 年）三人的闡述與發揚後，人的分量日以加重，天的分量亦相對減輕。此即所謂「天道遠，人道邇」。然而孔子以降的思想，並未切斷人間價值的超越性源頭，此即天與人的聯繫。孔子以仁為最高的道德意識，此意識係內在於人性，其源頭仍在於天。

子產認為禮是貫穿天、地、人的最高指導原則，此乃肯定天道與人道具有一致性。子產更進一步地指出，人類社會中的一切現象唯有效法自然才能符合禮，方能長治久安。子產又認為：

> 夫禮，天之經也，地之義也，民之行也。……為君臣上下，以則地義。為夫婦外內，以經二物。為父子、兄弟、姑姊、甥舅、昏媾、姻亞，以象天明。為政事庸力行務，以從四時。……是故審行信令，行禍福賞罰，以制死生。生，好物也；死，惡物也。好物，樂也；惡物，哀也。哀樂不失，乃能協于天地之性，是以長久。〔註11〕

論及人的方面，范蠡則明確地指出：

> 天因人，聖人因天。〔註12〕

所謂「天」乃指天象與氣象為中心的自然現象，主要是指日月星辰的運行變化、四時的交替與陰晴風雨等。所謂「人」，則側重在人的行為。故范蠡的天人關係論是研究自然現象與人的行為以及人類社會現象間之聯繫。此乃春秋時期，部分思想家所流行的觀念。范蠡所探討的「天」與「人」，乃與西洋宗教性的「天」的範疇以及天人關係論，有較顯著的差異。

《易經》〈象傳〉中，「人」得到更進一步地發揮。〈象傳〉認為人應效法天行事，像「湯武革命」則是順應天道的表現。〈文言〉中明白地指出：

> 大人者，與天地合其德，與日月合其明，與四時合其序，與鬼神合其吉凶。先天而天弗違，後天而奉天時。

此乃認為聖人與天地是完全一致的。對於在自然變化尚未發生之時，即能預測出變化的趨勢，後來之實踐主要是證明其預測絲毫不差；且當自然變化發生之後，其又能夠順從自然的變化而不做與之相違背之事。《易經》的其他部分亦主張「法天」，例如〈象傳〉中言：

〔註11〕《左傳》〈昭公二十五年〉。
〔註12〕《國語》〈越語〉。

> 天行健，君子以自強不息。

以天的行動是剛健的，故君子效法天時，則應持百折不撓努力奮鬥的精神。總之，「法天」為整個《易經》的基本精神。

於反映戰國末期與秦漢之際的《禮記》一書中，「法天」亦是主要意識之一。如《樂記》載禮樂起源時，提及：

> 天高地下，萬物散殊，而禮制行矣！流而不息，合而同化，而萬樂興焉！春作夏長，仁也。秋斂冬藏，義也。仁近于樂，義近于禮。樂者敦和，率神而從天。禮者別宜，居鬼而從地。故聖人作樂，以應天。

此外《中庸》在描寫「至聖」時，亦如是謂：

> 溥博如天，淵泉如淵。見而民莫不敬，言而民莫不信，行而民莫不說。是以聲名洋溢乎中國，施及蠻貊，舟車所至，人力所通，天之所覆，地之所載，日月所照，霜露所隊（墜），凡有血氣者，莫不尊親，故曰配天。〔註13〕

由此窺知「至聖」在《中庸》中，仍是由「法天」出發的一種高遠意識的想像境界。迄至漢代，孔子所代表的儒家意識的思想，已遍及整個中國、東亞，甚至全世界。

孔子所冀盼重建的，乃為道德的和文化的秩序。故對孔子與儒家而言，「文化秩序」是第一義的，「政治秩序」則是第二義的。孟子、荀子以迄漢代的循吏都是接受此一共同原則的。此乃是孔子所提出的「仁」，是「禮」的超越根據。此即所謂的「仁內」、「禮外」的「內」與「外」的精神與形式的具體的表現。

（三）內聖外王

當我們談論起「內聖外王」時，首先要提出的一個問題，即是禮治與德治的秩序。究竟要通過何種具體的程序方能建立此一禮治與德治的秩序呢？依傳統的觀點是用《大學》的格物、致知、誠意、正心、修身、齊家、治國、平天下等八條目，來說明儒家從「內聖」到「外王」的具體步驟。前四條即為戰國中、晚期的九流十家的「修身論」競起的結晶。唯「修、齊、治、平」之說，乃在《論語》、《孟子》、《荀子》之中，都可獲得印證。由此觀之，似乎儒家的「德治秩序」是完全地從統治者個人修養中，逐步地推展出來的。

〔註13〕《中庸》第三十一章。

自《莊子》〈天下篇〉所提出「內聖外王」的理念意識後，儒家的德治論便普遍地被理解為「內聖」，最後必然會導致「外王」的結果。因此可謂為「內聖」是「外王」的先決條件。

誠然儒家確實地要求統治階層，以修身為本。於先秦和兩漢的儒家論議中，可清楚地視出所謂的「修身」，是特別針對著「士」而設的。對於「士」和「士」以上的統治階層而言，「修、齊、治、平」乃是一個必要的程序。漢代以「孝悌」為取士的重要標準，此乃根據「欲治其國者，先齊其家」的邏輯推演而出。無可諱言，儒家堅信「士」是文化的「先覺」，具有特殊的歷史使命，並以此道覺此民，自任以天下為重。〔註14〕在儒家支配下，士在中國文化長期發展中，扮演著一種非常特殊的領導角色，此乃世界上絕無僅有的現象。

荀子的《禮治論》與孟子的《仁政說》，有內與外的差別。唯荀子對「修身」的重視，則並不亞於孟子。荀子的《君道篇》載：

> 聞修身，未嘗聞為國。

其《修身篇》更是完全針對士而發的，故有「士欲獨修其身」之語。可見「修身」推到「治國」，亦是荀子所肯定的程序。近人多以《大學》出自荀子的系統，似乎是有所根據的。唯荀子講「修身」，其出發點仍然是在「君」與「士」的個人意識上，來加以發揮的。荀子生活於秦代統一中國前夕，因此所關心的問題仍然環繞在如何建立一個「相與羣居而無亂」〔註15〕的禮的社會。「修身」是「內治」的程序；「先富後教」，則是「外治」的程序。此二程序的混淆，一直是中國儒學意識理念上的一大問題。此一問題於董仲舒的議論之中，可窺出其端倪，故於漢初已存在。

二、宋元的聖人意識

「理論化的聖人」為何會在宋元理學中，表現得較為突出呢？值得一提的是，此種人格的原則化為何不見表現為歷史人，而是表現為一種抽象的道德人呢？因此不得不從其內在的精神內涵方面，來加以剖析和探討，方能見出其中的肯綮。

（一）理與氣

「理」與「氣」在宋元時期，是理學家對於「天性」和「人為」的關係，

〔註14〕《孟子》〈萬章〉下。
〔註15〕《荀子》〈禮論篇〉。

所提出新的解釋。其把「人性」分為「天命之性」，或稱「天地之性」，與「氣質之性」兩大部分。此乃是由張載（1020-1077）所提出的，再經由二程加以推演出來的結果。其主張人的降生，是宇宙本體的「天理」和「氣」的聯合作用以成。因此「理」與「氣」對於人性均有影響。「理」是純善者，亦即「仁義道德」。每一個人接受相同的天理，故人人均可體現「天理至上」的「天命之性」。然而人的肉體，乃由「氣」所構成的。氣有清濁，有厚薄，每一個人於出生之時，所接受的氣不同。「聖人」接受之「氣清」，凡人接受之「氣濁」。因此聖人能自覺地認識「天命之性」，而凡人只能通過聖人的啟示，方能理解自己善的本性。由於一般人所接受者，乃為善惡混雜之氣，故大多數人均需經歷「變化氣質」的過程。藉著讀聖賢書以及道德修養的工夫，去蕪存菁以去除其不好的氣質，而達到「聖人」的境界。此種繁雜的過程，是需要「人為」努力的。

　　因此新儒家著重於「經世」的表現。北宋時的政治改革，以及南宋的創建書院與社會講學等，逐漸地將新儒家倫理灌輸到中國人的日常生活中，以發揮其潛移默化的作用。當時周敦頤於引述《中庸》與《易經》〈繫辭〉時，賦予聖人形而上的描繪，認為：

　　　　寂然不動者，誠也。感而遂通者，神也。動而未形有無之間，幾也。
　　　　誠、神、幾，曰：「聖人」。〔註16〕

於此，聖人被理想化和抽象化，成為「理論化的聖人」。其後，新儒家的理論建構，則著重在「人生遠理」的闡釋，同時藉以破除「佛教為體，儒學為用」的說法。具體結果之一，即在「釋氏本心，聖人本天」的分別。「天理」是超越實有的世界，為儒家「人倫近事」提供一形而上的解說。程頤並於判劃儒、釋上，提出一極具有影響力的說法。其謂：

　　　　天有是理，聖人循而行之，所謂道也。聖人本天，釋氏本心。〔註17〕

程頤於「理」上加一「天」字，即保證此一世界是為客觀實有而設的。此外，朱熹又提出所謂的：

　　　　聖賢千言萬語，只是教人「明天理滅人欲」。〔註18〕

　　　　如這理寓於氣了，日用間運用都由這箇氣。只是氣強理弱。……聖

〔註16〕周敦頤：《通書》，「聖」第四。
〔註17〕《河南程氏遺書》卷二十一下。
〔註18〕《朱子語類》卷十二。

　　　　人所以立教，正是要救這些子。〔註19〕

聖人立教正是要人助「理」以制「氣」。人能贊化天地之化育，與天地參，其根據即在此。若儒家之聖人亦要拗轉自然界的「理弱氣強」局面，即變成西洋人「征服自然」的態度。

　　毋庸贅言，新儒家是具有合宜的世界觀，此乃包括了宇宙論、知識論與人生論。新儒家以堯、舜、禹三代之君為理想的政治典範，主要乃緣之於其在「正心」、「誠意」與「修身」三方面有所發揮，以及瞭解人民的需要。《書經》中的懿言，教人如何正心，如何止於至善。然在實際政事中，宋儒並不限於經書所載，更留意到當時的政治環境。新儒家在重視「人與人的關係」和「道德價值」的具體生活中，肯定了人生世界。故認為「道」和道的代表者「聖人」，是無所不在而普化萬物的。前所提及的周敦頤（1017-1073），在解釋宇宙的目的時，亦是以人為中心的，此乃表現在「聖人」所建立的道德價值上。故周敦頤強調「誠」乃為百行之源，主張「靜」即為達到聖人境界的必要條件與途徑。

　　（二）道

　　「道」是中國人的興趣之所在，尤以「道德」為最。中國哲學「道」的主要目標，即是在尋求「道德的標準」。自韓愈以來，顏淵（西元前 521 年-西元前 481 年）即成為求道者之完美典範。對宋儒而言，顏淵的「成聖」之道，有如菩薩道之於佛。然而宋學不只是一種邏輯與形而上的理論，尚且提出了完成個人修身的方法。「道」的誠信，全在於人的行為如何表現；人不但要信，人的行為更要符合所信的，此乃為「成聖」之道。因此在中國哲學中，個人修養與邏輯和形上理論一樣的重要。

　　此一不自覺地講求聖人之學，是宋元儒的共同特色。此亦即在重新地闡明聖人的大道，以來延續中華民族文化的大統。後世學者以其著重講「道」，便稱之為「道學」。又因其提出「天理」的觀念，講「性即理」、「心即理」，又稱之為「理學」。西方學者認為此階段是儒家邁出進一步新的發展，故稱其為「新孔子學派」或「新儒家」。其講求「因革損益」、「與時俱進」，認為古今雖有時代的不同，而義理則並無新舊的差異。

　　宋元儒所講的工夫論，本乎道德意識所開出的人生實踐的道路。其興起

〔註19〕《朱子語類》卷十二。

之機緣，主要乃是針對佛學的挑戰。因其欲表現出超越佛老的形而上智慧，乃把精神集中在「內聖」的心性之學上，並將先秦儒家所涵蓋的心性義理之學，發展到極致，形成一充實圓滿的道德形而上學。

新儒家的道德形而上學是以「道」及道所代表者「聖人」，爲無所不在的普化萬物者。周敦頤是新儒家中，重啓先秦儒家形而上智慧的第一人。其在《通書》的第一章裏，即以《中庸》的「誠」來詮釋《易經》的「乾元」和「道」。其認爲誠體的流行，即爲乾道之變化，而乾道之「元亨利貞」所表現的天道生化的過程，亦正是誠體流行的終始過程。其「太極圖說」即根據《通書》講誠體寂感之意旨而推演出來的。太極圖說是先由太極陰陽五行之生化萬物，來敘述由宇宙到人生的創化過程，以彰顯由「天道」以「立人極」之意。周敦頤說明聖人立人極與天地合德，以彰顯「立人極」以「合太極」之意。「太極圖說」載：

> 唯人也，得其秀而最靈。形既生矣，神發知矣，五性感動而善惡分，
> 萬事出矣！聖人定之以中正仁義而主靜，立人極焉！

故知周敦頤在解釋宇宙的目的上，是以人爲中心的，主要是表現在聖人所建立的道德價值。其強調「誠」爲百行之源，主張「靜」爲達到聖人境界的主要途徑。

繼起的二程的程顥（1032-1085）、程頤（1033-1107）兄弟受周敦頤的影響甚深。周敦頤《通書》載：

> 聖希天，賢希聖，士希賢，伊尹、顏淵大賢也。……志伊尹之志，
> 學顏子之所學。〔註20〕

此一教義對程頤影響尤其深切。而程頤始冠，遊太學，即撰《顏子所好何學論》，對「聖人之道」能做出更進一步地發揮。程頤論道：

> 聖人之門，其徒三千，獨稱顏子爲好學。夫詩書六藝，三千子非不習
> 而通也，然則顏子所獨好者，何學也？學以至聖人之道也。聖人可學
> 而至與？曰：「然」。……故學必盡其心，盡其心則知其性。知其性，
> 反而誠之，聖人也。……孟子曰：「堯舜，性之也。湯武，反之也。」
> 性之者，生而知之者也。反之者，學而知之者也。又曰：「孔子則生
> 而知也，孟子則學而知也。」後人不達，以謂「聖本生知，非學可至」，
> 而爲學之道遂失。不求諸己而求諸外，以博文強記、巧文麗辭爲工，

〔註20〕周敦頤：《通書》卷十。

　　榮華其言，鮮有至于道者，則今之學與顏子所好異也。〔註21〕

此乃闡明了「孔子是生知」與「孟子是學知」之別，以及時人所務聖人之道
的謬誤。

　　自稱繼承二程得孔孟正宗的朱熹（1130-1200），則認爲人的生理、知覺和
運動只是人的本能，是人與動物共同具有的自然屬性。因此朱熹提出：

　　聖人之於天道，底是性。〔註22〕

又謂：

　　若便以日用之間，舉止動作便是道，則無所適而非道，無時而非道。

　　然則君子何用恐懼戒愼，何用更學道爲？〔註23〕

朱熹於此把人的「本能與人性」、「行爲與行爲規範」、「人欲與天理」區別開
來，強調人的社會道德屬性，注重人的道德修養。在朱熹看來，人生的最高
理想境界是成爲「聖人」，故強調「敬」的工夫的重要性。朱熹認爲：

　　「敬」字工夫，……是眞聖門之綱領，存養之要法。〔註24〕

朱熹並且指出陸九淵（1139-1193）「以悟爲則」的簡易工夫。其論到：

　　其於聖賢精義，皆不暇深考。學者樂於簡易，甘於詭僻，和之者亦

　　眾，然終不可與入堯舜之道。〔註25〕

故朱熹「主敬」的內向工夫，只肯定學者自己在心性上，日積月累地做工夫，
才能逐步地來「明天理，滅人欲」，最後才能超凡入聖，成爲聖人。

　　元代的新儒學發軔於北方，當時已開始對道統做進一步地再確認的工
作。趙復（1215-1306）爲使學者曉然於周、程之學，乃製「傳道圖」，其序爲
伏羲、神農、堯、舜、孔子、顏淵、孟子、周敦頤、程顥、程頤、張載與朱
熹。此誠爲朱熹與朱門學者所嚴守之統緒。趙復解釋說：「羲、農、堯、舜所
以繼天立極；孔子、顏、孟所以垂世之教；周、程、張、朱所以發明紹續。」
〔註26〕故趙復以爲道統之傳，可分此三階段。此說雖不具有重大的哲學意義，
但足示道統之說已廣被接受。趙復進而集伊尹、顏淵之言行，撰爲《希賢錄》，
以開示學者。

〔註21〕黃宗羲：《宋元學案》卷十六。

〔註22〕《朱子語類》卷第六十二，〈中庸一〉第一章。

〔註23〕《朱子語類》卷第六十二。

〔註24〕《朱子語類》卷第十二。

〔註25〕《朱子語類》卷第一百二十一。

〔註26〕《元史》卷一百八十九。

伊尹、顏淵乃成爲元代學者的崇拜對象。如許衡（1209-1281）在論及「伊尹之志」與「顏淵之學」時，即謂有志之士，俱應效法。〔註27〕周敦頤在社會實踐「誠」的思想，亦影響元儒。像何基（1188-1268）撰《通書發揮》，來宣揚周敦頤的主張。〔註28〕王柏（1197-1274）亦教人應讀《通書發揮》，並自撰《周子發遣三昧》一書；〔註29〕王柏復撰《太極通書講》來闡揚周敦頤思想的精華。〔註30〕金履祥（1232-1303）在受業於王柏之前，即知濂洛之學。〔註31〕故周敦頤的著述，自有其本身的價值。程顥、程頤兄弟曾提及周敦頤思想者殊少，然朱熹在道統中始置周敦頤於所有宋朝新儒家之前。由此可知，周敦頤之見重於元代，乃由於其在道統中的重要地位。

（三）治道

「治道」的儒家政治理論，是將統治者的個人道德修養視爲政治上達到「治」的必要前提。

新儒家以堯、舜、禹三代諸王爲理想的政治典範。因中國的古代聖王主要表現在「正心」、「誠意」、「修身」以及瞭解人民的需求上。如《書經》中之懿言，教人如何「正心」和如何「止於至善」。在實際政事中，宋元儒則不限於古代經書所載，更留心於當時的環境。

北宋儒學上承先秦儒家的本旨原義，開出「義理」的思想。其開展出的理路，是由《中庸》、《易經》之講論「天道誠體」，而回歸到《論語》、《孟子》所講的「仁」與「心性」，最後才講《大學》的「格物致知」。若以《詩》、《書》、《禮》、《易》、《春秋》稱之爲先秦儒家的「五經」，則《論語》、《孟子》、《中庸》、《易經》、《大學》此五部文獻，即爲宋元新儒家的「新五經」。

孔子以《詩》、《書》、《禮》、《樂》教弟子，又贊《易》，作《春秋》，故後世稱「六經」。因《樂經》無書，故亦稱「五經」，歸類爲儒家的經典。先秦儒家吸取經典中的智慧，融入自己生命中，以開出生命之方向，而樹立「內聖成德」之教。故先秦儒家的學問，是以心性之學教人，故稱之爲「生命之學」。先秦儒家留下的教誨，編纂成《論語》、《孟子》、《中庸》、《易經》、《大學》等書。宋元新儒家主要據此五部書即「新五經」，乃開創出另一階段的儒

〔註27〕《許文正公遺書》卷一。
〔註28〕《宋史》卷四百三十八。
〔註29〕《宋史》卷四百三十八。
〔註30〕《周子全書》卷五。
〔註31〕《元史》卷一百八十九。

家之學。孔子曾謂：

> 其身正，不令而行。其身不正，雖令不從。〔註32〕

至《禮記》〈大學篇〉，則總結爲「明德」、「親民」、「止于至善」的三綱與「格物」、「致知」、「誠意」、「正心」、「修身」、「齊家」、「治國」、「平天下」等八條目。儒學此種政治倫理化的特點，乃經理學精微化以成。程朱理學將倫理道德視爲最高本體的「天理」，而與「人欲」對立。格物、致知、誠意、正心等則爲「存天理，去人欲」的修身、齊家、治國、平天下的根本。程頤謂：

> 治天下國家，必本諸身。其身不正，而能治天下國家者，無之。
> 〔註33〕

此乃以「修身」做爲治國根本的倫理化政治理論，應用到實踐上的必然結果。由於將個人的道德修養做爲政治的根本，在實踐上即會導致類我者用，異我者斥的現象。朱熹認爲：

> 若如鄙意，則須是先得吾身好，黨類亦好，方能得吾君好，天下國
> 家好。〔註34〕

朱熹的政治生涯中，即奉此爲圭臬，以「存天理，滅人欲」，以道德修養的「內聖」，來取代富國強兵外在功利的「外王」。

　　朱熹以「內聖」取代「外王」，主要是受儒家「以禮爲綱，以法爲用」的限制。因此新儒家關心國家政治所講的禮樂教化的基本原則，先秦之經典已講得很完備。在「心性之學」方面，已被發揮成「內聖成德」之教，且將「禮」與「仁義」結合在一起。倫常教化之規模軌道，亦有千年的傳統。在治道方面，於「聖君賢相」的政治模式下，基本道理得以充分發揮。因講求「外王事功」的緣故，典章制度與運行方式亦有規矩，且將「禮」與「法」加以貫通。此可詳見於賈誼的「上文帝疏」所謂的：

> 夫禮者，禁於將然之前。而法者，禁於已然之後。〔註35〕

如此看來，儒家「以禮爲綱，以法爲用」，正是提供一套「由本達末，成始成終」的治道。

　　在宋元理學數百年的發展中，所表現出哲學的光輝是「內聖強，而外王弱」，此乃無法消解傳統政治的「朝代更替」、「君位繼承」、「宰相地位」之困

〔註32〕《論語》〈子路篇〉。
〔註33〕楊時（1053-1135）：《河南程氏粹言》，〈論學篇〉。
〔註34〕《朱文公集》卷三十六。
〔註35〕《漢書》〈賈誼傳〉。

局。其內傾性格，加強一般人對儒學的誤解。「存天理，滅人欲」以「希聖希天」為「內治」和「治身」者，對個別的「士」才有意義。若誤用於「外治」和「治民」的程序上，則必流於戴震的「以理殺人」。〔註36〕儒學所表現於理論上的，承認「人皆可以為堯舜」和「塗之人皆可以為禹」，絕不希望人人皆可以成聖成賢。緣是之故，在「治民」的程序上，乃主張「寬制以容眾」，以致於「先富而後教」。

〔註36〕章炳麟：《太炎文錄初編》，〈釋戴〉。

第二章　劉基的「聖人意識」

　　劉基主張法聖人，以實現其修身、齊家、治國、平天下的政治理念，來達到「安民」、「利民」的社會理想，其喻意不可不謂深遠。究竟劉基是如何來呈現其「聖人」的涵意及其詮釋呢？今條縷分析於後。

一、劉基的聖人意識分類

　　劉基於《誠意伯文集》中，羅列的聖人有伏羲（太皞）、神農、黃帝、堯、舜、禹、湯、伊尹（伊摯）、柳下惠、皋陶、比干、后稷、文王、太姒、呂望、武王、周公、伯夷、孔子、顏子（顏淵）、閔子（閔子騫）、曾子、孟子、衛武公、申屠公、豐年、鳳皇、麒麟、張良等二十九位。劉基將其細分爲六類：（一）上古聖人，或稱古聖人。此即神農、黃帝、堯、舜、后稷、伊尹。（二）大聖人。此即文王、周公、孔子。（三）小聖人。此即神農和黃帝。（四）天縱之聖。此即孔子。（五）睿聖。此即衛武公。（六）聖人。此即伏羲、禹、湯、柳下惠、皋陶、比干、太姒、呂望、武王、伯夷、顏子、閔子、曾子、孟子、申屠公、豐年、鳳皇、麒麟、張良。

　　劉基於此聖人分類中，肯定聖人是平凡中不平凡的聰明人。強調聖人在物質與精神層面，對人類的貢獻。故「聖人是人」，聖人是可由努力達到的，此乃劉基「聖人意識」的基本前提。劉基的《誠意伯文集》卷三，即以伊尹爲例：

> 伊尹者，古之聖人也，思天下有一夫不被其澤，其心愧恥若撻于市。
> 彼人也，我亦人也，彼能而我不能，寧無悲乎！〔註1〕

〔註 1〕《誠意伯文集》卷三，〈郁離子〉〈天道篇〉。

《誠意伯文集》卷五又謂：

> 夫盛德大業，有志者成之，聖賢與我皆人也。〔註2〕

故聖人是人，我亦是人，劉基認為只要努力不懈地追求，達到聖人之境是不難的。

二、劉基的聖人意識內容

劉基的聖人包括了上古聖人、大聖人、小聖人、天縱之聖、睿聖以及聖人等，於此一一加以說明之。

（一）上古聖人

所謂的「上古聖人」有神農、黃帝、堯、舜、后稷、伊尹等。彼等之所以成為聖人，乃因其具有「憂民」之心，從而產生「醫藥」與「耕」的發明，貢獻於人類。《誠意伯文集》卷七中有詳細地說明：

> 或稱醫藥出於上古聖人，神農、黃帝皆身為之。……孟子稱堯舜憂民而不暇耕。夫耕，后稷實親為之，豈以是為非聖人之所事哉？天下之事不止於耕，教之者有其官，業之者有其人，則堯舜之憂不在耕而有大焉者，此孟子之意也。〔註3〕

劉基於此將聖人具體化，並將傳說中的人物與現實生活連繫起來，使其發揮相當作用，成為社會上具有一定影響力的人物。更進一步地，劉基認為「堯舜之憂」是從「盡天地之用」的「憂民」開始，而終於「安民」的理想目標。此不但使人民能戮力本業外，而且還能達到「教之者有其官，業之者有其人」的理想境界。

除此之外，伊尹則是商湯的賢相。在《誠意伯文集》卷三乃稱其為：

> 伊尹者，古之聖人也。……伊尹得湯而相之，湯以七十里國為政於天下，有人民焉，有兵甲焉，而用之執征伐之權，以為天下君，而伊尹為之師。故得志而弗為，伊尹恥之。

劉基又謂：

> 天生聖人開基啟運，必生命世之臣以為之輔，如伊摯於商，呂望於周，張良於漢，皆翊其君建皇極，行王道，以致太平，以開景運，以制禮樂。動為世軌，行為世則也。……後世望之如雷震，望之如

〔註2〕《誠意伯文集》卷五，〈槐陰讀書圖序〉。
〔註3〕《誠意伯文集》卷七，〈醫說贈馬復初〉。

神明。〔註4〕

「伊尹之志」始終爲元代學者所效仿追求的重要人生目標。身爲元代人的劉基，對其亦有所繼承，且擔負起孟子所謂的「伊尹之任」：

> 伊尹曰：「何事非君，何使非民？」治亦進，亂亦進。曰：「天之生斯民也，使先知覺後知，使先覺覺後覺。予，天民之先覺者也；予，將以此道覺此民也。」思天下之民，匹夫匹婦有不與被堯舜之澤者，如己推而內之溝中，其自任以天下之重也。……伊尹，聖之任者也。
> 〔註5〕

其中，劉基以「伊尹之志」爲職志，出而完成輔佐明太祖以建立明朝之一大功業，其寓意之深可見。劉基對伊尹此一政治人物的論議，乃是立足於現實，從品德、行爲、業績等著眼，來選擇聖人的。其把聖人落實到具體的人，來加以對待的。從這一點來看，實際上劉基已突破的「聖人意識」的神秘化，使人看得見聖人，甚至摸得著聖人。因此當代聖人，並不是可望而不可及的。

（二）大聖人

劉基所指的大聖人有周文王、周公與孔子等。《誠意伯文集》卷四載：

> 知貪者，其唯聖人乎！聖人之於仁義、道德，猶小人之於貨財、金玉也。小人之於貨財、金玉，無時而足；聖人之於仁義、道德，亦無時而足。是故文王、周公、孔子，皆大聖人也。文王視民如傷，自朝至于日中昃，不遑暇食。周公思兼三王，以思四事，以夜繼日，坐而待旦。孔子曰：「吾有知乎哉！無知也。」聖人之貪於仁義，道德若是哉！」〔註6〕

由此可見，劉基所界定的大聖人，乃是表現在「仁義」與「道德」方面，強調「博施於民，而能濟眾」的精神人格的表現。《誠意伯文集》卷五又謂：

> 至仲尼大聖也，曰：「假我數年以學易。」

劉基於此闡明學《易》的重要，並凸顯了孔子著述六經之功。其又謂：

> 孔子大聖不遇於時，既沒之後，爲萬世師。〔註7〕

此與孟子所論的孔子則有不同。孟子強調：

> 孔子，聖之時者也。孔子之謂集大成。集大成也者，金聲而玉振之

〔註4〕《誠意伯文集》，〈翊運錄序〉。
〔註5〕《孟子》〈萬章〉下。
〔註6〕《誠意伯文集》卷四，〈郁離子〉〈神仙篇〉。
〔註7〕《誠意伯文集》卷八，〈嘉興路重脩陸宣公書院碑銘〉。

也。〔註8〕

　　聖人，百世之師也。〔註9〕

由此可見聖人孔子的傳承之跡。在孟子的「百世師」的「聖之時者」的孔子，與劉基的「萬世師」對照下，鮮明了孔子教化後世功能的不可忽視。

　　劉基的「大聖人」，皆爲周代之人。周文王、周公、孔子等的「仁政」和「德政」的主張，以及周人的「敬德」觀念的一脈相承。因此可見「爲政以仁」和「爲政以德」的觀念有以致之。而孔子的作爲是：

　　明王道，以教萬世。〔註10〕

由此可見孔子是聖人中，最偉大的。

　　（三）小聖人

　　「小聖人」乃見於《誠意伯文集》卷七〈醫說贈馬復初〉，劉基論到：

　　或稱醫藥出於上古聖人，神農、黃帝皆爲之，其果然乎？儒者疑之，
　　懼世之以是小聖人也。

劉基的「小聖人」已包括三皇中的「神農」以及五帝中的「黃帝」，因其貢獻醫藥於人類的救生，故被稱爲「小聖人」。

　　劉基於此詮釋商周以前的歷史，肯定神農、黃帝等小聖人對社會的改造與發展的重大作用。從「治病」到「治生民」以迄「治社會」，聖人對社會的創造與貢獻可謂爲人類的一部發展的歷史。劉基遂發出：

　　聖人出，臨萬方。……青天長，聖人壽。……聖人出，陽道開，億
　　萬年，歌康哉！〔註11〕

如此不凡的讚頌之語。

　　（四）天縱之聖

　　「天縱之聖」乃爲劉基對萬世師的孔子，在「大聖人」頭銜以外，所外加的。究竟劉基是如何地來作評價與褒揚孔子的一生作爲呢？劉基的《誠意伯文集》卷十二論及：

　　昔者孔子以天縱之聖，而不得行其道，顛沛窮厄，無所不至。然亦
　　無往而不自得，不爲無益之憂，以毀其性也。是故君子之生於世也，

───────────────

〔註 8〕《孟子》〈萬章〉下。
〔註 9〕《孟子》〈盡心〉下。
〔註10〕《誠意伯文集》卷八，〈擬連珠〉六十八首。
〔註11〕《誠意伯文集》卷十，〈聖人出〉。

　　爲其所可爲，不爲其所不可爲而已。若夫吉凶禍福，天實司之，吾
　　何爲而自孽哉！〔註12〕

於此，劉基認爲孔子雖生當亂離之世，於見己道不行時，乃移情於著述以自
得。故司馬遷的《史記》〈孔子世家〉中，對孔子的移情著述有詳細地描寫。
司馬遷認爲：

　　孔子晚而喜《易》，序〈彖〉、〈繫〉、〈象〉、〈説卦〉、〈文言〉。讀
　　《易》，韋編三絶。曰：「假我數年，若是，我於《易》則彬彬矣！」

司馬遷又論到：

　　子曰：「弗乎！弗乎！君病沒世而名不稱焉，吾道不行矣，吾何以自
　　見於後世哉？」乃因《史記》作《春秋》，上自隱公，下訖哀公十四
　　年，十二公。據魯、親周、故殷，運之三代，約其文辭而指博。……
　　至於爲《春秋》，筆則筆，削則削，子夏之徒不能贊一辭。

足見《易》與《春秋》在孔子「六經」中所處的地位。此亦是天縱之聖的孔
子「爲其所可爲，不爲其所不可爲」的話語，遂有劉基所謂的「吉凶福禍，
天實司之」之嘆，此乃正符合「塞翁失馬，焉知非福！」的名言。

　　（五）睿聖

　　劉基認爲衛武公是聖人，而且是「睿聖」者。在其《誠意伯文集》卷五
提及：

　　衛武公大賢也，九十猶陳抑戒，而況於吾儕也乎！

春秋時的衛武公已九十高齡，仍作戒書《詩經》〈大雅抑篇〉。此即衛武公以
屬王的故事自警。劉基的《誠意伯文集》卷七，特別提到：

　　屈子曰：「善不由外來，名不可以虛作也。」古之人有衛武公者，抑
　　抑之戒陳於蟄，而睿聖之名垂於後。若是故詠歌乃有益也。鳴呼！
　　詩，不如抑人，不如衛武公；則求者爲徒，求言者爲妄言矣！〔註13〕

衛武公的作詩以自警，正是「修己治人」的「睿聖」的最佳寫照。

　　（六）聖人

　　劉基的「聖人」，在此項包括了三皇的伏羲、三王的禹和商湯、舜時司
法律刑罰的皋陶、殷三仁的比干〔註14〕、周武王和周公之母的太姒、周文王

〔註12〕《誠意伯文集》卷十二，〈千里馬〉。
〔註13〕《誠意伯文集》卷七，〈書善最堂卷後〉。
〔註14〕比干爲紂王所剖心，與箕子、微子啓等人，合稱「殷三仁」。

－19－

的賢臣呂望、以德行著稱的閔子騫、以孝著稱的曾參、講王道和仁義的孟子、距楊墨的申屠公，以及擊秦始皇於博浪沙助劉邦建漢朝的三傑之一的張良〔註15〕等特殊聖人的面貌。於下一一介紹。劉基對彼等之敘述，乃依其性質來加以劃分，今分述於後。

1.「道德仁義」的聖人

　　「道德仁義」的聖人，以伏羲爲代表。伏羲是三皇之一，劉基謂其爲：

　　上古之善盜者，莫伏羲。……教民以盜其力，春而種，秋而收，逐其時而利其生。〔註16〕

緣是之故，伏羲乃開發土地，以來安民。孟子則讚譽伏羲之爲聖人的道理，乃在於：

　　不違農時，……養生喪死無憾，王道之始也。〔註17〕

　　仁人在位，……必使仰足以事父母，俯足以畜妻子。〔註18〕

　　保民而王，莫之能禦也。〔註19〕

故王道之始，乃在於仁人能保民。

三王的禹和商湯，亦爲「道德仁義」的聖人。劉基曾謂：

　　非堯、禹不可與言道德，非湯、武不可與謀仁義。〔註20〕

劉基又強調：

　　禹湯以克敬而王，桀紂以不敬而亡。……克念作聖，敬而已矣！〔註21〕

故「道德」、「仁義」須「敬」方能爲之功，此乃成爲聖人之要道。

2.「意與言」的聖人

　　劉基在《誠意伯文集》中，提及孟子的乃是「意與言」的聖人。劉基論及：

　　孟子稱堯舜憂民，而不暇耕。……天下之事，不止於耕，教之者有其官，業之者有其人，則堯舜之憂不在耕而大有焉者，此孟子之意

〔註15〕漢初張良、蕭何、韓信，被稱爲「三傑」。
〔註16〕《誠意伯文集》卷三，〈郁離子〉〈天地之盜篇〉。
〔註17〕《孟子》〈梁惠王〉上。
〔註18〕同前註。
〔註19〕同註17。
〔註20〕《誠意伯文集》卷四，〈郁離子〉〈牧豭篇〉。
〔註21〕《誠意伯文集》卷八，〈敬齋箴並序〉。

也。〔註22〕

劉基除提及孟子之「意」外，又兼論孟子之「言」：

事親莫大於養志，孟子之言至矣！〔註23〕

孟子之意與言，即在「堯舜之憂」與「事親養志」間，使農者有其耕，
教者有其官，業者有其人，因而能盡侍奉父母的孝道之道理。

3.「伐苗」的聖人

劉基認爲皋陶是「伐苗」的聖人。其文中提及：

聖人豈爲之，必也以兵臨之，而後分北。……誕敷文德而遂弛，

其伐苗之謀明矣！皋陶曰：「苗頑弗即工，帝念哉！」〔註24〕

此乃謂大患當前之時，聖人皋陶亦主張用兵，因此才有舜時的伐三苗奏
功之盛事，即是一顯例。

4.「平天下」的聖人

「平天下」的聖人是指伊摯、呂望、張良等。劉基於此強調：

天生聖人，開基啓運，必生命世之臣，以爲之輔。如伊摯於商，呂

望於周，張良於漢，皆翊其君，建皇極，行王道，以致太平。〔註25〕

因此伊摯、呂望、張良等聖人，助君建皇極，行王道，以達「天下太平」
的境界。

5.「距楊墨」的聖人

劉基的「距楊墨」聖人，是以屠申公爲代表。劉基提及：

孟子曰：「能言距楊墨者，聖人之徒也。」……後世復有孟子，而不

曰：「屠申公，聖人之徒！」吾不信也。〔註26〕

屠申公之「距楊墨」，去無父無君，對剷除異端之說，不遺餘力。緣是之
故，劉基亦以申屠公爲聖人。

6.「胎教之非」的聖人

一般人認爲「胎教」很重要，然劉基不以爲然，認爲太姒一樣懷子，
然卻有其差異性！因此「胎教之非」的聖人，劉基以太姒爲代表。其謂：

〔註22〕《誠意伯文集》卷七，〈醫說贈馬復初〉。

〔註23〕《誠意伯文集》卷六，〈養志齋記〉。

〔註24〕《誠意伯文集》卷四，〈郁離子〉〈蛇蝎篇〉。

〔註25〕《誠意伯文集》，〈翊運錄序〉。

〔註26〕《誠意伯文集》卷七，〈書申屠子迪毀杌木廟曹操像文後〉。

以文王、太姒之聖，而有管、蔡、霍叔。昔人之所謂胎教者，非矣！〔註27〕

太姒既有周武王、周公等兒子，後又生管叔、蔡叔、霍叔諸子。於此，劉基否定一般「胎教」的說法。

7. 「勇」的聖人

「勇」的聖人，劉基以顏淵為代表。其提出：

顏淵問仁。子曰：「克己復禮為仁。」「克己」，人人之所難，而顏子躍然任之。君子之大勇，蓋如是。〔註28〕

顏淵能「克己」以復禮，劉基認為其可謂「仁」且為君子之大勇者。因此顏淵為勇的聖人，再好不過了。

8. 「忠孝」的聖人

「忠孝」的聖人，乃以比干、閔子騫、曾參為代表。劉基解釋到：

殷比干之剖心兮，豈不知其為聖人！〔註29〕

以孝稱於聖人，而揚於天下後世者，閔子、曾子而已！〔註30〕

劉基以比干與閔子騫、曾參為例，正是強調忠、孝的重要性。

9. 「王者之祥」的聖人

劉基所論述「王者之祥」的聖人，乃以豐年、鳳皇、麒麟三者為代表。其謂：

王者之祥有三聖人：為上「豐年」，次之「鳳皇」，「麒麟」為下。……詭色而無，益於民用者，皆可以謂之祥。……是故先王之思治其國也，見一物之非，常必省其政，以為祥。〔註31〕

劉基以豐年、鳳皇、麒麟等三聖人，為「吉祥」的代表。用其為治國安民之依憑。其實就三聖人而言，皆是古代「吉獸」的象徵。然劉基卻將之提升於聖人之列，且為先王省政以為吉祥的標準，頗富當時人間社會的意義。

10. 「以節立行」的聖人

劉基的「以節立行」的聖人，乃以柳下惠和伯夷為代表。其認為：

〔註27〕《誠意伯文集》卷七，〈衛公子壽〉。
〔註28〕《誠意伯文集》卷六，〈大勇齋記〉。
〔註29〕《誠意伯文集》卷九，〈弔諸葛武侯賦〉。
〔註30〕《誠意伯文集》卷六，〈養志齋記〉。
〔註31〕《誠意伯文集》卷三，〈郁離子〉〈蜻蛉篇〉。

　　柳下惠與伯夷跡若冰炭，而同謂之逸民。〔註32〕

　　夫天下清者，莫如水；有節而貞者，莫如竹。伯夷以節立行；而其

　　清于至於聖，則物之清又莫竹若也。〔註33〕

劉基謂柳下惠與伯夷同是清高的隱士，並且凸顯伯夷「聖之清」者的形象，可謂為喻意深遠。

　　以上劉基所列的聖人，有道德仁義的「伏羲」、「禹」和「商湯」，有意與言的「孟子」，有伐苗的「皋陶」，有平天下的伊摯、呂望和張良，有距楊墨的「屠申公」，有賢婦人「太姒」，有賦詩以自警的「衛武公」，和以節立行的柳下惠和伯夷，勇於行仁的「顏淵」，有忠孝兩全的「比干」、「閔子騫」、「曾參」，王者之祥的「豐年」、「鳳皇」、「麒麟」，此乃有異於前人的筆法，豐富了劉基「聖人意識」的詮釋內容。

〔註32〕《誠意伯文集》卷六，〈賈性之市隱齋記〉。

〔註33〕《誠意伯文集》卷五，〈雙清詩序〉。

第三章　劉基的聖人意識與兩難式

　　劉基的聖人意識的根源，乃來自生活的本身，又再展現於生活之中。聖人不外乎反映社會生活與政治活動兩大基本課題。故「社會理念」與「政治理念」乃構成其「聖人意識」方法論的基礎。其結構則包含「政治性」與「人間性」。劉基早年研習得《春秋明經》，遂懷「聖人之志」。因孔子曾言：「吾志在春秋，行在孝經。」足見《春秋》為言「志」者，此乃對劉基影響甚深。《周易》〈繫辭傳〉載：「聖人以通天下之志，以定天下之業，以斷天下之疑。」孔穎達的《五經正義》加以闡發：「言能開通萬物之志，成就天下之物。」劉基遂由「志」的理念出發，伸入「人間社會」與「政治」的範疇。

一、劉基的聖人意識的兩種意識

　　劉基的聖人意識的思想背景，主要源之於宋代的兩種意識：一為「道統意識」。此即「道之傳」和「正統」的傳統。二為「帝王之學」。此簡稱為「帝學」，乃源自於經筵講授，討論儒家經典及其在當代的運用。程顥、程頤兄弟、朱熹與較早的宋代學者政治家們，都對此帝王之學有所貢獻。後來，元代的許衡（1209-1281）曾為帝王師，由於講授對象是皇帝、太子與宮廷官吏，故與各學派裏的哲學性辯論有異。許衡強調實學和基本道理，而非瑣細的哲學論點，重視政府的實際運作，把理學中有關人性與人心之學說，從歷史中取得倫理政治之實例，熔於一爐。

　　一二六六年（元世祖至元三年），許衡所上奏摺中，彰顯其大學精義，提出普及學校制度與課業的看法，而以《大學》為其闡釋之依歸。其以為《大學》本是強調「格物」、「致知」、「誠意」、「正心」、「修身」、「齊家」、「治國」、

「平天下」，乃成爲政治與社會秩序的一般基礎。

此外，朱熹曾提及《大學》一書，乃爲基本教育必讀之書。其在《小學》一書中，進一步地闡述此一觀念。認爲《小學》內容旣爲針對一般人日常生活的基本理論常識，故適用於在普及教育制度下，做初級的讀物。許衡認爲此亦可用於教育蒙古人，是故《小學》即成爲理學教育中必備的生活教育用書。

由於許衡的努力，教育因而普及，不僅遍及全國，並貫徹於一切的階層，尤其是那人人認同的提綱挈領。「修身」、「正心」、「誠意」，旨在培育每個人道德天性中與生俱來的「善」，然後以「明明德」爲法，推廣及於培育他人的「先天之善」。由於人在其自私慾念上，表現出天性的黑暗面。因而此種信條對人的克服此私慾的道德與知識力量，表現莫大的信賴。許衡的世界觀與人類觀是樂觀的，旨在鼓勵眾人相信可爲「聖賢」的潛能，以及帝王可爲「聖王」的潛力。

自此原則而言，人性與德性具有統一性。此點被視爲人類羣體社會，可以井然有序之根本。此不僅冀望個人可達聖人的境界，亦期盼全人類皆能臻於道德與精神的交融，而其唯一條件乃在於首先解決人性的弱點與錯誤的傾向。

宋代新儒學以成聖賢爲其指標，其實是精粹君子的理想。由於人人具有潛能，可以充德進道，終不失爲一可信之基礎，使所有人不分漢人和蒙人，都能一致支持此一新的教育制度。

二、劉基的聖人意識的兩難式

在劉基聖人意識的兩難式，首先須以元代爲研究範圍，故不得不反省蒙元入主中國對儒者有何意義這個問題，如以探討。對此問題，不能不上溯到先秦儒家的孟子。其言：

> 伯夷，聖之清者也。伊尹，聖之任者也。柳下惠，聖之和者也。孔子，聖之時者也。孔子之謂集大成。集大成也者，金聲而玉振之也。
> 〔註1〕

朱子註孟頗多違失孟學大旨者，然此節朱註則極能切中肯綮，遠較趙注爲優。《朱子集註》引張載言：「無所雜者，清之極。」又引孔安國之言曰：「任者，

〔註 1〕《孟子集註》卷五，頁 12，下半頁（四部備要本）。

以天下爲己責也。」朱熹更益以己見，《孟子集注》卷十曰：「愚謂孔子仕、止、久、速，各當其可，蓋兼三子之所以聖者而時出之，非如三子之可以一德名也。」朱熹指出孟子此段話中，實際已點出中國儒學傳統中永恆的兩難課題，此即爲「聖之任」與「聖之清」，兩者間不易調和之問題。換言之，此乃爲儒學者的社會政治責任與個人的道德修爲之間，何者爲重的兩難式。此亦即爲莊子所謂「外王」與「內聖」之間的兩難式。此兩難式根植於儒學傳統的價值體系中，歷代儒者皆在不同時代和不同程度之內，面對此問題而無法迴避。倘根據先秦孔門之道德價值觀，從個人修身到社會治平，是一不可分割的創造性過程，兩者無法分爲兩橛。《論語》〈憲問篇〉曰：

> 子路問君子。子曰：「修己以敬」。曰：「如斯而已乎？」曰：「修己
> 以安人。」曰：「如斯而已乎？」曰：「修己以安百姓。」修己以安
> 百姓，堯舜其猶病諸？〔註2〕

此一價值傳統，經孟子、荀子，至《禮記》〈大學篇〉中獲得充分地發揮。從「格致誠正」到「修齊致平」此一創造性的過程，不僅綱舉目張，且本末先後已燦然具備。朱熹取《大學》與《中庸》以配《論語》、《孟子》，進《四書》而退《五經》，部分原因乃即係根源於其對此價值傳統的認同與繼承。從朱熹的觀點視之，此價值傳統，從個體到集體，從內到外，從一到多，鉅細靡遺，本末兼備，最初的日用，是不折不扣的「實學」。一一八九年（宋孝宗淳熙十六年），六十歲的朱熹所寫的哲學的意見〈大學與中庸章句序〉中，表達得最爲清楚，而《中庸》〈小序〉曰：

> 其書始言一理，中散爲萬事，末復合爲一理。放之則彌六合，卷之
> 則退藏於密。其味無窮，皆實學也。〔註3〕

此言最能綜括朱熹哲學中的實學精義。

在儒學價值系統中，「道德自我」的建立，是儒者個人生命抉擇的問題。「我欲仁，斯仁至矣！」初與外緣條件無涉。唯儒者如欲自修己達到安人乃至百姓的境界，則必須與外在的權威秩序發生關聯。此種外在權威秩序之形成，並非完全操諸儒者之手。因此在政治不清明的時代中，「聖之任」與「聖之清」之間的兩難式，特別顯得無法避免。蒙古入主中國近九十年的歷史意義，正在於它以一個極爲明確的方式，對儒者提出此儒學價值體系中永恆的

〔註2〕《論語集註》卷七，〈憲問篇〉十四，頁16，下半頁（四部備要本）。
〔註3〕《中庸章句》，頁1，上半頁（四部備要本）。

兩難式。

　　然此兩難式如何來解決呢？儒學傳統中解決此問題的方式，在所謂「時中」此哲學的觀念中，最能覓得其消息。朱子註《中庸》第二章言：

　　　　中無定體，隨時而在，是乃平常之理也。〔註4〕

最能發揮儒家的「時中」之意。孟子稱讚孔子爲「聖之時者也」，就是稱讚孔子能在主觀與客觀條件下，永無終止。元儒們努力在「聖之清」與「聖之任」的兩難式之中，尋求一動態平衡。此種努力在元儒劉基身上，表現得最爲明顯。

―――――――――

〔註4〕《中庸章句》，頁3上。

第四章　劉基聖人意識的方法論與結構

　　在儒學價值體系中，「聖之清」與「聖之任」之間的永恆矛盾，是促使儒學生命日益豐富，並且使它度過蒙古南侵的危局，是向前發展的內在動力。此乃成為劉基「聖人意識」的一內在泉源。

一、劉基聖人意識的方法論

　　論及劉基聖人意識的方法論，其特色乃在於直觀的「觀察入微」。劉基謂：

　　　　觀其著以知微，察其顯而見隱。〔註1〕

劉基強調「實踐」在認識過程中的重要意義，並且勉人讀書要：

　　　　誦其言，求其義，必有以見於行。〔註2〕

此乃為「知」與「行」須合一的主張，亦即「言行一致」之意。劉基進一步地認為人須按照事物發展的規律行動，方能達到「不躁不陋」的境界。故謂：

　　　　聖人與時偕行。〔註3〕

　　　　時未至而為之，謂之「躁」。時至而不為之，謂之「陋」。〔註4〕

為什麼說劉基的方法論，主要得之於「直觀」呢？劉基自己認為此方法乃學而自得的結果。故劉基強調學為聖人，而「學」正是劉基通向聖人主要努力的工夫。且因劉基學問方面廣闊，故能「自覺」以得。

　　其次談到劉基的「經驗」。劉基於仕元期間的政治經驗是寶貴的。其行跡

〔註1〕《誠意伯文集》卷四，〈郁離子〉〈麋虎篇〉。
〔註2〕《誠意伯文集》卷五，〈送高生序〉。
〔註3〕同註1。
〔註4〕同註1。

主要在浙江、江西等元代的學術重心之地，所謂：

> 西江大藩地，卓犖多豪英，文能絢雲漢，武能壯干城。〔註5〕

另外，交友論學亦對劉基的學思有促進之功。然劉基之仕元，頗經周折，最後歸隱青田山中，原已無望於用世。其於《郁離子》中借從者語謂：

> 今天下之牧，無能善者，夫子雖知牧，天弗使也。夫子雖悲之，若之何哉？〔註6〕

劉基乃退而歌之曰：

> 彼岡有桐兮，此澤有荷葉。不庇其根兮，嗟嗟奈何？〔註7〕

此足見劉基曾絕用世之思，蓋雖有救時之心，然時勢不可不加以審視。其所謂：

> 非堯、禹，不可與言道德；非湯、武，不可與謀仁義。〔註8〕

堯、禹、湯、武之不出，是時勢無可為，有以致之。劉基之用世思想，主要寄寓於《郁離子》作品中，而其寫作方法則是探《詩經》中的「比」、「興」之法。《詩經》分「風」、「雅」、「頌」三部分。其中「頌」是以「賦」的敘事為主要體例，而「風」、「雅」則是以「比」、「興」為主要的寫作手法。「比」是指比喻，即「比方於物」；「興」是寄託，即「託事於物」。無論是「比」還是「興」，都要把某一事物同另一些事物相聯繫。常常是把人同物相聯繫，把心境同外界相聯繫，把社會現象與自然現象相聯繫。「比喻」和「寄託」的一般傾向，是把美好的自然現象同美好心境和美好的社會現象相聯繫。反之，把惡的自然現象同愁苦的心境和社會的動亂相聯繫，這種做法是非常自然的，美學術語叫「移情作用」。簡單地說，就是把自己的思想轉移到自然界的事物中去，在一個人心情愉快的時候，往往會專注於自然環境中的美好的一面。而當其心境痛苦不安之時，又往往會特別地容易發現自然環境中的可悲可怨處。藉著此一手法，於是在劉基的聖人觀中，本來不具有喜怒哀樂的自然現象，卻沾染上劉基個人的主觀情感的色彩，通過這種移情的描述，來表達其個人的政治理念的寄語懷抱。如劉基〈感懷〉詩曾作「昊天厭秦德，瑞起生芒碭」，〔註9〕「修身俟天命，萬古全其名」〔註10〕之語，是詩做於元末，

〔註 5〕《誠意伯文集》卷十三，〈送孔世川赴江西提舉〉。

〔註 6〕《誠意伯文集》卷三，〈郁離子〉〈天道篇〉。

〔註 7〕同前註。

〔註 8〕《誠意伯文集》卷四，〈郁離子〉〈牧豭篇〉。

〔註 9〕《誠意伯文集》卷十二，〈感懷〉。

隱約可見其萌退意念中，存有天命思想。再觀山中所做之文，若有所待之意依然可見：

> 僕願與公子講堯舜禹之道，論湯武之事，憲伊尹，師周召，稽考先王之典，商度救時之政，明法度，肆禮樂，以待王者之興。

所謂講論聖人，主要是「待王者之興」，似非絕無仕進之意。更進一步地劉基認爲雖假仁義者亦可：

> 人言五伯之假仁義也，或曰：「是何足道哉？」郁離子曰：「是非仁人之言也，五伯之時，天下之亂極矣！稱諸侯之德無以加焉，雖假而愈於不能，故聖人有取也。」故曰：「誠勝假，假勝無，天下之至誠，吾不得見矣！發見假之者，亦可矣！」〔註11〕

劉基又謂：

> 湯、武不作，而後有桓、文。桓、文不作，而後有秦。秦之王適逢六國之皆庸君，故有賢人弗能用，而秦之間得行。嗚呼！豈秦之能哉？〔註12〕

上述二則，前一所述「非湯、武不可與謀仁義」，其心意顯已有別，既不得見至誠者，得見假者亦可，言下似已作退而求其次之想。而後一則又陳述其消長輪替之觀點，以爲上焉者既不出，次之者因得而顯。劉基既作如是觀，再觀朱元璋師入浙東，即嚴禁士卒奪行暴。〔註13〕下金華，復置戶籍、郡學、儒學提舉司等，〔註14〕與盜賊殺掠行徑迥異，似頗富「仁義」之風，雖或爲假仁義以收人心，亦可。足見劉基論「聖人」中，對「比」和「興」的手法運用，恰到好處。

重「內觀」，此亦形成劉基聖人意識方法論的另一特色。劉基謂：

> 蒙人衣狻猊之皮，以適壙，虎見之而走，謂虎爲畏己也，返而矜，有大志。明日服狐裘而往，復與虎遇，虎立而睨之，怒其不走也，叱之，爲虎所食。邾妻子泛於河，中流而溺，水渦煦而出之，得壺以濟岸，以爲天祐己也。歸而不事魯，又不事齊。魯人伐而分其國，

〔註10〕《誠意伯文集》卷十二，〈感懷〉。

〔註11〕《誠意伯文集》卷二，〈郁離子〉〈魯般篇〉。

〔註12〕同前註。

〔註13〕《明太祖實錄》卷六載：戊戌（至正十八年）十二月甲申，上入婺州，下令禁戢軍士剽掠。有親隨知印，黃某取民財，即斬以殉，民皆按堵。

〔註14〕參見《明太祖實錄》卷六、卷七、卷八、卷十二，戊戌十二月乙丑朔、乙亥正月庚申、庚子五月丁卯、癸卯五月癸酉各條。

> 齊弗救。君子曰：「無畏者，禍之本乎？惟有德可以受天祥，祥不妄
> 集，聖人實有之，猶內省而懼，畏其不能勝也，而況敢自祥乎？非
> 祥而以為祥，喪甚心矣！其能免乎？」〔註15〕

以「蒙人衣狻猊之皮」與「邾婁子泛於河」二例先敘事作譬，末作「君子曰」
評，贊以陳旨意，除了一新寫作方式以外，主要乃著重於「聖人實有之，猶
內省而懼」以自警。

故劉基在聖人意識方法論的運用上，從「直觀」到「內觀」以及「比」、
「興」等方法的運用，實別具一格，一新其聖人意識之體裁。

二、劉基聖人意識的結構

劉基聖人意識的結構為「由上而下」的「士大夫結構」。此聖人意識的模
式，係自「君為臣綱，父為子綱，夫為妻綱」擴展成「父子有親，君臣有義，
夫婦有別，長幼有序，朋友有信」的人倫，此即五倫的型態。劉基進一步地
認為，此人倫順則天下治，逆則天下亂。因此可見劉基乃從政治理念出發，
基於一種在上位者對下層民眾的關懷，所體現出的是聖人意識理念模式的結
構。

究竟此種「士大夫結構」的特色內涵為何？今分兩點來加以分析說明之。

（一）聖人意識的政治性結構

劉基的政治思想，乃是繼承與發揮儒家學說的，具有積極性和進步性的
主要因素。其代表著元明之際的一種意識型態，於當時具有重要的實踐意義。
其又在批判元末秕政的基礎上產生，乃被朱元璋運用在明初的治國實踐當
中，意義甚為深遠。

劉基順著理學內部邏輯發展所指引的方向，融匯儒家的「經世」、道家的
「道」、佛教禪宗「禪」的理論，肯定了「人欲」和「事功」。其「聖人意識」
的政治理論具有兩方面的積極意義：第一、它強調重視人的基本生存需要的
滿足。統治者與民同好惡，要使民眾各得其所，必須具有明顯的「民本」的
理念，亦是孟子「民貴君輕」的「民本思想」的繼承與發揚。第二、劉基提
倡對社會運行規律的認識和把握基礎上的有為，反對以個人道德修養取代治
國平天下。要統治者認識到民眾的日常生活，注重客觀的規律存在。對這種
客觀規律的把握，已不再是理學家個人的道德修養問題而已，而是指對社會

〔註15〕《誠意伯文集》卷二，〈郁離子〉〈瞽聵篇〉。

事物間必然關係的某種認識。因此劉基的聖人意識的理論，對儒家倫理化的政治理論，有一定某種程度的突破。

　　唯劉基聖人意識的政治理論，亦有其侷限性。由於劉基未能突破天命論，因爲君主是基於天命論的，而不是契約論的。因此人民對君主的好壞並無選擇之權，只能順從天命的安排。可見「聖人理念」中雖有突破傳統思想的傾向，然劉基並未由此民本進到民主。劉基雖然肯定人皆可學爲聖人，具有道德上的平等性，但他認爲一般人只是自在的、潛在的爲聖人根苗而已，是爲道所支配的，只有真正的聖人才能有自覺。

　　總之，劉基對儒家倫理化的政治理論有一定的突破，但是由於他仍採內在的直覺認識方法，因此對「修齊治平」的模式，並沒有根本性的超越。

　　（二）聖人意識的人間性結構

　　聖人意識的人間性結構，有「重人」和「重人倫」二者。

　　1. 重人

　　劉基聖人意識中的「重人」觀念，影響了明太祖統一天下後，「寬以待民」之舉措，因此頗受重視。劉基之所以重人，正如溝口雄三教授所言：

　　　　宋代的「所以天」，在明清時期滲透入所謂內在人的道德先驗性。
　　　　所謂「公權等於民權天賦性」，遂而轉化爲「人」的道德政治觀點。
　　〔註16〕

溝口雄三教授又謂：

　　　　「天理合一」是「天譴修德」的無限責任性。其非爲天的空間的無
　　　　限，乃爲「理」的質的無限性，此即以「政治等於道德面至高狀態
　　　　的實現」。即個人是「聖人」，道德是「至善」，政治是「平天下」，
　　　　於此一目標而努力不懈。「天譴修德」繼承「天理修德」而來，反之，
　　　　「德」爲天的無限責任，卻而轉爲人領域內的質的無限責任。「政治
　　　　等於道德」，乃是人之領域深化的結果。〔註17〕

　　2. 重人倫

　　劉基重視人倫之用，乃源於孟子。《孟子》〈滕文公篇〉載：

　　　　后稷教民稼穡，樹藝五穀；五穀熟而民人育。人之有道也，飽食煖

────────────

〔註16〕溝口雄三：《中國の「天」》（上），《文學》五十五卷，1987年，頁206。
〔註17〕同前註。

衣，逸居而無教，則近於禽獸。聖人有憂之，使契爲司徒，教以人倫：父子有親，君臣有義，夫婦有別，長幼有序，朋友有信。

孟子對人倫之解說，成爲劉基聖人理念的理論根據。劉基謂：

聖人之道，五穀也。異端之道，爽口蜇吻之味也。聖人之道，求諸日用之常。異端之道，必索隱以行怪，其勢不並立也。是故求道者，必定其所如，將適燕，先舉轅而指北，然後訪而取途，則無倒行之悔矣！〔註18〕

劉基由人倫日用出發，來闡發聖人之道定向的重要性。由此足見劉基重視日用倫常的精神。此種重視人倫物理，成爲明清思想家所重視的實理實事的精神先導，遂而開展出兩個特點。

（1）人倫即是明人倫

劉基的人倫日用精神開展出來，即成爲王艮明人倫的根據，因此包括六德、六行和六藝。

王艮的《王道論》提出：

三代之學，皆所以明人倫也。是故《周禮》〈大司徒〉：「以鄉三物教萬民，而賓興之：一曰六德：智、仁、聖、義、中、和；二曰六行：孝、友、睦、婣、任、卹；三曰六藝：禮、樂、射、御、書、數。」先德行而後文藝，明倫之教也。又爲比、閭、族、黨、州、鄉之法以聯屬之，使之相親相睦，相愛相勸，以同歸於善。故凡民之有德行才藝者，必見於人倫日用之間，而一鄉之人無不信之者。〔註19〕

王艮的明人倫將劉基的人倫日用的精神具體化，由此開展在明代的社會生活上，即成爲一道德社會的生活遵循依據。

（2）人倫即是穿衣吃飯

「人倫即是穿衣吃飯」，李贄明白深入淺出劉基的人倫日用的精神，強調社會的精神生活即是建立在人的基本生活的要求上。李贄的《答鄧石陽》，強調：

穿衣吃飯即是人倫物理。除卻穿衣吃飯，無倫物矣！世間種種，皆衣與飯類耳。故舉衣與飯，而世間種種自然在其中，非衣飯之外，更有所謂種種絕與百姓不相同者也。學者只宜於倫物上識眞空，不

〔註18〕《誠意伯文集》卷七，〈書善最堂卷後〉。
〔註19〕王艮：《王心齋先生遺集》卷二。

　　當於倫物上辨倫物。故曰：「明於庶物，察於人倫」。於倫物上加明
　　察，則可以達本而識眞源；否則只在倫物上計較忖度，終無自得之
　　日矣！〔註20〕

由於王艮與李贄對人倫的解說，反映出王陽明及其後學，重視人倫日用的精
神，有增無已。針對宋儒所開創的學風，對明代而言，即是一大解放。於此
解放過程中，造成中國十四世紀思想的輝煌成就。劉基的人倫日用，即是一
明證。溝口雄三教授明確地指出：

　　朱子學政治觀的特徵，在於只要皇帝和官僚這些爲政者致力於自身
　　的道德修養，由主敬靜坐的修身和格物致知的窮理來體會「定理」。
　　以此「定理」爲根本，而施行「仁政」，天下之民就會感恩其德澤；
　　爲「定理」即封建秩序的道德所感化，如此就能實現治國平天下的
　　理念。在這樣的結構上，治世能否成功，關鍵在於皇帝和官僚的統
　　治階級才是政治的主體的運作，小民在他們的下層是被統治的階
　　級。〔註21〕

此乃爲劉基聖人意識理念結構的最好註解，不愧爲精闢之見。

　　劉基聖人意識藉著直觀與內觀的方法論，以及由上而下的士大夫的政治
性結構與人間性結構，闡明了整個劉基聖人意識的內涵。

〔註20〕李贄：《焚書》卷一，〈答鄧石陽〉。
〔註21〕溝口雄三：《論明末清初時期在思想史上演變的意義》，載入《日本學者論中國
　　　　哲學史》，臺北：駱駝出版社：1987年，頁438。

第五章 劉基聖人意識的特徵及其展開

劉基師法「聖人」，並將其政治理念付諸於實行，爲明朝開創一嶄新的局面。究竟劉基的「聖人意識」的理念，具備有何種的特徵呢？今將劉基的聖人意識理念，分析於後。

一、劉基聖人意識的特徵

劉基聖人意識的特徵有四：一爲聖人是人。二爲聖人善盜。三爲聖人知貪。四爲聖人善醫。

（一）聖人是人

劉基認爲「聖人是人」。其論到：

> 郁離子曰：若不聞伊尹乎！伊尹者，古之聖人也，思天下有一夫不被其澤，其心愧恥若撻于市。彼人我亦人也，彼能我不能，寧無悲乎！……伊尹得湯而相之。……有人民焉，有兵甲焉，而用之執征伐之權，以爲天下君，而伊尹爲之師。故得志而弗爲，伊尹恥之。〔註1〕

此一劉基的「伊尹之志」，乃是元代以來新儒家所致力的兩大目標之一，亦爲劉基一生所力行者。然以「聖人是人」，亦即從「伊尹是人」的意識理念出發。劉基認爲「伊尹之志」不但是可學，且可以之爲典範。因此劉基遂有效「伊尹得湯爲相」之心，成爲其日後輔佐朱元璋建立明朝的重要理念根據。

此外，劉基更重視「養志」的工夫。其謂：

〔註1〕《誠意伯文集》卷四，〈郁離子〉〈神仙篇〉。

> 事親莫大於養志，孟子之言至矣！……夫孝，百行之首也。……孔
> 子弟子以孝稱于聖人，而揚于天下後世者，閔子、曾子而已。……
> 閔子、曾子亦人也。〔註2〕

劉基認爲事親至孝如閔子騫、曾參，雖貴爲「聖人」，其實亦是「人」。故「孝」是可學爲聖之要方要法。

劉基的《誠意伯文集》卷五又論到：

> 夫盛德大業，有志者成之，聖賢與我皆人也。〔註3〕

故追求盛德大業，並不難，「有志者」皆可以去完成。

由上可知，劉基刻劃了聖人的平凡性格，認爲只要「立志」，其要成爲聖人之道亦不遠。

（二）聖人善盜

「聖人善盜」乃成爲劉基聖人理念的另一特徵。聖人爲了「安民」，乃教民播種五穀，飼養六畜，進而教導建築屋宇等事，使人民樂力本業。劉基謂：

> 惟聖人爲能知盜，執其權用其力。〔註4〕

劉基又強調：

> 上古之善盜者，莫伏羲、神農氏若也。惇其典，庸其禮，操天地之
> 心以作之君，則旣奪其權而執之矣！於是教民以盜其力爲君用。春
> 而種，秋而收，逐其時而利其生；高而宮，卑而池，水而舟，風而
> 帆，曲取之無遺焉！而天地之生愈滋，庶民之用愈足。

因聖人之善盜，有利於日用民生，此乃「天之善生，而後能容之」，〔註5〕因此爲之功。

（三）聖人知貪

劉基的「聖人知貪」，即指聖人無時無刻，不在致力於「仁義」的實行。劉基強調：

> 知貪者，其惟聖人乎！聖人之於仁義道德，猶小人之於貨財金玉也。
> 〔註6〕

〔註 2〕《誠意伯文集》卷六，〈養志齋記〉。
〔註 3〕《誠意伯文集》卷五，〈槐陰讀書圖序〉。
〔註 4〕《誠意伯文集》卷三，〈郁離子〉〈天地之盜篇〉。
〔註 5〕同前註。
〔註 6〕《誠意伯文集》卷四，〈郁離子〉〈神仙篇〉。

「仁義道德」對聖人的重要性，可見於一斑。劉基提出：

> 小人之於貨財金玉，無時而足；聖人之於仁義道德亦無時而足。是
> 故文王、周公、孔子，皆大聖人也。〔註7〕

是故大聖人之出，乃是在仁義道德方面有顯著成就者。其中，尤以孔子為最。郁離子謂：

> 孔子曰：「吾有知乎哉？無知也。」〔註8〕

此乃強調大聖人孔子對自己的要求甚高。劉基遂作如是的評論：

> 聖人之貪於仁義道德，若是哉！〔註9〕

可見「仁義道德」乃是聖人所必致力的基本工夫，亦是聖人所必具備的基本要求。

（四）聖人善醫

「聖人善醫」乃是因劉基認為天下技術之多，只有醫者有以致死與扶生的功效。〔註10〕且「天下有所不能，病於氣也，惟聖人能救之。是故聖人猶良醫也。」〔註11〕劉基因此強調：

> 周末，孔子善醫，而時不用，故著其方以傳於世，《易》、《書》、《詩》、
> 《春秋》是也。〔註12〕

孔子以良方傳於後世，影響後人至深且鉅。另外，三王五帝亦有善醫者：

> 朱、均不肖，堯、舜醫而瘳之。〔註13〕

乃有「堯傳舜，舜傳禹」的禪讓之治，公天下局面的出現，以及商湯討桀，武王伐紂，去除暴虐之君，使政治歸於清釐。因此能改善人民的生活，此乃是聖人善醫的明證。

二、劉基聖人意識的繼承與展開

　　劉基是浙江青田人，身處浙東金華學派文化芬郁之區。其以文章為經世致用的根本，用詩書禮樂的儒學正道，來輔佐由平民出身崛起於濠泗的明太祖朱元璋的革命。其創建一代制度，且又傳承性理之學於明代，真可謂為「內

〔註7〕《誠意伯文集》卷四，〈郁離子〉〈神仙篇〉。
〔註8〕同前註。
〔註9〕同註7。
〔註10〕《誠意伯文集》卷七，〈醫說贈馬復初〉。
〔註11〕《誠意伯文集》卷七，〈天說〉下。
〔註12〕同前註。
〔註13〕同註11。

聖外王」之道萃於一身者，此即是金華學派的展現。

（一）劉基聖人意識的繼承

劉基聖人意識的源流，主要來自「家學」以及「金華學派」的繼承。首先來論述劉基的家學。劉基的七世祖劉延慶乃爲宋時宣撫都統少保，世爲將門之家，雄豪有勇，數從西伐，立戰功，累官鎮海軍節度使。靖康之難，分部守京師，城陷出走，遇難。〔註14〕劉基的六世祖劉光世，以平方臘功，陞鄜延路兵馬鈐轄。宋高宗南渡後，率部卒以從，家臨安，累官開府儀同三司，錄尚書事，進太師楊國公。〔註15〕五世祖劉堯仁，隱居不仕，始徙居麗水之竹洲。〔註16〕高祖劉集，卜居青田之武陽，兢兢於「仁義」之訓。〔註17〕曾祖劉濠，宋翰林掌書，慈惠好施，每淫雨積雪，登高而望，甲中有不擧火者，即分廩賑之。北宋亡，乃荒遯自適。又曾義救林融。北宋亡後，城邑有林融倡義擧兵。事敗，元遣使簿錄其黨，多連染。濠深心惻隱，乃用孫爐計，邀使者至家，醉使者而焚其廬，籍悉毀。使者計無所出，乃更其籍，連染者得倖免於難。〔註18〕祖劉庭槐，博通經籍，究極天文、地理、陰陽、醫卜諸書，爲太學上舍。〔註19〕父爚，通經術，元任昌教諭。綜觀劉基的先世先祖，有爲衛國功臣者，也有隱逸的雅士，慈惠好施，穎敏飽學。在林融案中，燬屋義擧，遠近感其恩德，鄭復初曾對劉爚說：「吾將以天道無報於善人，此子必高公之門矣！」〔註20〕如此望重飽學的仁義家風，必對劉基成長影響甚鉅，尤其對醫藥的認知頗爲熟習，遂有劉基日後「聖人即良醫」之主張。

其次論及「金華學派」。論劉基的金華之學時，首先須認識「元儒四書學」。然「元儒四書學」有「北儒四書學」與「朱熹嫡傳派四書學」之分。〔註21〕劉基是朱熹嫡傳派四書學的傳承與繼承者。朱熹弟子中，以黃榦最能窺其堂奧，乃朱子嫡傳的正統。自黃榦後，傳其學有名的弟子可分爲何基、饒魯、

〔註14〕《宋史》卷三百五十七，〈劉延慶傳〉；《誠意伯文集》卷首，〈張時徹：誠意伯劉公神道碑銘〉。

〔註15〕《宋史》卷三百六十九，〈劉光世傳〉；《誠意伯文集》卷首，〈張時徹：誠意伯劉公神道碑銘〉。

〔註16〕《誠意伯文集》卷首，〈張時徹：誠意伯劉公神道碑銘〉。

〔註17〕同前註。

〔註18〕《明史》卷一百二十八，〈劉基傳〉。

〔註19〕王馨一：《元劉伯溫先生基年譜》，臺北：商務印書館，1980年，頁6。

〔註20〕同前註，頁4。

〔註21〕黃孝光：《元代的四書學》，臺北：西南書局，1978年，頁23-38。

董夢程三派。其中何基派到金履祥（1232-1303）時，才開始進入元代，此乃爲何基派中研究四書學最有成就的儒者。學者呼金履祥爲「仁山先生」，是元代理學金華學派的開山人物。金履祥博採「東萊文獻」，繼承「龍川事功」的傳統，重「明體達用」，講求「經世之學」，使金華學派的人多爲「內聖外王，體用兼賅」的人物。許謙（1270-1337）得金履祥衣鉢，提出「理一分殊」的主張。其認爲「理」是本體，「分」是事物，有如「中和之說」。「中」者，「天下之大本」；「和」者，「天下之達道」。把「本體」與「事物」適當地運用，即是「中庸之道」，故金華學派乃成爲有體有用的實學。《宋元學案補編》引黃志讚賞許謙博學的話語：

> 先生於天文、地理、典章、制度、食貨、刑法、字學、音韻、醫經、
> 數術，靡不續貫，一事一物可謂傳（博）聞多識之助者，必謹識之。
> 至於釋老，亦皆洞究其蘊。

像這樣方面廣闊學問，有若朱熹。因此金華學派的後學者，才能向各方面加以發展。如以博聞、數術著稱的青田劉基，則與宋濂同窗，有《二鬼篇》詩（明詩綜收），皆以治學博雜聞名於世。〔註22〕

　　許謙以「義理」爲中心，致平生心力於《四書集註》上，求眞求是，此乃何基以來的爲學與心法。黃志謂：

> 讀四書……數繹養理，惟務平實。每戒學者曰：「士之爲學，當以聖
> 人爲準的。……然必得聖人之心而後可。聖賢之心，盡在四書：而
> 四書之義，備於朱子，顧其立言詞約義廣，讀者或得其粗，而不能
> 悉究其義。……始予三四讀，自以爲了然，已而不能無惑。久若有
> 得，覺其意初不與己異，愈久而所得愈深，與己意合者，亦大異於
> 初矣！」〔註23〕

又謂：

> 涵養須用敬，進學則在致知。學者功夫，惟在居敬、窮理二事也。
> 讀書問道，應事接物，窮理之方也，二者皆主於敬焉！〔註24〕

此等見解，對後起的劉基亦具啓發之功，足見劉基聖人觀的形成，除其本身的家學淵源外，對許謙乃至整個金華學派的繼承，實具有重要的意義。

〔註22〕孫克寬：《元代金華學術》，臺中：東海大學，1975 年，頁 42。

〔註23〕《元代學案補編》。

〔註24〕同前註。

（二）劉基聖人意識的展開

聖人之學乃是中國學術一動態發展過程中，探求人生眞諦的哲學。從日常生活的灑掃應對到治國平天下，劉基無時無刻不在體現著聖人之教。

劉基聖人意識是從「內聖成德」通向「外王事功」的。其思想包括了「修齊治平，以民爲本」的政治哲學與「內聖外王，天下爲公」的文化理想。其乃根據儒家個人立身處世，待人接物的原則而來，並且強調著安身立命和修己治人的聖人意識。

劉基以道德心性爲根源，來凸顯德性之體，藉以開展出內聖成德之學。且從聖君賢相，仁政王道中發展出外王之學，此乃儒家所謂的「時中」，有常有變，萬古常新之大道。「中」是不變之常道，是「經」；「時」是應變之原則，是「權」。劉基的「聖人意識」理念，有經有權，有常有變，故能守經以通權，守常以應變，進一步能因革損益，而措置時宜。

劉基聖人意識理念是由天而人，由超越而內在。人有了天所賦予的仁心善性，再通過盡心盡性之工夫，上達天德，以與天道天命相合，此乃由人而天，由內在而超越。由天而人是「來」，由人而天是「往」，在這一來一往中，主觀內在面的心性與客觀超越面的天道天命，便貫串合而爲一，此即所謂「天道性命相貫通」。劉基根據此一「旣內在而又超越，旣主觀而又客觀」的心性本體，來展開其人生實踐，並藉以完成其價值之體系與創造。

劉基的聖人意識是一重實踐的生命之學，有縱有橫，是質與量兼顧的。其具有主觀面和客觀面：（一）由主觀面的縱的實踐，要求與天道天命通而爲一。這是成就生命之「質」的高明統一。（二）由客觀面的橫的實踐，要求與天下民物通而爲一。此乃成就生命之「量」的廣大厚博。由此實踐，易於辨識出劉基聖人意識的主觀面實踐屬「內聖」，客觀面實踐屬「外王」。故此一「主觀與客觀」、「內聖與外王」乃是相貫通的。外王是內聖的延伸，內聖一定要通向外王。因道德之心性，不僅要求「立己」，同時亦要求「立人」；不僅要求「成己」，同時亦要求「成物」。故一定要往外通，通向國家的歷史文化，要家國天下爲一體。《尚書》所謂「正德、利用和厚生」，正如孔子所謂的「修己以安人，修己以安百姓」，孟子所謂的「親親而仁民，仁民而愛物」，都表示要通出去，以合內外，通物我，以開物成務，利濟天下，此乃爲劉基聖人意識理念的外王事功之學。

劉基的外王，是聖君賢相修德愛民的仁政王道。唯劉基在政治義理上，因劉基乃爲臣子，不能言外王，遂拗轉外王於社會的改造與民生的發展方面。

故其主要開物成務的治道強於政道。至於內聖之學，劉基乃以成聖為目標。劉基認為人人皆可以成聖，可以通過道德實踐來完成自己的德性人格，以達到聖人之境。道德實踐所以可能超越客觀的根據，便是「本體」。道德實踐之所以可能和內在主觀的根據，便是「工夫」。劉基的內聖之學則主要集中於本體與工夫二問題上，來討論和分析的。

　　對於「本體論」與「工夫論」，劉基是通而為一的。故「承體起用」、「即用見體」、「即體即用」、「體用不仁」、「即本體即工夫」和「即工夫即本體」等，都有其特殊的意義。此等詞語的義理，即成為劉基內聖成德之學的全部精蘊。

　　劉基由孔子的「仁」為開端，其中原本就含有「上下」、「內外」、「本末通而為一」的義理規模。道家之老子、莊子亦有同樣之含意。佛教天台宗在分判「別」與「圓」時，特別揭示「圓教」的獨特模式。由於天台宗是中國人消化佛教之後所開出的宗派，其中自有中國哲學的融入。在此之前，魏晉玄學家為會通孔子和老子，亦對儒家聖人的「圓境」做出解說。首先是王弼之「聖人體無說」，接著又有向秀、郭象注《莊子》而發出的「跡本論」。玄學家的玄言雖是假託道家的理境而顯現，唯談到「圓境」，則仍必歸之於儒家的聖人。「圓教」並不是一個很容易理解的觀念，非惟西方哲學無此觀念，即以儒、道二家中亦未有明確而正式之講論。此乃由天台宗智者大師的「判教」而逼顯出來的觀念。判教是一種大學問，能分判恰當而彰顯「圓教」之所以圓，尤其是一種大智慧。牟宗三借助天台智者判教之智慧以為準，先疏通向郭注《莊子》而確立儒家之「圓教」。「圓教」確立，用於圓善，則圓善之問題乃可得一圓滿而真實的解決。依於儒聖智慧的方向，儒家判教，是始乎為士，而終乎為聖神，其明確：（一）士尚志，特立獨行之謂士。《禮記》〈儒行篇〉講的即是「士教」。孟子所謂「可欲之謂善」，「可欲」乃指理義而言，充實之謂美，充實而有光輝之謂大，此乃為士而進於賢，可謂為「賢位教」。（二）大而化之，大而無相之謂聖，此是賢而聖，可以稱之為「聖位教」。以天地萬物為一體，乃至《易經》所謂「與天地合德，與日月合明」等，皆是「聖位教」。（三）「聖而不可知之謂神」，此是聖而神，神感應之神，可謂為「神位教」。孟子所謂「君子所過者化，所存者神，上下與天地同流」，此乃為聖而神。王畿（1498-1583）字龍溪，以「無心之心則藏密，無意之意則應圓，無知之知則體寂，無物之物則用神」的「藏密」、「應圓」、「體寂」、「用神」說「四無」境的心意知物。如此由士而賢，由賢而

聖，由聖而神，即所謂「士賢聖神」一體而轉。到了聖神位，則圓教成。圓教成，則圓善明。「圓聖」即是體現「圓善」於天下之人，此乃人極之極則，亦為「實踐智慧學」最後之完成。可知劉基做為智慧學的儒家，是具有圓融充盈之義蘊的。劉基不只是「極高明」、「盡精微」而已，其亦是「道中庸」和「致廣大」者。

　　劉基的聖人觀包括孔子的「仁」、孟子的「性善」，《中庸》與《易經》的「天道性命」、周敦頤的「無極而太極」、程顥的「天理」、程頤的「存天理、滅人欲」與朱熹的「格物致知，窮天理」以及金華之學的「經世致用」的精神等，此乃融合人類乃至整個的宇宙萬物。劉基所開發的「人性本善」的道德動源與「天人合德」的超越方向，所建立的是「孝悌仁愛」的「倫理思想」與「情理交融」的「生活規範」，所體認的是「生於憂患，死於安樂」的「人生智慧」與「因革損益，日新又新」的「歷史原則」，所揭櫫的是「修齊治平，以民為本」的「政治哲學」與「內聖外王，天下為公」的「文化理想」。凡此種種，都是具有普遍性的哲學思想。故劉基的「聖人意識」的基本觀念及其所具有代表性的思想，絕大部分都可做為人類生活的基本原理，亦可做為人類文化的共同基礎。

第六章　劉基聖人意識的功用

劉基的聖人意識有超越前人的突出表現，聖人意識乃爲其在政治思想方面的主要見解。劉基所描寫的「聖人」，是六合之內「無所不知，無所不能」的聖人。

一、聖人改造社會

劉基認爲聖人能創造工具，進一步地來改造社會。其謂：

> 天地闢而人生，蠢蠢焉，聖人出而後異於物。於是垂衣裳，造書契，作爲舟車、網罟、弧矢、杵臼之器。載在《易經》，不可誣也。凡可以前民用者，聖人無不爲之……！〔註1〕

其中「蠢」乃蟲動也，從蟲，春聲。劉基所言「蠢蠢」，非指一般人的愚蠢，乃以「天地闢」之初，蒙昧時期的原始人類像初生之蟲一樣蠕動，與動物並無區別。迨聖人學會使用工具以後，才從動物中分化出來。其後，聖人乃負起教導人之責任。故謂：

> 或稱醫藥出於上古聖人，神農、黃帝皆身爲之，其果然乎，儒者疑之，懼世之，以是小聖人也。孟子稱堯舜憂民，而不暇耕。夫耕，后稷實親爲之，豈以是爲非聖人之所事哉！天下之事不止於耕，教之者有其官，業之者有其人，則堯舜之憂不在耕，而有大焉者，此孟子之意也。〔註2〕

聖人以安民爲前提，以謀人類幸福爲目標。故聖人乃能進一步地創作發明，以利民生。劉基強調：

〔註 1〕《誠意伯文集》卷七，〈醫說贈馬復初〉。
〔註 2〕同前註。

> 天之行，聖人以曆記之；天之象，聖人以器驗之；天之數，聖人以
> 算窮之；天之理，聖人以易究之。凡耳之所可聽，目之所可視，心
> 思之所可及者，聖人搜之，不使有毫忽之藏。〔註3〕

劉基於此闡明聖人可以掌握天地的變化，以發明事物，促使人民能藉以積極地去發展生產，使社會能欣欣向榮。

在安定社會方面，劉基則主張「重視威刑」。其認為聖人以此去除危害社會者，乃為一種必要的手段。故謂：

> 天之生人，參地而為三，為能贊化育也；一朝而化為賊，其能贊天
> 地之化育乎！……舜、禹、成湯、周文王之為君也，誅四凶，戮防
> 風，勦昆吾，放夏桀，戡黎伐崇，而天下之亂載寧，將其容諸乎？
> 容之無益，以戕人也。〔註4〕

由此可見，聖人乃負起整頓社會之責，存菁去蕪，使社會風氣達於至善之境。

二、聖人利用自然

劉基所推崇的德政，乃是以聖人能認識到自然規律，進而利用自然規律來發展生產，以滿足人民生活需要。聖人是「天地之盜」的價值，乃在於其所謂：

> 人，天地之盜也。天地善生，盜之者無禁。惟聖人為能知盜。……
> 上古之善盜者，莫伏羲、神農氏若也。憚其典，庸其禮，操天地之
> 心以作之君，則既奪其權而執之矣！于是教民以盜其力，以為吾用。
> 春而種，秋而收，遂其時而利其生，高而宮，卑而池，水而舟，風
> 而帆，曲取之無遺焉，而天地之生愈滋，庶民之用愈足也。〔註5〕

是故聖人善於做「天地之盜」。依照自然規律，發展生產，以滿足民用。聖人除藉感官直覺認識事物之外，貴能推其類，以理解更多事物。〈贈奕棋相子先序〉所論，乃劉基認識到事物間的相互聯繫，有以致之。因此強調：

> 大禹治水，手胼足胝，而虞甸之氓，皞皞熙熙。文王即功日，不暇
> 食，而周野之蒙，不知帝力，亦獨何哉！巧與拙也。〔註6〕

此乃劉基認為聖人在利用自然上，有「巧」與「拙」之分。

〔註3〕《誠意伯文集》卷三，〈郁離子〉〈天道篇〉。
〔註4〕《誠意伯文集》卷三，〈郁離子〉〈去蠹篇〉。
〔註5〕《誠意伯文集》卷三，〈郁離子〉〈天地之盜篇〉。
〔註6〕《誠意伯文集》卷七，〈拙逸解〉。

三、聖人是良醫

「聖人是良醫」是劉基強調人的功用，肯定「聖人能勝天」，猶良醫之能治天之病，此乃十分難能可貴。劉基強調：

> 「然則人勝與？」曰：「天有所不能而人能之，此人之所以配天地爲
> 三也。」〔註7〕

由於聖人的「能」，遂得與天、地並列，即所謂的「天」、「地」、「人」三才。然因氣候失調，導致自然災害，雖天亦無如之何！唯聖人可以防患於未然：

> 惟聖人有神道焉！神道先知，防於未形，不待其幾之發也。堯之水
> 九載，湯之旱七載，天下之民不知其災。朱、均不才，爲氣所勝，
> 則舉舜、禹以當之。桀、紂反道，自絕於天，則率天下以伐之。元
> 氣不洩，聖人爲之也。……是故聖人猶良醫也。朱、均不肖，堯、
> 舜醫而瘳之。桀、紂暴虐，湯、武又醫而瘳之。周末孔子善醫而時
> 不用，故著其方以傳於世，易、書、詩、春秋是也。〔註8〕

於此人定勝天，讓賢，伐罪，以消滅人禍的見解。劉基認爲「聖人是良醫」，方能解救當時的自然災害。

劉基進一步地認爲聖人可來醫治「天地之病」。其提出：

> 有元氣乃有天地，天地有壞，元氣無息。堯、舜、湯、武立其法，
> 孔子傳其方，方與法不泯也。有善醫者舉而行之，元氣復矣！〔註9〕

因此元氣乃經由聖人的良方與良法，加以診治之後，遂得以繼續恢復其運作的功能。劉基的聖人意識藉著「良醫」之說的闡發，其神聖性從而得以增強。

聖人重視人民生計，教導人民謀生之道，使人民皆能戮力本業。此等作爲又與孟子之意，可謂不謀而合。劉基提出：

> 或稱醫藥出於上古聖人，神農黃帝皆身爲之。其果然乎！儒者疑之，
> 懼世之，以是小聖人也。孟子稱堯舜憂民，而不暇耕。夫耕，后稷實
> 親爲之，豈以是爲非聖人之所事哉！天下之事不止於耕，教之者有其
> 官，業之者有其人，則堯舜之憂不在耕，而有大焉者，此孟子之意也。
> 天地闢……〔註10〕

以上說明了「醫理」和「政理」，可以相互爲用之意。「治醫」能救死扶生，「治

〔註7〕《誠意伯文集》卷七，〈天說〉下。
〔註8〕同前註。
〔註9〕同註7。
〔註10〕《誠意伯文集》卷七，〈醫說贈馬復初〉。

國」又何嘗不是如此。因此劉基特別強調：

> 天地闢而人生，蠢蠢焉，聖人出而後異於物。於是垂衣裳，造書
> 契，作爲舟車、綱罟、弧矢、杵臼之器，載在《易經》，不可誣也。
> 凡可以前民用者，聖人無不爲之，而沮於醫乎！辨陰陽於毫毛，
> 決死生於分寸，其用心之難，又豈直舟車、綱罟、弧矢、杵臼而
> 已哉！〔註11〕

唯聖人之所以創造器物，乃爲民用，以造福於人民；而「治醫」則是健康人
民的。

在人當中，劉基認爲只有堯、舜、周公、孔子最能善體天道，成爲聖人，
故其能「包天地，括萬物」。其謂：

> 吾固有以知，其作於神農、黃帝無疑也。聖人之道，包天地，括萬
> 物，一體而毫分焉，莫非道也。故天之大也，分而爲日月，爲星爲
> 雲，爲雨爲雪，爲霜爲露，莫非天也，而後各形其形焉！地之廣也，
> 結而爲山，融而爲川，生而爲草爲木，爲石爲玉，爲金銀銅鐵，爲
> 五穀，莫非地也，而後各形其形焉！〔註12〕

因此聖人能贊化天地，其心與「天之心」即「天理」能夠合而爲一，與天
地萬物形成一體。

劉基作〈醫說贈馬復初〉，雖言「醫術」，實爲「治術」。於此強調「治天
下不能外」，又提出：

> 故見其形，而不知其出之原，非知道者也。是故知醫之不足以盡聖，
> 而不知其爲聖之事，非知聖者也。今有酌海於盃曰海也，人皆知其
> 不可也，而謂之非海出也，可乎哉！〔註13〕

然醫者並非皆爲聖人，因其有侷限性有以致之。劉基認爲治天下，應該「與
時偕行」，對症下藥方可。因此劉基論到：

> 其方與證對，其用藥也祥，天下之病有不瘳者，鮮矣！〔註14〕

緣是之故，聖人善醫，以治時病，進而得以治天下。劉基謂：

> 天下之術多矣，惟醫以救死扶生爲功效。故志之者，可以存其不忍
> 人之心，而於道爲有益。至於節嗜欲，調陰陽，時寒暑，去邪養正，

〔註11〕《誠意伯文集》卷七，〈醫說贈馬復初〉。
〔註12〕同前註。
〔註13〕《誠意伯文集》卷三，〈郁離子〉〈井田可復篇〉。
〔註14〕《誠意伯文集》卷三，〈郁離子〉〈喻治篇〉。

　　流通血脈，其爲道也，引而伸之，治天下不能外，致遠而不泥，其

　　斯而已矣！〔註15〕

聖人在爲政上，採寬猛並濟爲原則。當時局需要嚴刑酷法時，立即施行；而
形勢發生變化時，則應及時地採用寬緩政令，將之取代。此乃劉基自從政中
所獲得的經驗，來輔佐朱元璋以建立明朝，正是貫徹此種及時變換的原則。
劉基認爲：

　　治天下者，其猶醫乎！醫切脈以知證，審證以爲方。……隨其人之病

　　而施焉，當則生，不當則死矣！是故知證、知脈而不善爲方，非醫也。

　　雖有扁鵲之識，從曉曉而無用。不知證，不知脈，……我能醫，是賊

　　天下者也。故治亂，證也。紀綱，脈也。道德政刑，方與法也。人才，

　　藥也。夏之政尚忠，殷承其敝而救之以質。殷之政尚質，周承其敝而

　　救之以文。秦有酷刑、苛法以箝天下，天下苦之，而漢承以寬大，守

　　之以寧壹。其方與證對，其用藥也無牾，天下之病有不瘳者，鮮矣！

　　〔註16〕

由上可知，先秦聖人在治理天下時，乃恃諸良方與良法，並隨時施行適宜之
政綱，以嘉惠於民。迄至秦時，不知愛惜民力，故立國短。漢時乃採寬大施
政於民，必要時需嚴加整飭，故能盛極一時。因此劉基進言明太祖，謂：

　　宋、元寬縱失天下，今宜肅紀綱。令御史糾劾，無所避。宿衛宦侍

　　有過者，皆啓皇太子置之法，人憚其嚴。〔註17〕

劉基建議明朝建國之初，宜以嚴刑竣法爲要。此乃針對宋元二朝，對各級官
吏過於優容寬縱之故，因而助長吏治的貪腐與敗壞，於是種下亡國之要因。
因此劉基主張開國之初，應嚴刑綱紀，以法治天下。迨建國數年後，劉基認
爲：

　　霜雪之後，必有陽春。今國威已立，宜少濟以寬大。……爲政寬猛

　　如循環。當今之務在修德省刑，祈天永命。〔註18〕

劉基的聖人意識，是爲一施政之綱。此乃因劉基是繼承著儒家傳統堯、舜、
禹、湯、文、武、周公、孔子之道而來。其認爲具有大德而能得羣力的「良

〔註15〕《誠意伯文集》卷七，〈醫說贈馬復初〉。
〔註16〕《誠意伯文集》卷三，《郁離子》〈千里馬篇〉。
〔註17〕《明史》卷一百二十八，〈劉基傳〉。
〔註18〕同前註。

醫」，方能治天下，藉以達到治國平天下的境界。因此劉基所謂能勝天、救天之病的良醫，是有智慧的，能用曆、器、算、易等認識世界，如此不使有毫忽之藏的聖人，方能依照自然規律，教民以盜其力，以爲用，來發展生產。此一利用財富的聖人，是能夠發明創造衣裳、舟車、網罟、弧矢等生活用品與生產工具者。緣是之故，劉基所指的聖人，不只是比一般人傑出的人，實乃具有十全十美的才德兼備美德的聖人。

第七章 劉基聖人意識「知」的透視

劉基聖人意識中，聖人究爲「生知」，即先天自成的聖人呢？抑或「學知」，後天養成的聖人呢？在《誠意伯文集》中，既無論及聖人皆爲「生知」，亦無凡聖人皆爲「學知」等語。然於劉基的《誠意伯文集》中，可歸納出這兩種聖人的類型。

一、劉基聖人意識「知」的類型

究竟劉基聖人之意識「知」的類型爲何？劉基聖人意識「知」的類型有二：一爲生知聖人。二爲學知聖人。首先論及「生知聖人」。《誠意伯文集》卷七以神農、黃帝、堯、舜能善體天道，因而成爲聖人，而且能包天地，括萬物。〔註1〕

彼等之心能與天之心合而爲一，故而能與天地萬物合爲一體，此乃天性使然，並非人爲的，亦即爲先天自成的「生知聖人」。「生知聖人」是六合之內，無所不知，無所不能的人物。劉基提出：

> 天之行，聖人以曆紀之。天之象，聖人以器驗之。天之數，聖人以算窮之。天之理，聖人以易究之。凡耳之所可聽，目之所可視，心思之所可及者，聖人搜之，不使有毫忽之藏。〔註2〕

就廣義言，「生知聖人」可以掌握天地的變化規律，並利用之以發展生產，爲人民謀福利，亦即所謂的「天地之盜」的聖人。就狹義言，則是可醫治天地之病的聖人。劉基又論到：

〔註1〕《誠意伯文集》卷七，〈醫說贈馬復初〉。
〔註2〕《誠意伯文集》卷三，〈郁離子〉〈聖人不知〉。

天有所不能，病於氣也。惟聖人能救之，是故聖人猶良醫也。〔註3〕

劉基於此，乃揭橥堯、舜、禹、湯、孔子等聖人，除「善醫天地之病」外，猶能「立其法」、「傳其方」於後世。

其次來談劉基的「學知聖人」。《誠意伯文集》卷七提到：

人也者，天之子也。假於氣以生之，則亦以理爲其心。〔註4〕

人旣能以「理」爲心，則聖人亦是可「學」而成聖，成爲「學知聖人」。劉基又論到：

觀其著以知微，察其顯而見隱，此格物致知之要道也。〔註5〕

劉基並且提出聖人由學知而治國的道理：

儒者之道，格物以致其知，貴能推其類也。故觀水而知「學」，觀耨田而知「治國」，善推之而已矣！〔註6〕

此一由「外」而「內」，由「格物」而知「治國」，已不限於朱熹的「格物致知」，而是走向所謂的「朱」、「陸」合流的思想型態。劉基認爲由物求知，非眞知，須求諸心，以見「眞知」。此一學得眞知聖人，主要發揮在「治國」方面。遂謂：

夫「學」也者，學爲聖人之道也。學成，而以措諸用。……是故搜羅天人，究極古今，旁通物情，達其「智」也。〔註7〕

「學知聖人」除「搜羅天人，究極古今」外，還須「旁通物情」，即所謂的：

觀海……大其志。夫志道之正也，立夫其大而小者不遺焉，斯得之矣。……故知海，斯知學矣！〔註8〕

故「志」乃達到「學知聖人」的要道。劉基於此強調「孝」的重要性：

事親莫大於養志，孟子之言至矣！……夫孝，百行之首也。……孔門弟子以孝稱於聖人，而揚於天下後世者，閔子、曾子而已。……閔子、曾子亦人也。〔註9〕

閔子騫、曾參是人，成聖的過程係透過「養志」以竟「孝」功。其中「養志」，即爲「學」的一種工夫。更重要的是：

〔註3〕《誠意伯文集》卷七，〈天說〉下。
〔註4〕《誠意伯文集》卷七，〈天說〉上。
〔註5〕《誠意伯文集》卷四，〈郁離子〉〈論物理〉。
〔註6〕《誠意伯文集》卷五，〈贈奕棋相子先序〉。
〔註7〕《誠意伯文集》卷五，〈沙班子中興義塾詩序〉。
〔註8〕《誠意伯文集》卷五，〈章秀才觀海集序〉。
〔註9〕《誠意伯文集》卷六，〈養志齋記〉。

曾子之學，務在成己。……曾子，傳孔子之道者也。〔註10〕

曾參除重「內向工夫」外，亦注重「外緣工夫」。劉基特別論到：

曾子曰：「仁以為己任，不亦重乎！死而後已，不亦遠乎！」又曰：

「可以托六尺之孤，可以寄百里之命，臨大節而不可奪也。」……

曾子之勇，蓋如是。〔註11〕

劉基於此認為「勇，天下之達德」，〔註12〕誠如曾參無論內向「成己」，或外「勇」的工夫，皆可謂為「內外兼顧」的聖人。

劉基的「學知聖人」，主要得自於周敦頤的「學顏子之所學」。程頤乃繼承此一脈絡而來。究竟劉基對於顏淵，又作何描述呢？劉基論述到：

顏淵問「仁」？子曰：「克己復禮為仁」。「克己」，人人之所難，而

顏子躍然任之，君子之大勇，蓋如是。〔註13〕

故顏淵所好之學，乃為「克己復禮為仁」的內向工夫。除「顏淵之學」外，形成元朝另一學術焦點的即是「伊尹之志」。劉基以伊尹為典範，而有法伊尹以輔佐朱元璋創建明朝格局的出現。劉基的師法「伊尹之志」，究竟是為何呢？其謂：

伊尹者，古之聖人也，思天下有一夫不被其澤，其心愧恥若撻于市。

彼人也，我亦人也，彼能而我不能，寧無悲乎！〔註14〕

夫盛德大業，有志者成之，聖賢與我皆人也。〔註15〕

是故劉基學聖人當中，強調人亦可由學來循序漸進，以達聖人之境，此乃劉基的政治主張之一。

劉基在「生知聖人」與「學知聖人」的論述中，強調二者是息息相關，環環相扣的。其謂：

自虞夏以逮於今，莫不以先代聖人為師。聖人，人倫之至也。自太

皥迄於孔子，聖人迭出，莫不以道德被於民物，垂於後世。孔子既

出，而天下翕然師孔子。自漢以來，釋奠先師皆於孔子。至唐太宗，

遂詔州縣學，悉立孔子廟。……故論學，至孔子而始備。〔註16〕

〔註10〕《誠意伯文集》卷六，〈大勇齋記〉為張生作。
〔註11〕同前註。
〔註12〕同註10。
〔註13〕同註10。
〔註14〕《誠意伯文集》卷三，〈郁離子〉〈枯荷履雪〉。
〔註15〕《誠意伯文集》卷五，〈槐陰讀書圖序〉。
〔註16〕《誠意伯文集》卷六，〈諸暨州重脩州學記〉。

於此可謂劉基的「學知聖人」乃是「生知聖人」經過教化程序後，出類拔萃者。

由此看來，劉基乃是發揮孔子人性論的思想，此即是「性相近」的觀點。因此建立在劉基的人性論基礎上的聖人，可以經「學知」，實際的自覺的實踐過程而求得的。劉基以此來肯定達到聖人的境界，是要經過人的主觀的艱苦努力的。劉基既然肯定聖人與人「同質」，聖人與人「同性」，此亦包含性無高下，貴賤可變的思想，於當時階級森嚴的元、明社會**裏**，實有可取之處。

二、劉基聖人意識「知」的評價

劉基聖人意識「知」的所謂「生知聖人」與「學知聖人」的評價，可由明太祖朱元璋稱劉基乃為：

> 「吾子房也。」〔註17〕

又繼續道及：

> 數以孔子之言導予。〔註18〕

可見「生知聖人」的劉基對明朝有開創促進之功。朱元璋採劉基建議，乃以「三綱五常」為統一天下的統治精神力量。

劉基且進以「仁義為治國之本」，做出對朱元璋的建言：

> 「昔聖人以德化天下，則民樂。從者眾，違者寡，天下治矣！然聖
> 人之心，必欲使天下之人皆為善而無惡。」〔註19〕

此乃致使明太祖對劉基曾有孔子之言，誠萬世之師的讚語。

總而言之，劉基「知」的「聖人意識」，乃為元明之際的一種主要意識理念的型態，在當時是具有重要劃時代的實踐意義的。

〔註17〕《明史》卷一百二十八，〈劉基傳〉。

〔註18〕同前註。

〔註19〕《明實錄》（一），〈明太祖實錄〉卷二〇二，1962年，頁3019。（黃彰健校勘，中央研究院歷史語言研究所校印。）

第八章　劉基聖人意識與朱熹聖人意識的比較

　　劉基聖人意識與朱熹聖人意識在明、清兩代與亞洲世界的影響大。儒家的內聖之學，隨著時代的遷流，學術的發展以及自身的進步而內部不斷地在變化。迄至宋代，「如何成聖」已被儒家自覺地視爲治學的主要內容，根植於六經之中。從「格物致知」、「誠意正心」、「修身齊家」到「治國平天下」。故「聖人意識」的內容，亦爲元代所繼承。於此特將劉基的聖人意識與朱熹的聖人意識做一比較分析，以明其傳承脈絡。劉基的聖人意識乃是直接繼承朱熹而來的，然亦能彌補朱熹聖人意識的不足，並加以引伸和發揮的。因劉基的聖人意識在明清思想上，起大的作用。

一、知
　　關於劉基與朱熹的聖人意識中的「知」之比較，主要分爲「知行關係」和「德性之知與聞見之知」等兩方面來加以探討。

　　（一）知行關係
　　在知行關係上，劉基是主張「知行合一」，朱熹是主張「知先行後」。「知」是先驗的良知，亦是經驗之學；「行」是道德實踐。關於知與行的關係，劉基是主張「知行合一」，強調行的重要性。劉基提出：

> 聖人作經以明道，非逞其文辭之美也，非所以誇耀於後世也。學者誦其言，求其義，必有以見於行，言之無不通也。驗之於事，則扞然而背馳，揭揭然不周於宜，則雖有班、馬、揚、韓之文，其於世

> 之輕重何如耶？〔註1〕
>
> 夫學也者，學爲聖人之道也，學成而以措諸用，故師行而弟子法之。……今之學，主以文墨爲教，弟子上者華而鮮實，下者習字畫以資刀筆官石，應酬廩粟之外，無他用心，其亦異乎子之所欲爲者乎！〔註2〕

爲學之道，劉基重「行」與「用」，反對知行不一。此與朱熹所主張的「知先行後」有別。朱熹認爲：

> 知與行工夫須著並到。知之愈明，則行之愈篤。行之愈篤，則知之益明。二者皆不可偏廢。如人兩足相先後行，便會漸漸行得到。若一邊軟了，便一步也進不得。然又須先知得，方行得。〔註3〕
>
> 知行常相須，如目無足不行，足無目不見。論先後，知爲先。論輕重，行爲重。〔註4〕
>
> 見得分明，則行之自有力。乃是知之未至，所以爲之不力。〔註5〕

由此可知，朱熹在知識來源上主張「知在先，行在後」，而在社會效果上則以「知輕行重」爲主。故劉基與朱熹在聖人意識的「知」主張上，雖有「知行合一」與「知先行後」之區別，然在「重行」的觀點上則是等同的。

劉基在人民的經濟生產關係中，重視農民的經驗。其謂：

> 水鴉翔而大風作，穴蟻徙而陰雨零，豈其知之獨覺哉！惟其所願欲莫切於飽與安也，故孜孜以候之。氣將來而必知，惟其心之專也。
>
> 是故知暵潦者莫如農。〔註6〕

劉基不僅認爲「知暵潦者莫如農」，還認爲讀書而不接觸實際，亦等於徒勞無用。乃強調：

> 人有善言《易》者，百家之訓詁疏義無不誦而記之，命之卜則不中。
>
> 吳有醫，與之談脈證必折，而請其治疾，無不愈者。〔註7〕

劉基進一步地認爲聖人能夠創造條件，加以控制和利用自然。其謂：

〔註1〕《誠意伯文集》卷五，〈送高生序〉。
〔註2〕《誠意伯文集》卷五，〈沙班子中興義塾詩序〉。
〔註3〕《朱子語類》卷十四。
〔註4〕《朱子語類》卷九。
〔註5〕《朱子語類》卷二十四。
〔註6〕《誠意伯文集》卷三，〈郁離子〉〈省敵篇〉。
〔註7〕同前註。

　　人，天地之盜也。天地善生，盜之者無禁。惟聖人爲能知盜其權，

　　用其力，攘其功而歸諸己，非徒發其藏，取其物而已也。〔註8〕

總括劉基從「心之專」、「誠則明」來說明其聖人意識的經驗的重要性；且闡發聖人能認識世界，盜竊利用天地，控制自然，透過經驗，掌握發展的規律。於此一連串的過程中，劉基認識到民眾的力量的不可忽視，以及肯定聖人對社會創造發明的貢獻。

　　（二）德性之知與聞見之知

　　「德性之知」與「聞見之知」，究竟劉基與朱熹的見解爲如何呢?劉基在道德方法上，則言「格物」。其認爲：

　　觀其著以知微，察其顯而見隱，此格物致知之要道也。不研其情，

　　不索其故，梏於耳目而止，非知天人者矣！〔註9〕

又於〈贈奕棋相子先序〉中言：

　　儒者之道，格物以致其知，貴能推其類也。故觀水而知學，觀耨田

　　而知治國。〔註10〕

此由外而內，由物而推其知，乃沿襲朱熹「格物致知」的觀點。然朱熹與劉基之間，對「致知」的解釋之對立是明顯的。然對「格物」的解釋的對立，只在下手處的方法上有所不同。終極的目標，其實朱熹、劉基無二至。朱熹格物的終極目標，是在「吾心之全體大用，無不明」，〔註11〕此點與劉基是一致的。唯朱熹的下手方法，是由「今日格一事，明日格一事。」〔註12〕而至格天下之事，窮萬物之理，「至於用力之久，而一旦豁然貫通焉，則眾物之表裏精粗不到。」〔註13〕朱熹的方法，是經驗的，累積的，因此其所面對的事與理，亦是外在的。劉基並無貫徹朱熹格物致知的看法。劉基的方法，不須經過經驗的曲折，認爲由物求知仍非「眞知」！若求諸「心」，可以徹見「眞知」。劉基提出：

　　樓之名，子（和尚）與之也，我安能知子之意哉！且盈目皆山水也，

　　我不知其孰爲清，孰爲遠也？今夫天清而望遠，無遠之弗見也。及

────────────

〔註 8〕《誠意伯文集》卷三，〈郁離子〉〈天地之盜篇〉。

〔註 9〕《誠意伯文集》卷四，〈郁離子〉〈麋虎篇〉。

〔註10〕《誠意伯文集》卷五，〈贈奕棋相子先序〉。

〔註11〕朱熹的《大學章句格物傳》。

〔註12〕同前註。

〔註13〕同註11。

其雲雨晦冥，則所謂遠者安在哉！諸無求諸目，而求諸心。〔註14〕

故欲求樓名何意？其遠何指？劉基「無求諸目」，即不依賴於「聞見之知」，而實仰之於「求諸心」的「德性之知」。〔註15〕於此，劉基更進一步地認為「求心」比「察物」，更真切。因為「察物」往往受到風雨晦冥等不定現象的干擾，故目所見者不一定可靠，亦即指人的「感覺」不可靠。劉基因而懷疑感覺的「聞見之知」，相信「心知」是真實的「德性之知」。此一見解，乃同於張載。張載的《正蒙》〈大心篇〉謂：

> 世人之心，止於聞見之狹。聖人盡性，不以見聞梏其心。其視天下，
> 無一物非我。……見聞之知乃物交而知，非德性所知。德性所知，
> 不萌於見聞。

張載於此闡明聖人何以能超越自我，而與天地萬物合為一體。其關鍵乃在於心不為感官的見聞之所限，此乃別具一更高明的抽象認知的能力。由於其將此一智能視為人的道德觀念的來源，因此稱之為「德性之知」。〔註16〕由此觀之，劉基是繼承張載所主張的「德性之知」而來的，並有所闡發。此亦即成為後來王夫之所謂「離物求覺」的內求工夫，故而與朱熹的「格物窮理」以及「內外兼盡」的工夫，難以契合。

二、敬

劉基的「敬」與朱熹的「敬」，二者的「敬」的內容究竟如何呢？首先劉基論及道德修養時，強調：

> 敬以一之，仁以行之。立乎大，不遺乎細；嚴乎內，不馳乎外。
> 〔註17〕

〔註14〕《誠意伯文集》卷五，〈自靈峯適得居過普濟寺清遠樓記〉。

〔註15〕「聞見之知」，或「見聞之知」的觀念是相對於「德性之知」而成立的。將「知」分為「德性之知」與「聞見之知」，是宋代儒家的新貢獻。此一劃分，始於「張載」，定於「程頤」，盛於「王守仁」，而泯於明清之際。其發展之歷程，即是儒學從「尊德性」轉為「道問學」之時。

〔註16〕「聞見」與「德性」之別，其經典之根據是《孟子》。《孟子》〈公孫丑〉上曰：「宰我、子貢善為說辭，冉牛、閔子、顏淵善為德性，孔子兼之。」《孟子》〈告子〉上，更詳細地加以說明：「耳目之官不思，而蔽於物。物交物，則引之而已矣！心之官則思，思則得之，不思則不得也。」以上孟子雖言孔子是兼具有「聞見」與「德性」的聖人。然在官能的「思」上，指向道德，但未必以能道德領域為限。張載之劃分，凸顯道德知識與一般客觀知識的對比，此乃為宋元明儒學在「尊德性」階段上所發展出的一新方向。

〔註17〕《誠意伯文集》卷五，〈沙班子中興義塾詩序〉。

其中「立乎大」，即是「立心亦即立志」，重內而不外騖。然「立心」、「立志」者，究竟爲何？劉基將其闡明於下：

> 夫志，道之正也，立乎其大，而小者不遺，斯得之矣！是故天下惟海爲大，求其大而不於海，非知大者也。……是故知海，斯知學矣！〔註18〕

又謂：

> 今夫海之爲物，浮天地，納日月，汗漫八極，人見其大也，曷致哉！鯨龍蝦蟹，無不有也。江河溝瀆，無不收也。動之不知其所爲，流之不知其所歸。變幻倏忽，杳冥莫測。觀海者，知海之所以大乎，則其造也，不可量矣！〔註19〕

其對海的形容，是比喻「心」的廣大，包有天地萬事萬物，一切無不在其中，故「求心」即可知「聖人之道」。

劉基認爲「求心」，主要繫之於「敬」。「敬」即是敬內。其在《敬齋箴》中言：

> 經禮三百，曲禮三千，一言以蔽之，曰：「毋不敬」。〔註20〕

劉基接著又解釋著說：

> 敬也者，其萬事之根本與！故聖人之語，君子惟曰：「脩己以敬」。故禹、湯以克敬而王，桀、紂以不敬而亡。自天子至於庶人，豈有異哉？〔註21〕

「敬」之要，是「克臧自我，否臧自我」的自我「克念」。〔註22〕「克念」即絕外心慮，使心靜無物，此即「虛其心」。「虛其心」，才能納理，心能納理亦就實在。〔註23〕因而其心方能「臧之淵淵，出之虔虔，俾中不偏，有握勿捐，旣悠旣堅。」〔註24〕劉基的精神境界乃呈現出：

> 莊其外而肅其內，瓊琚玉佩，無顯無昧。〔註25〕

此一淵淵虔虔，莊外肅內的精神境界，乃爲劉基所謂達於聖域的一種氣象。

〔註18〕《誠意伯文集》卷五，〈章秀才觀海集序〉。
〔註19〕同前註。
〔註20〕《誠意伯文集》卷八，〈敬齋箴並序〉。
〔註21〕同前註。
〔註22〕同註20。
〔註23〕《誠意伯文集》卷八，〈連珠〉。
〔註24〕《誠意伯文集》卷八，〈敬齋箴並序〉。
〔註25〕同前註。

劉基聖人意識中所強調的「敬以直內」的道德修養，乃是「離物內求」的主要方法。此亦即是《周易》〈文言傳〉所謂：「敬以直內，義以方外」的要法。程顥乃強調：

> 學者不必遠求，近取諸身，只明人理，敬而已矣，便是約處。《易》之乾卦言聖人之學，坤卦言賢人之學，惟言「敬以直內，義以方外，敬義立而德不孤。」至於聖人亦止如是，更無別途。……「思無邪」。「無不敬」，只此二句，循而行之，安得有差！有差別，皆由不敬不止也。〔註26〕

程頤進而提出：

> 涵養須用敬，進學則在致知。〔註27〕

又提出：

> 所謂敬者，主一之謂。敬所謂一者，無適之謂一。〔註28〕

此等係從泛泛道的意義，加以定位於「敬以直內」的實踐工夫上。彼等乃與朱熹聖人意識中的「主敬」工夫是有別的。朱熹所謂的「敬」，乃為收斂、常惺惺之意，以收拾自家精神，做為道問學所操持之道。《朱子語類》卷九提到：

> 「致知」、「敬」、「克己」此三事，以一家譬之，「敬」是守門戶之人，「克己」則是拒盜，「致知」卻是推察自家與外來底事。伊川言涵養須用敬，進學則在致知。不言克己，蓋敬勝百邪，便自有克，如誠則便不消言閑邪之意。猶善守門戶，則與拒盜便是一等事，不消更言別有拒盜底。若以涵養對克己言之，則各作一事亦可。涵養則譬如將息，克己則譬如服藥去病。蓋將息不到，然後服藥。將息到則自無病，何消服藥。能純於敬，則自無邪僻，何用克己！若有邪僻，只是敬心不純，只可責敬。故敬則無己可克，乃敬之效。

朱熹認為：

> 持敬是窮理之本，窮得理明，又是養心之助。〔註29〕

因此朱熹又強調：

〔註26〕見《二程語錄》。
〔註27〕同前註。
〔註28〕同註26。
〔註29〕《朱子語類》卷第九，〈學三：論知行〉，頁150。

> 心只是一箇心，非是以一箇心治一箇心。所謂存，所謂收，只是喚
> 醒。〔註30〕

不當專在靜坐，須於日用動靜之間，無處不下工夫。反對兀然端坐，以心觀
心，而劉基「一其心」的敬，正可謂爲默坐澄心的敬，離開日用動靜，偏於
內向的冥悟。然劉基注重「敬以直內」，忽視「義以方外」的工夫，非爲朱熹
所謂的「持敬」，然劉基亦非等同於「發明本心」之陸學。陸九淵講理在心中，
心外無物，劉基則謂理載於氣以行，理是絕對的本體，萬物包括人在內是通
於一氣而流行的，故理在人心，亦在萬物，承認萬物有理。

　　總括而論，劉基的「求諸心」是似陸非陸，較接近程顥的「主敬」的默
坐澄心的禪語，以及程頤的「用敬」的涵養工夫。故劉基此種「敬以直內」
以體得聖人氣象的工夫，可謂獲得「眞知」，亦可達到聖人之心與天之心合而
爲一，以及萬物與我爲一體的境界。

三、道

　　「道」在朱熹時，乃是以忠恕之道，以爲聖人與學者之判劃。迄至劉基
時，「道」是日用民生之道。

　　朱熹弟子曾問及「論語的道」與「中庸的道」。朱熹弟子以爲得忠恕已是
道，如何又違道不遠呢？當時朱熹答以《中庸》的「忠恕之道」乃是一種所
謂：

> 忠恕正是學者著力下工夫處。「施諸己而不願，亦而施於人」，子思
> 之說，正爲下工夫。「夫子之道，忠恕而已矣！」卻不是恁地。曾子
> 只是借這箇説：「維天之命，於穆不已。」「乾道變化，各正性命」，
> 便是天之忠恕；「純亦不已」，「萬物各得其所」，便是聖人之忠恕；
> 「施諸己而不願，亦勿施於人」，便是學者之忠恕。〔註31〕

朱熹將忠恕之道分爲「聖人」與「學者」的分別。固然使忠恕兩種不同的經
義協調一致，卻使「忠恕」範疇多義化。

　　元代將理學定爲國家統治的主流思想，兼取朱熹、陸九淵兩家之長，使
元代的理學減少空疏，具有「篤實」的特性。此乃以傳道學而積極入世的許
衡爲代表。許衡認爲儒學應與現實生活聯繫在一起，因此「道」的本來面貌，
應爲「日用常行之道」，此乃爲著名的《治生論》。許衡將「鹽米細事」，提升

〔註30〕《朱子語類》卷第十二，〈學六：持守〉，頁200。
〔註31〕《朱子語類》卷第二十七，〈論語九：里仁篇下〉，頁693。

至「道義」認識的層次。許衡強調：

> 大而羣臣父子，小而鹽米細事，總謂之義。以其可以日用常行，又
> 謂之道。文也，義也，道也。〔註32〕

人的最先要務是「鹽米細事」，不然「道」何以得傳！為加深對此一觀念的認
識，許衡做如下的說明。其謂：

> 諸葛孔明都將相，死之日，廩無餘粟，庫無餘財。其廉所以能如此
> 者，以成都桑土植利，子孫衣食自有餘饒爾。〔註33〕

> 治生者，農、工、商賈、士、君子當以務農為生。〔註34〕

許衡於此批判對於國計民生無補之學，乃為欺人之談！此說由於貼近現實社
會的生活，易為社會一般大眾所普遍地來接受。劉基對此亦有所繼承，並且
提出所謂：

> 聖人之道，五穀也。……聖人之道，求諸日用之常。〔註35〕

劉基的注重社會民生，在明代繼起的思想家楊慎（1488-1559）、陳第
（1541-1617），亦沿襲此脈絡加以發展。楊慎的「實學」，對宋元明理學之思
想弊端，進行批判與改造，認為「義」與「利」是不可分割的，進而提出「義
在利中」的說法。因此楊慎的聖人意識，即是劉基的聖人意識的延伸。

〔註32〕許衡：《語錄》上，〈許文正公遺書〉卷一。
〔註33〕同前註。
〔註34〕同註32。
〔註35〕《誠意伯文集》卷七，〈醫說贈馬復初〉。

第九章　劉基的聖人意識在哲學上的意義

　　劉基的聖人意識是兼顧終極關懷與現實關懷兩者的，儒家、道家與佛教對於終極關懷面都有較深廣的講論，顯發極高的智慧。其永恆的意義與價值，都應該永續永繼，並且加以發揚光大。在「現實關懷」方面，佛、道是落實在人生問題上，而終極關懷則融貫為一。因此對現實層面的諸多問題，並沒有積極的論說。儒家則不同，儒學「以內聖為本質，以外王表功能」，故能兼具「終極關懷」與「現實關懷」。劉基係繼承此脈絡而來，乃有積極的講論與自覺的擔當。總結劉基的聖人意識理念，不外二端：一為內聖。即是豁醒內聖心理，重開生命的學問。二為外王。即是開擴外王事功，建立正道與學統。

一、內聖成德之教

　　劉基的聖人意識乃為一心性之學，是一內聖成德之教。其主要論點是想開「生活的原理」，來決定「生命的道路」。劉基認為生活的原理就是「仁」，生命的道路即為「依於仁」，開出來的就是道德實踐的軌道。藉以立己、成己，立人、成物，人的生命因而得以向上提升，向外開擴，來創造充實飽滿的人生，建立安和樂利的社會。由於心性之學是著重於講論常理和維護常道的，故其所開展出來的生活原理與生命途徑不只適用於中國，亦可普遍地應用於世界全人類的生活內涵。此一文化宗教的融通，即是文化心靈漸次地甦醒，漸次地通暢的過程，再藉著醒覺的文化心靈與暢順的文化理想，以來恢復文化的創造力。西方文化創造的靈感來自「宗教」，中國則來自「儒家」。儒家成德之教，不但能建立在日常生活的軌道上，如人倫生活的規矩，婚喪喜慶

的儀節以及祭祀之禮，且能夠開展出精神生活的途徑，如主觀面對人格的創造，客觀面對歷史文化的創造。因此劉基的聖人意識乃是一種繼承，發揚光大內聖成德之教的道德面，重開生命道德之學。劉基推展中國文化走向內聖成德之教的道路，也把儒家哲學發展到基本方向，藉以導向正途。

二、外王治道之學

劉基聖人意識的外王治道之學，主要是通向政治的現實，集中於仁政王道與禮樂教化上。至於知識方面則未加重視，因此沒有開展出知識之學的傳統，亦即學統。

劉基在政治方面，是採「聖君賢相」的型態，只成就於「治道」的層面，猶未能發展出客觀法制化的「政道」，已身先士卒。因此「朝代更替，治亂相循」、「君位繼承，宮廷鬥爭」、「宰相地位，受制於君」，甚至廢相，乃成為明代政治的大困局。在知識方面，劉基的聖人意識適用於現實社會治道的知識，還來不及創出知識之學的「學統」。劉基的聖人意識理念的形成，其原因有二：一是內因。劉基採取道德的進路，講的是身心之學，重視立身成德，修己治人，並不純以知識問題做為探究的重點。二是外緣。中國以農立國，農業社會是和諧安定的。自給自足的社會，對於知識並無迫切的需求，而一般性的器械之用，以中國人的聰明程度，也很容易解決的。因此當儒家思想通向人倫社會時，其著重點是所謂的人倫教化。因此劉基所落實的，是在「生活」層面，而不是在「知識」方面，乃根緣於此。

劉基整個聖人意識理念的建構，乃完成於元朝之時，足見元朝的儒學思想具有價值性與開拓性。且因劉基是明初有重大影響力之政治人物，對明太祖具有舉足輕重的引導能力。因此剖析劉基的思想，除能認識元明之際儒家思想的實際意義外，更能洞識劉基縝密政治理念發揮的極致。緣是之故，劉基的聖人意識乃是在「道」、「學」、「政」三條件的相互關係下的邏輯性與方向性結構以成。其以「道德理性」與「文化關切」來轉化現實政權的入世精神，以及用「三綱五常」和「八德目」來做為輔佐明太祖平定天下的治國理念，劉基可謂為「學以致用」。劉基立於道德自覺與文化意識的層面的擅揚，使政權與人文理想交融為一，進而能發揮其理想上的效力，誠可被視為聖人意識的闡揚者，而名留千古史冊。

第十章　劉基聖人意識的價值性

今日中國大陸的「世界劉基文化研究總會」（World Liuji Culture Research General Federation, WLCRGF）有「劉基思想與著作」一文，提到劉基的思想空泛，劉基的作品多爲無病呻吟，有價值的很少！此乃中國大陸在毛澤東主席所帶領的中國，缺乏對中國先聖先哲的認同，走向馬列共產主義的認同與批判的一種手法。在一種西洋的哲學與思想都優於中國的思維下，一廂情願的粗淺見解罷了！

放眼中國，自從一九五〇年以來，這一甲子的歲月，放洋的有哪幾個中國學者讀得懂德國書，看得懂法國字，說一口溜的俄國話，何況是要搞懂馬克斯和列寧的共產主義思想的精髓？試問現代中國，哪一個敢說自己是中國的西方思想代表者呢？因爲這種人須要的是博通中國文化的精華處，再到西洋去取經，才能說：「劉基的文化水平不行！」這句話。孔子的教仁與孟子的民本愛民的先進民主思想，匯聚在劉基的聖人意識理念的是日用倫常的民生社會的課題。我們臺灣在中國文化的擅揚上，在世界上有「小中國文化」的美名，從來不敢看不起堯、舜、禹、湯、文、武、周公、孔子、孟子這一系脈的聖人賢哲，教人處世的典範與寶貝。

劉基的聖人意識開創一明代的重要基業，啓發去重新思考十九世紀與二十世紀當時中國的中國人爲何無法應付世界格局的理由，這才是今人應深省之處。意思是說，無論哪一國的哲學家、思想家，還是要有政治權力功能的展現，才能獲得肯定的。比如海德格（Martin Heidegger, 1889-1976）之於希特勒（Adolf Hitler, 1889-1945）的「向死哲學」，成就德國希特勒走向軍國主義一途，鼓勵德國人在通過「死亡之門」那一刹那，去意識「自己的存在」，而

來爲納粹黨人統一世界的野心，效忠效死。〔註1〕那爲何德國希特勒無法成就世界帝國的大業呢？主要是希特勒只看海德格的書，而去妄想成就他的帝國大業！不像明太祖朱元璋把劉基擺在身邊同行，日積月累去成就他的帝國大業的美夢的精心編織。因此劉基的聖人意識與理念，不就是他遇著朱元璋後，不斷地爲明朝所開展出的一偉大格局嗎？就像鐵血宰相俾斯麥（Otto von Bismarck, 1815-1898）之於德帝威廉一世（Kaiser Wilhelm I, 1871-1888；und König von Pruβen, 1861 bis 1888；1797-1888），成就「德意志第二帝國」（1871-1933），完成了「德國統一」的大業。〔註2〕

　　兩百九十三年（1368-1661）的大明江山，是劉基的聖人意識所開展出來的食、衣、住、行的日用倫常之道的格局。此一人倫與五倫的生活要道，成就劉基爲一代政治家、思想家與哲學家，實有過之而無不及！

〔註 1〕林麗容：《存在主義是博愛主義》，收入林麗容的《歐洲研究論集》第七篇，臺北：上承文化有限公司，2009 年，頁 153-175。
〔註 2〕林麗容：《俾斯麥的『挑釁外交』：以普法戰爭與德國統一爲例》，收入林麗容的《歐洲研究論集》第八篇，臺北：上承文化有限公司，2009 年，頁 177-225。

參考書目

一、傳統文獻

（一）劉基之著作

1. 何鏜編：《誠意伯劉文成公文集》二十卷，明穆宗隆隆慶刊本，全帙十二冊。
2. 東嘉裔孫劉宗濂等編：《劉文成公集》二十卷，清高宗乾隆刊本，全帙二十二冊。
3. 《誠意伯文集》二十卷，收入《商務印書館》，國學基本叢書四百種。

（二）其他史料

1. 方以智：《物理小識》，合肥：安徽教育出版社，2002 年。
2. 王夫之：《船山全書》六，《讀四書大全說》卷七《論語》、卷十《孟子》；《張子正蒙注》，北京：古籍出版社，1956 年；《讀四書大全說》，北京：中華書局，1975 年；《讀通鑑論》，北京：中華書局，1975 年。
3. 王心湛：《易經讀本》，臺中：文聽閣圖書，2008 年。
4. 王世貞：《弇州史料》，明神宗萬曆刊本，1614 年；《弇州山人續稿》，明神宗萬曆刊本，臺北：文海，1970 年。
5. 王充：《論衡》，臺北：中華書局，1965 年。
6. 王守仁：《年譜》，收入《王陽明全書》，臺北：中正書局，1953 年。
7. 王廷相：《王氏家藏集》，臺南：莊嚴文化，1997 年。
8. 王禕：《王忠文公文集》，北京：書目文獻出版社，1988 年。
9. 朱元璋：《明太祖御製文集》，臺北：學生書局，1966 年。
10. 朱熹編：《二程集》，臺北：臺灣商務印書館，1978 年；《二程語錄》，臺北：臺灣商務印書館，1983 年；《朱子語類》，臺北：文津出版社，1986 年。

11. 朱彝尊編：《明詩綜》，臺北：世界書局，1962 年。

12. 宋濂：《宋學士文粹》，明太祖洪武刊本，1377 年；《宋文憲公全集》，上海：中華書局，1936 年；《宋學士文集》，臺北：臺灣商務印書館，1979 年；《元史》，臺北：鼎文書局，1980 年。

13. 谷應泰：《明史紀事本末》，臺北：三民書局，1956 年。

14. 李耳：《老子》，臺北：中華書局，1965 年。

15. 李景隆等：《明太祖實錄》，臺北：中央研究院歷史語言研究所，1966 年。

16. 呂坤：《呻吟語》，公田連太郎譯註，東京：明德出版社，1955 年。

17. 林廷木昂等：《江西通志》，明世宗嘉靖刊本，1522 年-1566 年。

18. 孟軻：《孟子》，臺北：金楓出版社，1997 年。

19. 周敦頤：《周子通書》，臺北：中華書局，1965 年。

20. 柯紹忞：《新元史》，臺北：新文豐出版公司，1975 年。

21. 高振鋒、劉乾先譯注：《『國語』「越語」》，臺北：錦繡出版社，1993 年。

22. 班固：《白虎通》，臺北：臺灣商務印書館，1965 年。

23. 脫脫等：《宋史》，臺北：鼎文書局，1978 年。

24. 章炳麟：《太炎文錄初編》，上海：上海古籍出版社，2002 年。

25. 黃宗羲：《宋元學案》，臺北：臺灣商務印書館，1965 年；《明夷待訪錄》，臺北：臺灣商務印書館，1965 年；《明儒學案》，臺北：臺灣商務印書館，1965 年。

26. 黃金：《皇明開國功臣錄》，明武宗正德補刊跋文本，1507 年。

27. 阮元校刊：《『禮記』「禮運篇」》，十三經注疏本，臺北：新文豐出版公司，1978 年；《論語》，十三經注疏本，臺北：新文豐出版公司，1978 年。

28. 荀況：《荀子》，臺北：臺灣商務印書館，1979 年。

29. 程敏政編：《皇明文衡》，臺北：世界書局，1967 年。

30. 程頤：《二程集》，〈河南程氏遺書〉卷二十四。

31. 張廷玉等：《明史》，臺北：洪氏出版社，1975 年。

32. 張載：《張子正蒙》，臺北：新文豐出版公司，1996 年。

33. 傅維鱗：《明書》，臺北：華正書局，1974 年。

34. 雷銑等：《青田縣志》，臺北：成文出版社，1975 年。

35. 趙翼：《廿二史箚記》，臺北：華世出版社，1977 年。

36. 廣智書局編輯部編：《中庸》，香港：廣智書局，2002 年。

37. 葉子奇：《草木子》，臺北：商務印書館，1983 年。

38. 董仲舒：《春秋繁露》，臺北：商務印書館，1983 年。

39. 劉利和紀凌雲譯注：《左傳》，北京：中華書局，2007 年。

40. 劉辰：《國初事蹟》，明世宗嘉靖刊本，金聲玉振集之一。

41. 錢大昕：《潛研堂文集》，臺北：商務印書館，1983 年。

42. 墨翟：《墨子》，臺北：商務印書館，1983 年。

43. 陳田：《明詩紀事》，臺北：中華書局，1971 年影本。

44. 陳亮：《龍川文集》，臺北：新興書局，1956 年。

45. 陳邦瞻：《元史紀事本末》，臺北：三民書局，1956 年鉛印本。

46. 陳確：《陳確集》下，〈瞽言〉三，〈氣情才辯〉；〈瞽言〉四，〈子曰性相近也〉，上海：中華書局，1979 年。

47. 陸九淵：《陸九淵集》，〈敬齋記〉，臺北：里仁書局，1981 年。

48. 戴德撰，（北周）盧辯注：《大戴禮記》，臺北：臺灣商務印書館，1983 年。

49. 戴震：《孟子字義疏證》，上海：上海古籍出版社，1980 年。

50. 顏元：《顏元集》（上），〈存性編〉卷二，〈性圖〉，上海：中華書局，1987 年。

51. 釋惠洪：《冷齋夜話》，臺北：臺灣商務印書館，1983 年。

52. 顧炎武：《日知錄》，臺北：商務印書館，1983 年。

二、中文書目

（一）專書

1. 方覺慧編：《明太祖革命武功記》，臺北：文海出版社，1964 年。

2. 王美秀著：《劉伯溫：時代更迭中的勇者》。臺北：幼獅文化事業公司，1995 年。

3. 王明蓀：《元代的士人與政治》，臺北：文化大學歷史研究所博士論文，1982 年。

4. 王凱旋：《明代科舉制度考論》，瀋陽：瀋陽出版社，2005 年。

5. 王壽南：《中國歷代創業帝王》，臺北：嘉新水泥公司文化基金會，1964 年。

6. 王馨一：《元劉伯溫先生基年譜》，臺北：商務印書館，1980 年。

7. 《中國名人傳：劉伯溫》，臺北：鐘文出版社，2005 年。

8. 中國社會科學院文學研究所中國文學史編寫組：《中國文學史》，北京：人民文學出版社，1988 年。

9. 白壽彝：《中國通史》，上海：上海人民出版社，1989 年。

10. 北京大學中國哲學系編：《中國哲學史》，北京：北京大學出版社，2003 年。

11. 丘為君：《戴震學的形成：知識論述在近代中國的誕生》，臺北：聯經出版公司，2004 年。

12. 牟宗三：《才性與玄理》，香港：人生出版社，1963 年。

13. 朱謙之：《日本的古學與陽明學》，上海：人民出版社，1957 年。

14. 李明憲：《劉伯溫》，臺北：人生書局，1999 年。

15. 李曉春：《宋代性二元論研究》，北京：中國社會科學出版社，2006 年。

16. 余英時：《歷史與思想》，臺北：聯經出版公司，1976 年；《中國思想傳統的現代詮釋》，臺北：聯經出版公司，1987 年。

17. 何向榮編：《劉基與劉基文化研究》，北京：人民出版社，2008 年；《劉基哲理散文注譯》，北京：人民出版社，2011 年；《『郁離子』寓言新說》，北京：人民出版社，2011 年。

18. 吳乃恭：《儒家思想研究》，長春：東北師範大學出版社，1988 年。

19. 岡田武彥等著：《日本學者論中國哲學史》，臺北：駱駝出版社，1987 年。

20. 南炳文和湯綱：《明史》，上海：上海人民出版社，2003 年。

21. 俞美玉：《劉基研究資料匯編》，北京：人民出版社，2011 年。

22. 韋政通：《中國思想史》，臺北：大林出版社，1981 年。

23. 韋政通：《儒家與現代中國》，臺北：東大圖書公司，1984 年。

24. 周億孚：《儒家思想和生活》，香港：景風研究社，1968 年。

25. 袁冀：《元史論叢》，臺北：聯經出版公司，1978 年。

26. 孫克寬：《元代金華學術》，臺中：東海大學出版社，1975 年。

27. 郭湛波：《中國古代思想史》，香港：龍門書店出版社，1967 年。

28. 曹德本：《中國傳統思想探索》，瀋陽：遼寧大學出版社，1988 年。

29. 陳寬強：《歷代開國功臣遭遇》，臺北：嘉新水泥公司文化基金會，1966 年。

30. 陳寶良：《明代文化歷程新說》，西安：陝西人民教育出版社，1988 年。

31. 張宏敏：《劉基思想研究》，浙江：浙江人民出版社，2011 年。

32. 張顯清和林金樹：《明代政治史》，桂林：廣西師範大學出版社，2003 年。

33. 黃明湘編譯：《論語》，嘉義：明山書局，1971 年。

34. 賀麟：《五倫觀念的新檢討》，臺北：地平線出版社，1973 年。

35. 勞思光：《中國哲學史》，臺北：三民書局，1981 年。

36. 馮天瑜：《明清文化史散論》，武漢：華中工學院出版社，1984 年。

37. 湯用彤：《魏晉玄學論稿》，北京：人民出版社，1957 年。

38. 楊訥：《劉基事迹考述》，北京：北京圖書館出版社，2004 年。

39. 楊儒賓和祝平次:《儒學的氣論與工夫論》,臺北:國立臺灣大學出版中心,2005 年。

40. 蔡美彪:《中國通史》,北京:人民出版社,1994 年。

41. 葉惠蘭:《劉基生平及其郁離子之研究》,臺北:政大中文所碩士論文,1985 年。

42. 劉德隅:《明劉伯溫公生平事蹟拾遺》,撰者自刊,1976 年。

43. 蒙培元:《理學範疇系統》,北京:人民出版社,1989 年。

44. 錢基博:《明代文學》,臺北:商務印書館,1973 年。

45. 駱駝出版社:《日本學者論中國哲學史》,板橋:駱駝出版社,1987 年。

46. 鄭吉雄:《東亞視域中的近世儒學文獻與思想》,臺北:國立臺灣大學出版中心,2005 年。

47. 蕭公權:《中國政治思想史》,臺北:華岡出版公司,1977 年。

48. 鄺士元:《國史論衡》(第二冊),臺北:里仁書局,1981 年。

49. 樊樹志:《國史概要》,上海:復旦大學出版社,2000 年。

(二)論文

1. 王文峰和王江翔:《劉基「民本思想」初探》,載入《浙江工貿職業技術學院報》,2003 年 3 月。

2. 王崇武:《論明太祖起兵及其政策之轉變》,載入《中央研究院歷史語言研究所集刊》第十冊,1948 年。

3. 王範之:《劉基是素樸唯物主義者嗎?》,載入《江海學刊》,1963 年第六期;《劉基的唯心主義自然觀》,《光明日報》,1964 年 6 月 19 日。

4. 王學泰:《劉基的悲劇及其在詩文中的表現》,載入《浙江社會科學》,2003 年 1 月。

5. 尤韶華:《劉基法律思想探微》,載入《法學研究》,1994 年 2 月。

6. 朱江:《我國古代天人關係思想簡論》,載入《瀋陽師院學報》,1980 年第二期。

7. 朱寶華:《淺析文化視野下的劉基謀略思想》,載入《浙江工貿職業技術學院學報》,2004 年 4 月。

8. 余衛國:《也論中國傳統哲學中的天人合一思想:與張岱年先生商榷》,載入《寶雞師院學報》,1987 年。

9. 何佑森:《元代學術之地理分布》,收入《何佑森:「儒學與思想:何佑森先生學術論文集 上冊」》,臺北:國立臺灣大學出版中心,2009 年;《元代書院之地理分布》,收入《何佑森:「儒學與思想:何佑森先生學術論文集 上冊」》,臺北:國立臺灣大學出版中心,2009 年。

10. 呂立漢：《從蘇平仲文集序看劉基的文學思想》，載入《麗水師專學報》，1998 年 3 月；《劉基論》，載入《文學評論》，1999 年 5 月；《論劉基以詩議政的創作傾向》，載入《麗水師範專科學校學報》，2000 年 1 月；《榛蕪原野的一朵奇葩：論劉基的詞》，載入《杭州師範學院學報》，2000 年 2 月；《論劉基詩歌的生命觀念》，載入《麗水師範專科學校學報》，2000 年 6 月。

11. 李岩：《寬猛相濟：劉基的法治觀淺析》，載入《浙江工貿職業技術學院學報》，2003 年 3 月；《劉基的和諧思想》，載入《柳州師專學報》，2012 年第 4 期，頁 94-97。

12. 李憑：《劉基與他的兩篇寓言體散文》，載入《浙江工貿職業技術學院學報》，2004 年 4 月。

13. 吳光和張宏敏：《論老莊、道教對劉基學術思想的影響》，載入《浙江工貿職業技術學院學報》，2008 年 9 月。

14. 吳積興：《從郁離子看劉基的思想特點》，載入《浙江工貿學院學報》，2003 年 3 月。

15. 武才娃：《清儒性一元論初探》，載入《鄭天挺紀念論文集》，北京：中華書局，1990 年。

16. 易長發：《劉基論略》，載入《湖北大學成人教育學院學報》，2002 年 1 月。

17. 周松芳：《允為明代之冠：論劉基詩歌創作昌蒼深的特徵及其表現》，載入《浙江工貿職業技術學院學報》，2004 年 2 月；《劉基至正六年干謁事迹考論》，載入《浙江社會科學》，2004 年 2 月。

18. 周祖謨：《宋亡後仕元之儒學教授》，載入《輔仁學誌》第十四卷一、二合期，1946 年 1 月、2 月。

19. 周羣：《劉基儒學思想譾議》，載入《浙江工貿職業技術學院學報》，2004 年 2 月。

20. 周羣：《劉基詞論》，載入《首都師範大學學報》，2000 年 1 月。

21. 胡一華：《漢、明初年經濟思想的比較：兼論劉基的經濟思想》，載入《淮北煤炭師院學報》，2002 年 6 月；《劉基經濟思想窺探》，載入《浙江工貿職業技術學院學報》，2003 年 3 月。

22. 胡岩林：《也談劉基的軍事思想》，載入《浙江師院學報》，1985 年第一期。

23. 胡星斗：《劉伯溫的謀略》，載入《華夏文化》，1997 年 3 月。

24. 俞美玉：《劉基與大明律譾議》，載入《浙江工貿職業技術學院學報》，2006 年 2 月。

25. 唐宇元：《元代的朱陸合流與元代的理學》，載入《文史哲》，1982 年第三期；《劉基思想論析》，載入《浙江學刊》，1985 年第三期。

26. 徐子方：《從宋濂、劉基的早期詩文看由元入明前後的心態》，載入《浙江

社會科學》，2005 年 3 月。

27. 徐道鄰：《明太祖與中國專制政權》，載入《清華學報》新八卷，一、二期，1970 年 8 月。

28. 徐復觀：《儒家在修己與治人上的區別及其意義》，載入《學術與政治之間》甲集，臺中：中央書局，1956 年。

29. 郝兆矩：《劉基軍事思想述評》，載入《浙江學刊》，1984 年第三期。

30. 容肇祖：《劉基的哲學思想及其社會政治觀點》，載入《哲學研究》，1961 年第三期。

31. 高壽仙：《劉基與術數》，載入《浙江工貿職業技術學院學報》，2006 年 3 月。

32. 孫家政：《論劉基和高啟的詞創作》，載入《南京師大學報》，1998 年 2 月。

33. 留葆祺：《管仲、諸葛亮、劉基的經濟思想》，載入《麗水師專學報》，1998 年。

34. 畢英春：《評劉基與李黨之爭》，載入《麗水師專學報》，1991 年 3 月；《劉基反元透析》，載入《麗水師專學報》，1996 年 4 月；《德政民心：郁離子中劉基治國思想之一》，載入《麗水師範專科學校學報》，1997 年 6 月；《談神化劉伯溫》，載入《麗水師範專科學校學報》，2001 年 6 月；《朱元璋的皇帝：為劉基正名》，載入《麗水師專學報》，2002 年 6 月；《劉伯溫論「貪」》，載入《浙江工貿職業技術學院學報》，2003 年 3 月；《劉基法治思想及其實施》，載入《麗水學院學報》，2005 年 6 月。

35. 崔勤勤：《張載的性二元論》，載入無錫工藝職業技術學院《文教資料期刊》，2007 年第 25 期。

36. 張岱年：《中國哲學中天人合一思想的剖析》，載入《北京大學學報》，1985 年。

37. 張秉政和趙家新：《劉基寓言文學「寓」的特徵》，載入《浙江工貿職業技術學院學報》，2003 年 3 月。

38. 陳立驤：《劉基「天道論」初探》，載入《淮北煤炭師院學報》，1995 年 1 月。

39. 陳文新：《論對劉基的理解與誤解》，載入《貴州文史叢刊》，2000 年 5 月。

40. 陳守文和何向榮：《論劉基在建立朱明王朝中的歷史作用》，載入《浙江工貿職業技術學院學報》，2006 年 2 月。

41. 陳紀：《劉基治國的社會思想之結構功能主義傾向分析》，載入《龍岩學院學報》，2005 年 2 月。

42. 陳學霖：《讀劉伯溫燒餅歌》，載入《壽羅香林教授論文集》，香港：萬有圖書公司，1971 年；《關于劉伯溫傳說的研究》，載入《北京社會科學》，1998 年 4 月。

43. 程宜山：《試論中國哲學中的天人關係問題》，載入《學術月刊》，1984 年。

44. 黃小平：《朱元璋：一個歷史和人格的研究》，載入《師大學報》第二十四期，1979 年。

45. 黃月林：《也談劉基接受朱元璋聘用的思想動機》，載入《浙江師大學報》，1995 年 6 月。

46. 黃強：《八股文是朱元璋和劉基所定的嗎？》，載入《江淮論壇》，2005 年 6 月。

47. 勞延煊：《元初南方知識份子》，載入《中國史學論文選集四輯》，臺北：幼獅文化事業公司，1981 年。

48. 馮仙麗：《劉基詩歌的悲劇意識》，載入《浙江工貿職業技術學院學報》，2004 年 3 月。

49. 程念祺《劉基民生思想發微：郁離子讀後》，載入《歷史教學問題》，1997 年 5 月。

50. 邱樹森：《從『郁離子』看劉基的民本思想》，載入《江蘇社會科學》，2002 年 5 月。

51. 楊召和楊天宇：《一部寓意深刻的政治寓言：簡評劉伯溫的郁離子》，載入《商丘職業技術學院學報》，2005 年 6 月。

52. 雷克丑：《劉基文風》，載入《浙江工貿職業技術學院學報》，2004 年 1 月。

53. 雷彎山和洪成祿：《劉基軍事辯證法思想之特色》，載入《麗水師專學報》，1996 年 1 月。

54. 裴世俊：《劉基散文簡論》，載入《蘇州大學學報》，2001 年 3 月。

55. 趙家新和張秉政：《羈絆的靈魂：劉基心迹探微》，載入《淮北煤炭師院學報》，2002 年 6 月。

56. 劉澤華和李冬君：《論理學的聖人無我及其向聖人專制的轉化》，載入《復旦學報》，1990 年 3 月。

57. 錢穆：《讀明初開國諸臣詩文集》，載入《新亞學報》第六卷第二期，1964 年。

58. 蔣星煜：《朱明王朝神化劉伯溫的歷史過程：兼談燒餅歌產生的幾何軌迹》，載入《杭州大學學報》，1984 年 1 月。

59. 檀上寬著，胡其德譯：《義門鄭氏與元末社會》（上）、（下），載入《世界華學季刊》第四卷二期，1983 年 6 月、9 月。

60. 蕭功秦：《元代理學散論》，載入《中國哲學》第十三輯，北京：人民出版社，1985 年。

61. 蕭啓慶：《元代的儒戶：儒士地位演進史上的一章》，載入《蕭啓慶：「元代史新探」》，臺北，新文豐出版社，1983 年。

62. 顧頡剛：《「聖」、「賢」觀念和字義的演變》，載入《中國哲學》第一輯，1979 年 8 月。

三、日文著作

（一）專書

1. 大久保隆郎：《中國思想史》上，東京：高文堂出版社，1985 年；《中國思想史》下，東京：高文堂出版社，1986 年。

2. 山下龍二：《陽明學の研究、成立篇》，東京：現代情報社，1971 年；《陽明學の研究・展開篇》，東京：現代情報社，1971 年。

3. 山口久和譯, William T. ドバリー（William Theodorede Bary）著：《朱子學と自由の傳統》，東京：平凡社，1987 年。

4. 山井湧：《明清思想史の研究》，東京：東京大学出版会，1980 年。

5. 山田慶兒：《朱子の自然》，東京：岩波書店，1987 年。

6. 山田統：《山田統著作集》（一），東京：明治書店，1981 年；《山田統著作集》（二），東京：明治書店，1982 年；《山田統著作集》（三），東京：明治書店，1982 年；《山田統著作集》（四），東京：明治書店，1982 年。

7. 山根三芳：《朱子倫理思想研究》，東京：東海大学出版会，1983 年。

8. 小野澤精一等編：《気の思想：中国における自然観と人間観の展開》，東京：東京大出版会，1978 年。

9. 戶川芳郎：《古代中國の思想》》，東京：日本放送出版協会，1985 年。

10. 戶川芳郎、蜂屋邦夫、溝口雄三編：《儒教史》，東京：山川出版社，1987 年。

11. 内山俊彦：《荀子：古代思想家の肖像》，《東洋人の行動と思想》十四，東京：評論社，1976 年；《中國古代思想史におけるの自然認識》，《東洋叢書》31，東京：創文社，1987 年。

12. 友枝龍太郎：《朱子の思想形成》，東京：春秋社，1969 年。

13. 日原利國編：《中国思想史》（上）、（下），東京：ペリカン社，1987 年。

14. 加地伸行：《中国論理学史研究：経学の基礎の探求》，東京：研文出版社，1983 年；《儒教とは何か》，東京：中央公論社，1990 年。

15. 本田濟：《東洋思想研究》，東京：創文社，1987 年。

16. 西順蔵：《中國思想論集》，東京：筑摩書房，1969 年。

17. 朱熹：《朱子語類》，《朱子學大系》第六卷，諸橋轍次和安岡正篤刊監修，東京：明德出版社，1981 年。

18. 池田末利博士古稀記念事業會編：《池田末利博士古稀記念東洋學論集》，廣島：池田末利博士古稀記念事業會，1980 年。

19. 佐野公治：《四書学史の研究》，東京：創文社，1988 年。

20. 町田三郎：《秦漢思想史の研究》，東京：創文社，1985 年。

21. 近藤邦康：《中国近代思想史研究》，東京：勁草書房，1981 年。

22. 近藤慎一訳、ポール・A・コーエン（Paul A. Cohen）著：《知の帝国主義：オリエンタリズムと中国像》，東京：平凡社，1988 年。

23. 武内義雄：《儒教の精神》，東京：岩波書店，1943 年；《武内義雄全集》十卷，東京：角川書店，1978 年。

24. 岡田武彦：《宋明哲学序説》，東京：文言社，1977 年；《宋明哲学の本質》，東京：木耳社，1984 年；《王陽明と明末の儒学》上，東京：明德出版社，2004 年。

25. 金谷治：《中国における人間性の探究》，東京：創文社，1983 年。

26. 岩間一雄：《中国政治思想史研究》，東京：未来社，1968 年。

27. 東京大学中国哲学研究所編：《中国の思想家》上卷、下卷，東京：勁草書房，1963 年；《中国思想史》，東京：東京大学出版会，1965 年。

28. 重沢俊郎：《中国歷史生思想》，東京：日中出版社，1973 年。

29. 島田虔次：《中国における近代思惟の挫折》，東京：筑摩書房，1970 年；《朱子学と陽明学》，東京：岩波書店，1976 年。

30. 淺井茂紀：《孟子の礼知と王道論》，東京：高文堂出版社，1982 年。

31. 荒木見悟教授退休記念会編：《荒木教授退休記念中哲学史研究論集》，福岡：葦書房，1981 年。

32. 荒木見悟：《陽明学の開展と仏教》，東京：研文出版社，1984 年。

33. 阿部吉雄：《中国哲学》，東京：明德出版社，1964 年。

34. 楠本正継：《宋明時代儒学思想の研究》，東京：広池学園出版部，1962 年。

35. 鈴木敏雄譯：《劉基『郁離子』全訳》，東京：白帝社，2007 年。

36. 福永光司：《中国の哲学、宗教、芸術》，京都：人文書院，1988 年。

37. 溝口雄三：《方法としての中国》，東京：東京大学出版会，1980 年；《中国前近代思想の屈折と展開》，東京：東京大学出版会，1980 年。

38. 蜂屋邦夫：《中国の思維》，《法蔵選書》34，東京：法蔵館，1985 年。

39. 賴祺一：《近世後期朱子学派の研究》，広島：渓水社，1986 年。

（二）論文

1. 池田知久：《中国思想史における自然の誕生》，《中国社会と文化》第八号，1993 年。

2. 松川健二：《劉基『郁離子』の研究》，《北海道大学文学部紀要》第 20 卷

第 1 号，1972 年。

3. 松川健二：《劉基『天地之盗』について》，《中国哲学》第十号，1981 年。

4. 溝口雄三：《明清期の人性論》，《佐久間重雄教授退休紀念論文集》，1982 年；《中国の『理』》，《文学》55 卷，1987 年 5 月；《中国の『自然』》，《文学》55 卷，1987 年 6 月；《「中国の『道』》，《文学》55 卷，1987 年 8 月；《中国の天》（上）、（下），《文学》55 卷、56 卷，1987 年 12 月、1988 年 2 月；《中国の『心』》，《文学》56 卷，1988 年 6 月；《思想の言葉》，《思想》，1990 年 6 月；《中国儒教の 10 のアスペクト》，《思想》，1990 年 6 月。

四、英文著作

（一）專書

1. Benjamin I. Schwartz, (1985). *The World of Thought in Ancient China*, Cambridge, Mass.: Harvard University Press.

2. Ian McMorran (1973). Late Ming Criticism of Wang Yang-ming: The Case of Wanf Fu-chih, Philosophy East and West, XXIII.

3. Joseph Needham, (1956). *Science and Civilization in China*, Vol. 2: *History of Scientific Thought*, Cambridge: Cambridge University Press.

4. Julia Ching (1976). *To Acquire Wisdom, the Way of Wang Yang-ming*, New York: Columbia University Press.

（二）論文

1. Wing-tsit Chan, (1970). *The Ch'eng-Chu School of Early Ming*, in 《William Theodore de Bary, ed., Self and Society in Early Ming》, New York: Columbia University Press.

2. Wing-tsit Chan, (1975). *The Hsing-li and the Ch'eng-Chu School of the Seventeenth Century*, in 《William Theodore de Bary, ed., The Unfolding of Neo-Confucianism》, New York: Columbia University Press.

3. William Theodore de Bary, (1953). *A Reappraisal of Neo-Confucianism*, in 《Arthur F. Wright, ed., Studies in Chinese Thought》, Chicago University Press.

4. William. Theodore de Bary (1959). *Some Common Tendencies in Neo-Confucianism*, in 《David S. Nivison and Arthur F. Wright, eds., *Confucianism in Action*》, California: Stanford University Press.

5. Iran McMorran, (1973). *Late Ming Criticism of Wang Yang-Ming: The case of Wang Fu-Chih*, in 《Philosophy Est and West》 XXIII.

6. Iran McMorran, (1973). *Wang Fu-Chih and the Neo-Confucian Tradition*, in 《The unfolding of Neo-Confucianism》.

7. Williard J. Peterson, (1968). *The Life of Ku Yen-Wu (1613-1682）*, in《Harvard Journal of Asiatic Studies》28.

8. Williard J. Peterson, (1969). *The Life of Ku Yen-Wu (1613-1682）*, in《Harvard Journal of Asiatic Studies》29.

9. Ying-shih Yu, (1975). *Some Preliminary Observations on the Rise of Ch'ing Confucian Intellectualism*, in《Tsing Hua Journal of Chinese Studies》11.

10. Ying-shih Yu, (1980). *Toward and Interpretation of the Intellectual Transition in Seventeenth Century in China*, in《Journal of the American Oriental Society》100.